图书在版编目（CIP）数据

绿色的推进力：转型时期中国环境运动中的媒体角色研究／
覃哲著 . —北京：中国社会科学出版社，2016.7
ISBN 978 – 7 – 5161 – 7696 – 2

Ⅰ.①绿… Ⅱ.①覃… Ⅲ.①传播媒介—关系—环境保护—
研究—中国 Ⅳ.①G219.2②X – 12

中国版本图书馆 CIP 数据核字（2016）第 041344 号

出 版 人	赵剑英
责任编辑	张　林
特约编辑	宋英杰
责任校对	高建春
责任印制	戴　宽

出　　版	中国社会科学出版社
社　　址	北京鼓楼西大街甲 158 号
邮　　编	100720
网　　址	http://www.csspw.cn
发 行 部	010 – 84083685
门 市 部	010 – 84029450
经　　销	新华书店及其他书店

印刷装订	三河市君旺印务有限公司
版　　次	2016 年 7 月第 1 版
印　　次	2016 年 7 月第 1 次印刷

开　　本	710×1000　1/16
印　　张	16
插　　页	2
字　　数	263 千字
定　　价	59.00 元

序

黄　瑚

　　远在西南边陲广西大学执教的覃哲博士来函，请我为其撰写的《绿色的推进力——转型时期中国环境运动中的媒体角色研究》一书作序，欣然应允。

　　该书以中国转型时期的环保运动与新闻改革为研究对象，重点考察了转型背景下政治、经济、社会发展对环境运动以及大众传播媒体的作用，深入研究了大众传播媒体在环保运动过程中充当的角色及其与政府、公众、企业等构建的互动关系等一系列问题，具有很大的现实意义与应用价值。因为随着中国经济的快速发展与人民生活水平的不断提高，环境保护越来越为国家和人民所重视，环保问题也连续多年成为全国公众最为关注的问题之一。而公众通过什么渠道关注身边的环保问题？多个调查结果显示，大部分人的环保知识是通过报纸、广播、电视、网络等大众传播媒体获取的。由环保议题引起的各种"运动"，已与大众传播媒体结下了不解之缘。事实也确实如此。近年来，无论是政府发起的环境治理运动，还是因环境问题而引发的群体性运动，或者是环保组织牵头发起的环境保护行动，都是通过大众传播媒体将其宗旨、内容、诉求等呈现于我们面前的，并通过这些大众传播媒体传递的信息一点一滴地影响着、改变着我们的生活。从这一点上看，该书的出版可谓正当其时。

　　展读该书，发现这一课题虽然是一个理应直面、亟待回答的现实问题，但在研究中会遇到许多困难。因为中国正处于转型期，阶层分化和利益关系调整，使许多深层次问题渐次浮出水面，形成了多元利益格局，产生了多元化的利益诉求，从而使环境运动问题涉及面广，牵扯到的利益关系盘根错节。可喜的是，作者并未被这些困难所吓倒，而是花了大工夫，弄清了在此错综复杂的背景下大众传播媒体如何发挥其功能与作用、已经扮演何种角色、应当扮演何种角色等重要问题。

　　鉴于以往的研究者多集中于讨论环境运动中某个或某类案例，集中于媒体与环境群体抗争及环境NGO发起的运动之间的关系，作者在研究中勇于创新，将该项研究置于宏观的视野之中，全面梳理、分类研究了改革开放后中国各类环境运动，探讨政治、经济与社会的发展因素对环境运动和媒介环境造成的影响，进而总结出在各类环境运动中媒体角色的普遍规律。特别是将政府主导的环境运动作为研究的重要内容，查阅了大量的政府文献和媒体相关报道，对中国政府主导的环境治理运动中的媒体角色作了较为深入和全面的梳理和分析，总结了政府主导型的环境运动宣传的作用与不足，具有一定的开拓性意义。

　　在具体研究方法上，覃哲博士除了采用文献分析法外，还运用了参与式观察、深度访谈等多种研究方法，搜集到很多第一手的新材料，使作者具有个人见解的观点均能建立在充分、可靠的论据之上，弥补了以往研究之不足。

　　当然，该书也有其不足之处，主要是所涉及的大众传播媒体多为平面媒体，面目相对单一，且区分度阐述不够充分。在当今媒体融合时代，如果能加上对网络、微博、微信等新媒体在环境运动中的表现，相信一定会使该书更加精彩。此外，所涉及的时间跨度大，使有关宏观层面的归纳出现一些欠准确之处；运用典型案例分析论证某些重要观点时显得笼统、粗疏，缺乏高质量的理论提升。这一切，诚望作者在后续研究中予以补充与完善。

2015 年 3 月 28 日

（作者为复旦大学新闻学院教授、博士生导师）

目　录

第 一 章

绪　论

第一节　问题缘起

从前，在美国中部有一个城镇，这里的一切生物看来与其周围环境生活得很和谐。这个城镇坐落在像棋盘般排列整齐的繁华的农场中央，其周围是庄稼地，小山下果树成林。春天，繁花像白色的云朵点缀在绿色的原野上；秋天，透过松林的屏风，橡树、枫树和白桦闪射出火焰般的彩色光辉……

直到许多年前的一天……一个奇怪的阴影遮盖了这个地区，一切都开始发生变化。一些不祥的预兆降临到村落：神秘莫测的疾病袭击了成群的小鸡，牛羊病倒和死亡。到处是死神的幽灵，农夫们述说着他们家庭的疫病，城里的医生也愈来愈为他们病人中出现的新病感到困惑莫解。不仅在成人中，而且在孩子中出现了一些突然的、不可解释的死亡现象，这些孩子在玩耍时忽然倒下了，并在几小时内死去。

……这是一个没有声息的春天。这儿的清晨曾经荡漾着乌鸦、鸫鸟、鸽子、樫鸟、鹪鹩的合唱以及其他鸟鸣的声浪；而现在一切声音都没有了，只有一片寂静覆盖着田野、树林和沼泽。①

---

① ［美］蕾切尔·卡逊：《寂静的春天》，吕瑞兰、李长生译，吉林人民出版社1997年版，第1—2页。

　　这是蕾切尔·卡逊（Rachel Carson）的名作《寂静的春天》（*Silent Spring*）中开头部分的几段文字。这是一篇关于美国人滥用剧毒农药给当地生态和居民带来巨大灾难的调查报告。1962 年 6 月，美国的著名杂志《纽约客》（*New Yorker*）分三期连载了这篇出自环保女作家之手蕾切尔·卡逊的调查报告。报告一问世，立即在美国掀起了巨大的风波，来自利益集团的非难、质疑以及公众的支持迅速将作者卷入风口浪尖。三个月之后，该报告以书籍的形式出版发行，第一次印刷就发行了 15 万本，半年内卖出 50 万本，全国乃至全世界争相传阅，一时间"洛阳纸贵"。

　　在此之前，在美国的报刊上几乎看不到的"环境保护"这个字眼越来越多地出现在大众媒体上。媒体围绕着这篇调查报告的讨论，引发了公众和政客的注意，在公众的压力下，国会召开听证会，1962 年年底，40 多个法案在美国各州通过立法，限制 DDT 等杀虫剂的滥用。1963 年，美国第一个民间组织开始出现，美国的环境保护局在公众的压力下成立，很快，曾获诺贝尔奖的 DDT 被停止生产与使用。在此之后，污染风险的威胁激发了公众通过媒体探讨环境议题的欲望，《时代》、《纽约时报》、《华盛顿邮报》等主流媒体对于环境新闻越来越关注，直至 1970 年 4 月，首个"地球日"运动迎来世界环保运动的第一次高潮。

　　再后来，曾任美国副总统的政治家阿尔·戈尔在给再版的《寂静的春天》作序时写道：

　　　　政府和民众都卷入了这一场运动，不仅仅是看过这本书的人，还是看过报纸和电视的人。当《寂静的春天》销售量超过了 50 万册时，CBS 为它制作了一档长达一个小时的节目，甚至当两大出资人停止赞助后电视网还是继续广播宣传。……她惊醒的不但是我们国家，甚至是这个世界。《寂静的春天》的出版应该恰当地被看成是现代环境运动的肇始。①

　　一个环境运动的先驱，通过知名刊物发表调查报告引发了公众对人

---

① ［美］蕾切尔·卡逊：《寂静的春天》，吕瑞兰、李长生译，吉林人民出版社 1997 年版，前言第 11—12 页。

与自然关系的反思，又通过媒体对环境问题的追踪与讨论，"播下了新行动主义的种子，并且已经深深植根于广大人民群众中"①。一个人，一本书，以及众多的媒体，共同开启了人类环境运动的新时代，卡逊也被称为"环境运动之母"。

环境运动从诞生开始就与大众媒体结下了不解之缘，当环境运动扩展到世界范围之后，大众媒体与环境运动的结合更为密切，很多国际性的环保团体都给世界各地的参与者们配备照相机或摄像机，希望他们在拍下环境违法行为后通过大众媒体公之于众；或者在闹市街头，用各种各样的"行为艺术"来吸引媒体的目光。

我国的环境保护事业已经开始了 40 多年，在这 40 多年里，大众媒体与环境保护亦有着非同寻常的关系。如我国环境保护事业的元老，首任环保局局长曲格平就曾经说过一句名言："中国的环境保护事业是靠宣传起家的。"② 不管是在改革开放初期，《风沙紧逼北京城》、《伐木者，醒来！》等新闻作品对国民环境意识的启蒙，还是每年在全国范围内轰轰烈烈推开的"中华环保世纪行"所造就的"舆论监督推动环境与资源保护"③ 行动；抑或是在新千年之后，民间环保组织所进行的保护藏羚羊、反对怒江建坝；还有厦门人反对 PX 项目，广东番禺人反对垃圾焚烧厂的风波等事件，在这些林林总总的运动之中，都离不开大众媒体的身影。就连环保部原副部长潘岳也盛赞媒体的作用："毫不夸张地说，新闻媒体是中国环保运动的真正推手。"④ 鉴于此，笔者提出几个问题：

在中国政治经济转型过程中的大众媒体，在环境运动中所扮演的是什么样的角色？在与西方民主制度明显相异的政治背景之下，相关的环境运动的产生背景、媒体制度会对媒体的作用发挥产生什么样的影响？大众媒体在运动中是否能够促进构建一个新的社会与国家互动的关系，

---

① ［美］蕾切尔·卡逊：《寂静的春天》，吕瑞兰、李长生译，吉林人民出版社 1997 年版，前言第 12 页。

② 转引自王莉丽：《绿媒体》，清华大学出版社 2004 年版，序言。

③ 李新彦、白剑峰：《为保卫绿色而呐喊》，《人民日报》2003 年 1 月 15 日第 3 版。

④ 潘岳：《舆论监督推动社会进步　官员要有点承受力》，《中国青年报》2007 年 4 月 27 日第 27 期。

进而促进我国政治经济改革的发展？我国的环境运动，是否也如西方那样，在开始积极推进社会变革但到后来却在媒体的引诱误导之下走入歧途？

这些问题归结在一起，形成几个比较直观且相继递进的问题：

1. 中国到底有几种类型的环境运动，为什么这样区分？在中国的社会转型过程中，环境运动中"国家"与"社会"如何进行互动？媒体在其间所扮演的角色到底是什么？

在这几种不同类型的环境运动中：

2. 大众媒体在其中担任着什么角色作用？

3. 在中国这种特殊的国家—社会结构中，大众媒体为什么会担任着这种角色？

4. 大众媒体在运动中是如何发挥角色作用的？

第二节　概念框定

一　几个相关概念的辨析

关于"环境运动"这个概念，一直众说纷纭。"环境运动"一词英文为 environmental movement，该概念被广泛地运用于各种学术文献、政府公文、新闻报道之中，内涵和外延本身就缺乏一个统一的认识。而且，与环境运动相近的概念还有很多，如环境主义、绿色运动、环境保护运动、绿色政治等等，这些概念在内涵和外延上既有交叉，又有差别，更为重要的是，在不同的国家和社会语境之下，所指也并非相同，这些都给研究者带来很大的麻烦，笔者试着根据各种研究文献，结合西方国家环境运动的发展过程对几个概念进行简单的梳理。

（一）环境主义

"环境主义"的英文为 environmentalism，从字面上来说，它所指的应该是一种思潮，用于支撑环境运动实践的思想层面部分，特别是引起某类环境运动的观念集合。另外，环境主义与其近亲"生态主义"（ecologism）又有一定的区别，环境主义强调的是在不需要根本改变目前价值或生产生活方式情况下的一种注重管理改变环境情况的思想，而生态主义更倾向于深刻地改变我们社会与政治生活方式①。如"激进环境主义"（radical environmentalism）、"改良环境主义"（reformist environmentalism）等等，因此，一些学者将环境主义特指为某种思想，其外延不包括运动实践②。但在大部分的学者和非学术文献中，"环境主义"既包括了相关的环境思想层面，也包括了各种运动实践形式，在西方经常与"环境运动"这个概念通用。

（二）环境保护运动

"环境保护运动"，应该说，是一个内涵和外延比较狭窄、起始时间也相对清晰的概念。主要指从 20 世纪 60 年代，美国等发达国家在经历了第二次世界大战后的大繁荣之后，环境污染、土地退化、森林减少、酸雨肆虐等生态危机随之出现，在《寂静的春天》等作品的影响下，这些国家公众保护环境的紧迫感增加，催生了人类从自然的"征服者"向环境的"保护者"角色转变的意识，因此发起了要求政府采取行动进行环境保护的集体行动。其中最为著名的就是 1970 年 4 月 22 日的"地球日运动"，当时美国有 2 000 万人走上街头，参与游行示威和演讲会，要求政府保护环境，促成了美国环保局成为国内最重要的政府管理实体之一，还通过了一系列的环境保护法案。这是世界上第一次大规模的环境保护运动，之后每年的 4 月 22 日被定为"世界地球日"，成为全世界参与环境保护的一个日子。数年之后，由于诸如 1976 年意大利塞维索化学污染事故、1979 美国三哩岛核电站泄漏事故等环境事故的频发，各种民间环保组织不断发展，"绿色和平"（Green Peace）、"地球之友"（Friend of the Earth）等著名的环境组织相继成立，环境组织的兴起使环境保护运动拥有了坚实的组织基础，环境组织成为后来环境保护运动最常见的发起者。

---

① ［英］安德鲁·多布森：《绿色政治思想》，郇庆治译，山东大学出版社 2005 年版，第 2 页。
② Papper. David. Modern Environmentalism：An Introduction. London：Routledge ，1996.

（三）绿色政治运动

随着环境保护运动的不断推向深入，参与者发现，环境问题牵扯的范围非常巨大，环境保护与国家、人权、平等、经济、教育、思想观念、国际关系等内容息息相关，不可分割。很快，环境运动就大大跨出了单纯环境保护的范畴，与政治因素紧密结合在了一起，并发展出生态女权运动、环境和平运动、反核运动等形式。在运动的过程中，各种环境组织为了实现自己的运动目标，发展成为游说集团、抗争组织、压力集团等形式，一方面通过选举、院外游说等代议制民主手段来对政府政策进行影响，另一方面通过游行、静坐、示威、罢工等制度外手段实现目的。

后来，这些环境组织进一步成长，在实行西方代议制民主的国家里，有些环境组织成立了政党，变身为"绿党"，这些党派通过选举的形式进入议会或政府，利用既存的政治体制来实现自己的保护主张。为了在选举中获得支持，他们的议题也不再局限于环境保护，他们大多在政治上主张强调环境保护、实行基层民主、尊重妇女权益和非暴力原则，在经济上首先强调可持续发展方式和寻找新的经济增长方向。

（四）环境运动

"环境运动"这个概念的内涵和外延应该是较为宽泛的，对上述的"环境主义"、"环境保护运动"以及"绿色政治运动"几个概念大致处于包含的状态。

环境运动兴起的起点是什么时候？较为公认的说法是起源于20世纪60年代，在美国、西欧等西方发达国家中发起的环境保护运动。与环境保护运动同时兴起的，还有和平运动、女权运动、同性恋运动等等，这些运动，被西方社会学家归入"新社会运动"的范畴。由于环境问题在世界范围内的严重性以及关注领域的广泛性，环境运动在整个"新社会运动"的格局中越发强势。渐渐地，环境运动有包容和平运动、女权运动等的趋势。也正是因为不断变化和发展，其内涵和外延变得非常复杂。

西方学者对环境运动的含义界定有广义和狭义之分，广义的环境运动包含着与环境议题相关的环境组织、公众以及它们所开展的各种活动，正如戴安妮（Diani）所下的定义："环境运动是对环境议题的共同认同和关注的驱动下参与集体行动的、无组织隶属关系的个人、群体以及正式化程度不同的组织，通过非正式的互动形成的非体制性的、松散的网络。"① 或者如英国环境运动研究者克里斯托弗·卢茨（Christopher Rootes）所给出的概念："环境运动被视为由公众和组织组成，参与集体行动，以追求环境利益的广泛网络。环境运动十分多样化和复杂化。它们的组织形式既有高度组织化和制度化的，也有非常激进和非正式的。它们的活动空间范围从地方几乎到全球，它们关注的领域从单一议题到全球环境关切的全部问题。"② 邓拉普（Dunlap）在研究美国环境运动的时候，指出环境运动应该包含在 20 世纪 60 年代后兴起的与环境议题有关的一切运动，从他研究对象的范围来看，既包含了影响运动的意识形态、环境运动组织，也包含了运动实践以及由此带来的国家环境制度变化③。除欧美学者之外，其他国家和地区的学者对环境运动的定义也多为宏阔型的，如台湾何明修给出的定义更为简单而直观："环境运动就是共同保护我们的环境。"④ 后者对于内涵和外延的一种界定几乎到了无所不包的地步。

　　狭义的环境运动主要指由这些环境运动的主体所实施的各种具体的活动。迪特·鲁赫特（Dieter Rueht）将环境抗议看成为"一个非国家角色实施的、与环境议题相关而明确表达批评或不满目的以及社会与政治要求的集体的与公众的行动"⑤。

　　在不同的界定中，杂糅着制度外与制度内、新运动与旧运动、合法与非法等论争，这些分歧让那些自称为或被称为环境运动的各种活动之

---

① Diani Mario：Green Networks. A Structural Analysis of the Italian Environment Movement，Edinburgh：Edinburgh university press，1995.

② ［英］克里斯托弗·卢茨：《西方环境运动：地方、国家和全球向度》，徐凯译，山东大学出版社 2005 年版，第 2 页。

③ Dunlap, R. E. and Mertig, A. G., American Environmertalism：The U. S. Environmental Movement, 1970－1990, Taylor &Francis New York Inc. 1992.

④ 何明修：《绿色民主：台湾环境运动的研究》，台北：群学出版有限公司 2006 年版，第 1 页。

⑤ Dieter Rueht. TEA/Environmental Protests：Code Book and Practical Guide，1998. 转引自郇庆治《80 年代末以来的西欧环境运动：一种定量分析》，《欧洲》2002 年第 6 期。

间的特征显得大相径庭：如果从起源上说，环境运动是发生在 20 世纪
60—70 年代的运动，且被称为"新社会运动"中的一个重要形式。首先，
它是"社会运动"，并且应该是"制度外"的运动，与西方民主社会中采
取的选举、议会、诉讼等"制度内"的诉求表达方式不能相容，那在美
国和欧洲大量存在的环境团体通过选举、院外游说、公益诉讼等这些西
方代议制民主框架下展开的那些行动是否还属于社会运动？如果通过选
举、游说产生作用的集团活动不能算入环境运动的话，那已经作为政治
制度一部分的绿党就更无可能了。但是如果把这些制度内的运动都剔除，
那西方国家的环境运动还剩下什么？

其次，大部分的学者将它看成一种"新"的社会运动，是在"后工
业社会"中一种"生活政治"，是与传统的"解放政治"相对的概念，
它们之间有着不同的价值观念和行动取向。那针对环境议题但是在价值
取向上仍然属于"工业社会"范围内的运动又是否能算入其中？如果从
时间上划分，那在《寂静的春天》出版之前有关环境议题的社会运动是
否又包括在此之列呢？

因此，研究环境运动的著名学者卢茨认为环境运动是一个"非常模
糊的术语，并且经常为了包含一切而故意模糊"。[1] 纽尔曼·卡斯特也有
同样的观点："聚集在环境主义旗帜下的各种集体的行动、政治和话语实
在是花样百出，就连说它们组成的是一场社会运动都成了问题。"[2]

再次，在环境运动的前期，这些运动不管是议题还是参与者都局限
在一国一地的范围内，且都是发生在富裕的资本主义国家之中，而随着
环境恶化和可持续发展日益成为全世界共同关心的问题以及环境组织的
国际化，环境运动越出了国界，向全世界发展。在 20 世纪的八九十年
代，环境运动发展到了巴西、印度、肯尼亚、印度尼西亚等第三世界国
家以及苏联等社会主义国家，这也引起了学者的关注。[3] 学者发现，发生

---

① ［英］克里斯托弗·卢茨：《西方环境运动：地方、国家和全球向度》，徐凯译，山东大
学出版社 2005 年版，第 2 页。

② ［美］曼纽尔·卡斯特：《认同的力量》（第二版），曹荣湘译，社会科学文献出版社
2006 年版，第 172 页。

③ J. K. Conway & L. Marx, eds, "Earth, Air, Fire, Water: Humanistic Studies of the Environ-
ment", Massachusetts: University of Massachusetts Press, 1999.

于发展中国家的环境运动，更多的是捍卫公众自身生存的权利而进行的抗争，不是如西方社会那般追求某种共同的环境价值观。在这样的情况下，环境运动又有了"南方"与"北方"的区别，即北方的"荒野保育"与南方的"生计维持"两种类型。环境问题又与政治、外交产生了强有力的勾连，环境运动的内涵和特征又呈现出了更为多元的样式。也许，摒弃掉了形式上的各种差异，环境运动只有在根本的目标上是一致的，那就是保护地球上的人类和维护好人类持续生存发展的环境。

对于环境运动的分类，因为其内涵和外延不同，使用的分类标准就五花八门：当前较为通用的分类方式，其中一种是按照运动组织的特点进行划分，如卡斯特根据"认同、敌人、目标"三大特征的分类，将西方的环境运动划分为：①"保卫大自然"；②"保卫自己的空间"；③"反文化、深度生态主义"；④"拯救地球"；⑤"绿色政治"五种类型。另外一种分类方式是按照运动的目标划分：如日本学者饭岛伸子将环境运动分为：①反公害——受害者运动；②反开发运动；③反"公害输出"运动；④环境保护运动。①

鉴于内涵和外延的复杂性，国际上的学者在研究世界范围的环境运动的时候，对"环境运动"这个概念范畴的框定大多采取宜宽不宜窄、宜粗不宜细的原则。最为重要一点就是，任何研究学者都会提出，各国在文化差异、意识形态、发展策略、工业化程度、政治制度上存在着非常大的差异，因此，导致各国的环境运动也出现了不同的差异，研究一个国家的环境运动的特征，离不开对其背景的考察。

二 中国语境中的环境运动

虽然，在概念上还有很多纠纷无法解决，但是在西方语境之中，环境运动基本上是处于"社会运动"这个范畴的。"社会运动"，顾名思义，即是由"社会"发起的运动，指主要由民间组织、公众作为发起和参与主体，在社会的压力之下，政府通过各种手段，进行改革，实现环境目标的改造，是一种自下而上的运动。在西方，研究环境运动，基本上都

① ［日］饭岛伸子：《环境社会学》，包智明译，社会科学文献出版社1999年版，第97页。

围绕着运动的发起者，也就是它的民间组织进行的，与民间组织相对的，是"公民社会"或称"市民社会"（civil society）的概念，而在中国，大部分的学者认为中国还没有形成西方政治学意义上的"市民社会"环境，即使在中国当前出现了具有"市民社会"的某些特征，也是在小范围内的出现。

且西方环境运动是美国、欧洲等国家在第二次世界大战之后，工业化社会得到巨大的发展，物质生产出现了巨大繁荣的背景之下出现的，环境运动发端于人类在享受物质繁荣的时候对人与自然关系的一种反思，在反思的基础之上产生了诸如环境"保育主义"（conservationism）和"保存主义"（preservationism）等价值观，这些价值观又进而促进了人群的分化，形成一种"认同政治"，建立在这些非经济利益层面价值观念之上的一种"认同政治"，拥有厚重的意识形态背景和政治话语形态。

如赵鼎新所说，"中国社会在短期内绝没有爆发大规模社会运动或革命的结构性条件"，因为中国经济仍在高速地增长，大多数人民群众的生活水平仍然在不断提高，民众的怨恨多是格尔（Ted Robert Gurr）所说的"相对剥夺感"而非"绝对剥夺感"。因此，正在发生的只是"停留在经济和利益层面上的"、"没有大型话语和意识形态支持"的集体行动。[1]很大一部分学者也对该观点持认可态度，认为即使我国出现了一些具有社会运动某些特征的运动形式，其社会形态也无法与西方的"社会运动社会"相提并论，中国至少目前没有进入这个"社会运动"的时代。

而"运动"这个词，在中国这样的一个国家中，又具有着不同于西方的特殊意义，新中国成立后的各种"运动"，已经深深地嵌入整个国家的政治生活之中，有学者对中国的运动有这样的一个阐述："'运动'一词从字面来看，在政治学的界定中，是以实现某一特定的社会改革为目标，由某一政党或持某种理念的少数人发起，社会上相当多的人参与的群众性社会现象。具体地讲，运动从发起者的角度分，有自下而上的运动，也有自上而下的运动；从目标和内容角度区分，有政治运动、经济（生产）运动、社会（生活）运动、文化运动；从参与范围角度区分，有全球性运动、全国性运动、地区性运动和行业性、阶级性运动。不过，

---

[1]　赵鼎新：《社会与政治运动讲义》，社会科学文献出版社2006年版，第299页。

所有的运动都具有如下共同特征，即广泛的群众参与性、强大的社会影响力、目标的单一突出性。"①

中国的环境运动也是如此。在中国的语境之中，环境保护工作的历程，一直是由国家主导的，在这种政府主导型的环境保护中，政府（特别是某些领导人）是环境保护的发起者，也是一系列工作的监督者，在工作过程中，政府又是协调者和仲裁者②。如果发起一场环境保护的集体行动，政府很可能既是发起者，又是组织者；可能既是事前动员主体，又是事后的评价考核主体。在新中国环境保护工作的发轫期，群众是在压根还不知环境保护为何物的情况下参与其中的，后来在各种运动的国家宣传与动员之下逐渐对环境保护有所了解。这与西方国家环境意识从社会中产生，环境保护从民间发起，政府部门在公众和舆论的压力下被迫设立环保机构，进而在公众的监督、促进之下开展环境保护工作的运动路径有着非常大的区别。

在改革开放之前，政府垄断了所有的社会资源，也包办了各种社会公共管理事务。对长期处于全能型社会下的公众来说，投身参与环境保护有着一种非常明显的依赖性——中国公众长期以来都在认为环境保护是国家的事，而非自己的事，缺少开展运动的自觉意识，参与环境保护各种活动的目的也是为了体现对国家的忠诚或是仅仅为完成某项任务。即使环境问题危及自己的生活与工作，也相信政府能够解决。这些都与西方国家环境保护由社会发起且公众拥有着较高的环境权利意识和自觉意识也有着非常明显的不同。

鉴于研究对象在制度背景以及文化价值观念上的巨大差异，正如前面所分析到的，直接套用西方学者所使用的社会运动的各种概念，来解析我国的环境运动，并从中得出中国环境运动的特殊性，是很有难度的，这就是为什么很多学者在运用社会运动理论范式分析案例的时候很难"对号入座"的原因，理论运用颇难展开。因此，在我国的环境运动研究中，中国学者对西方的社会运动的这套体系使用相当谨慎。

---

① 孙培军：《运动国家：历史和现实之间——建国 60 年以来中国政治发展的经验和反思》，《理论与改革》2009 年第 6 期，第 28 页。

② 洪大用：《中国民间环保力量的成长》，中国人民大学出版社 2007 年版，第 6—9 页。

　　北京大学龙金晶的《中国现代环境保护运动的先声——20 世纪 50 年代"绿化祖国、植树造林"运动历史考察》① 和上海大学颜敏的《红与绿——当代中国环境运动考察报告》② 等两篇重要的研究生论文，在对中国的环境运动进行界定的时候，都没有生搬西方的环境运动定义，而是与中国的国家与社会情况进行紧密的结合，如龙金晶将中国环境保护运动（在论文中，作者专门指出，在中国的语境之下，"环境保护运动"、"环境运动"、"绿色运动"其内涵和外延一致）定义为："政府主导下的一种群众性的集体行动，其目标不是要直接挑战国家政权，而是要改进自己的生活或解决国内发展过程中出现的具体的环境问题。"而针对中国的背景与环境运动问题，颜敏认为："根据中国的情况，环境运动不应仅仅指'社会的'运动，它不一定是某种'制度外政治行为'，而是制度内外都参与的行为。因此，环境保护运动，是指多方行动者在某种组织方式下参与环境保护的过程。"笔者对此深以为然。

　　目前，已有少数的学者对发生于中国的环境运动进行了研究，在研究中都有一个相对统一的意见，即政府主导的环境运动是中国环境运动的一个重要的组成部分，这种自上而下的运动方式也是中国环境运动中一个非常鲜明的特色，而且，这种自上而下，由政府主导的环境保护方式，对那些民间组织的、自下而上的环境运动也产生了很大的影响。

　　在有关中国环境运动的分类问题，中国学者都根据中国当前政治背景与文化习惯，将我国的环境运动分为若干类别，分类的结果虽然不同，但分类的标准基本一致，就是以运动的发起者的类别进行划分，如有学者将中国的环境运动分为由民间组织发起的环境运动（如怒江建坝风波）、知识分子发起的环境运动（厦门 PX 事件）、政府发起的环境运动③。有的学者根据环境运动发起者的身份进行划分：以新闻记者和作家为主体的环境启蒙运动、以 NGO 为主体的城市精英环保行动、基层民众的环境申诉和抗议行动④。有学者根据发起主体将我国的环境运动划分为

　　① 龙金晶：《中国现代环境保护运动的先声——20 世纪 50 年代"绿化祖国、植树造林"运动历史考察》，硕士学位论文，北京大学，2007 年。

　　② 颜敏：《红与绿——当代中国环境运动考察报告》，博士学位论文，上海大学，2010 年。

　　③ 崔凤、邵丽：《中国的环境运动：中西比较》，《绿叶》2008 年第 6 期，第 88—93 页。

　　④ 张玉林：《中国的环境运动》，《绿叶》2009 年第 11 期，第 24—29 页。

由政府推进的环境运动、以 NGO 为主导的运动、由市民发起的环境运动①。

因此，笔者在本书的研究中，也干脆丢弃环境运动的"社会"属性限定，笔者认为在中国的语境之中，在中国的市民社会、经济发展以及公众意识还未达到一定条件的背景下，环境运动并不是单纯的"社会"的运动，也不单纯是"政府"的或"政治"的运动，而是一种多元的集合体。只要是大量公众参与的，以改善环境及生态为目标的集体性的行动都能归属到中国"环境运动"的范畴之内。笔者亦承袭以往的分类标准，将中国的环境运动类型分为三类，第一类为政府主导的环境治理运动，第二类为没有特定组织主导的环境群体抗争运动，第三类为由 NGO 组织的环境运动。

第三节　文献综述

一　环境运动研究路径

20 世纪 60 年代，发生在美国、日本及西欧等地的环境运动，与同时代一起大量出现的女权运动、新左派运动、和平运动等被社会学家和政治学家共同划归到"新社会运动"的范畴之中，由于各种运动的群体和各种运动在社会上的涌现，改变了这些国家的政治生态和社会结构，以至于很多学者都指出西方发达国家已经进入了一个"社会运动社会"②。

由于环境运动在西方社会中被普遍认为是一种社会运动，而且是一种居于强势的能够逐渐融合其他几种社会运动内容的社会运动。因此，通过社会运动的解析框架对它进行分析是一种最为常见的研究路径。在西方的社会科学研究中，社会运动与集体行为研究是一个不断成长扩大的学术领域，在研究中不断有大量的政治学、经济学、传播学、社会

---

① 曾繁旭：《当代中国环境运动中的媒体角色——从中华环保世纪行到厦门 PX》，《现代广告》2009 年第 7 期，第 36—41 页。

② 赵鼎新：《社会与政治运动讲义》，社会科学文献出版社 2006 年版，第 291 页。

学、人类学、心理学等领域的研究者加入其中。这个研究领域源远流长，在20世纪60年代的时候研究呈现了繁荣，在解释社会运动如何产生和发展的问题上，西方众多学者提出了不同的理论，形成了不同的研究范式。在历史发展过程中，国外的社会运动研究主要以美国的实证主义路线和欧洲的历史哲学传统路线为主。先后出现了崩溃理论、资源动员理论、政治过程理论和社会建构理论等几种主要研究范式，由于流派和相关理论过于庞杂，本书仅选几种具有代表性的学术范式进行简单的梳理。

1. 崩溃范式

最早形成的崩溃理论强调的是社会运动参与者的非理性行为，如心理学家勒庞（Gustave Le Bon）在《乌合之众——大众心理研究》中所提出的，在人类群集的时候，个人的思想容易受到群体的感染，使自己与群体行为和思想一致，容易使人丧失责任和约束，变得疯狂而非理性。因此，大部分的行为都是非理性的产物。① 格尔指出：在经济转型、政治危机和社会变迁的过程中，个人的期望与现实所得到的满足产生的差距会让人产生"相对剥夺感"，这种"相对剥夺感"越大，所产生运动的可能性也越大。斯梅尔塞（Neil Smelser）进一步扩充了这个观点：结构性诱因、结构性带来的怨恨、剥夺感、概念化信念、触发的因素或突发事件等六个因素不断累加导致了集体行为的发生。

2. 资源动员范式

该学派的学者认为社会中的"怨恨"是导致社会运动的原因，但是社会运动并非崩溃理论学者所说的那样，是非理性的行动，相反，他们把社会运动的参与者看作是一个理性行动者。一个人在参与社会运动的前后，都会不断地将自己参加活动所能得到的收益与付出的比例进行权衡。经济学家奥尔森（Mancur Olson）在《集体行动的逻辑》一书中提出了一个"搭便车"的比喻：如环境等公共物品是不可分割的，社会上人人都有份，因此，在争取环境权益时，即使不参加的也可以分享运动的成果，就不会有人参加这场运动。必须要有核心的一个小团体在事前和

---

① ［法］古斯塔夫·勒庞：《乌合之众——大众心理研究》，冯克利译，广西师范大学出版社2011年版。

事中开展动员工作，运用各种技巧、规则来强制或诱导相关大众参与到这个集体行动中来，才能实现运动的目标①。奥伯肖尔（Anthony Oberschall）认为，运动要获得成功，除了调动集体内部的资金、人力、领袖气质和合法性等资源之外，还要适时地引入外部基金会、企业、能够提供技术和人力支持的人士等的力量。② 在 20 世纪社会运动兴起的初期，这些进行动员的核心团体可能是利益相关者自发组织的，但随着时代的发展，社会运动团体不再是完全的草根民众集合，而是越来越专业化，他们有专门的运动机构，有专职人员进行运动策划，在政界展开游说和进行媒体公关，麦卡锡（John D. Mc Carthy）和扎尔德（Mayer N. Zald）关注这种专业化和科层制的运动管理，借用市场管理中的"需求—供给"理论来分析社会运动组织是如何进行有效管理和运营的。③

3. 新社会运动范式

新社会运动范式是诞生于欧洲社会科学研究的一种研究路径，与上文所提及的两种出现于北美的研究路数有所不同。北美的研究学者主要将关注点放在社会运动是"如何"得以兴起和发展这个问题上，探寻的是不满与怨愤"怎么样"转化为集体行动的规律，是一个探寻"HOW"的过程，而欧洲的研究主要将兴趣点放在第二次世界大战之后，资本主义国家"为什么"会出现如此大规模的社会运动浪潮？而且追究 20 世纪60 年代之后的社会运动与之前的劳工运动有什么区别？这些新的社会运动的出现与社会的转型存在着什么样的联系？④ 这是一个追问"WHY"的过程。

新社会运动理论的主要创建者阿兰·图海纳（Alain Touraine）将现代社会区分为商业社会、工业社会和后工业社会三个阶段，该学派的理论家认为，在第二次世界大战之后欧洲从工业社会逐渐转向了后工业社

---

① ［美］曼瑟尔·奥尔森：《集体行动的逻辑》，格致出版社、上海三联书店、上海人民出版社 1995 年版。

② Oberschall, Anthony, Social Conflict and Social, Movements, Englewood Cliffs, NJ: Prentice – Hall. 1973.

③ Zald, Mayer N. and McCarthy, John D., Social Movements in an Organizational Society, New Brunswick, NJ: Transaction Books, 1987.

④ 参见冯仕政《西方社会运动研究：现状与范式》，《国外社会科学》2003 年第 5 期。

会，进入了一个重要转型期，社会的重大变迁产生了新的社会矛盾和价值观，公众的兴趣点也发生了转移。物质上的生存问题很难激起公众的愤恨，旧的阶级认同和斗争意识渐渐淡化，而如环境恶化、妇女权益、人权等内容日益引起公众的关注。阶层的变化和兴趣点的转移，产生了诸如环保组织者、和平主义者、同性恋等新的群体认同。因此，在20世纪60年代以来兴起的为数众多的社会运动，它所反映的是工业化向后工业化社会转型期间新旧价值观之间的冲突，人类在社会转型期间寻求自我认同的结果，也是一场重新定义和控制主流文化的冲突①。

4. 社会建构范式

社会建构范式是一个较为"年轻"的研究范式，且现在还在不断发展，该理论范式整合了欧洲与北美运动理论的观点，经过反思、修正之后发展成为一个理论范式，它的研究重点主要放在社会运动过程中"意义的建构、意识的提升、对符号的操控以及集体认同感是如何引发社会运动上"。②

这些社会运动理论，主要采用一种运动与政府二元对立的视角，考察环境运动中政府控制与运动对抗、动员方面的斗争，将运动视为社会与政府之间的冲突与斗争，有着很强的对立与冲突性，这也是为什么我国的学者谨慎对待"社会运动"这一套理论体系的一个重要原因。而且，这种研究范式，多集中在微观层面，并不利于帮助我们理解在时间跨度长、制度处于持续变迁背景之下的环境运动的发展规律。

二 对于中国环境运动的研究

西方的社会运动理论范式虽然说对解释中国社会运动有着一定的指导作用，但是，正如前面所论述到的，由于理论产生背景的差异，简单地套用这些理论范式，对我国的环境运动进行直接分析仍然存在着相当的解释困难，如"新社会运动"的理论预设是诞生于欧美的"后工业社

---

① Touraine, Alain: An Introduction to the Study of Social Movement. Social research 1985, pp. 52, 749 - 788.

② ［美］艾尔东·莫里斯、卡洛尔·麦克拉吉·缪勒主编：《社会运动理论的前沿领域》，北京大学出版社2002年版，前言。

会"之中，"新社会运动"的价值观体系，建立于"后物质主义"（Post-Materialism）的基础之上的。"后物质主义"指的是整体社会到达富裕之后，较高的经济收入和福利保障，使人们的价值观发生改变，人们从原来的强调分配到强调生活质量，从原来争取权力、收入到强调审美价值、表达自由。生活在富裕国家中的这些具有多元认同感的公民，在不同的性别、环境伦理、性欲取向等基础上建立起认同群落，导致了"日常生活的政治化"，他们所组织和参与的社会运动中也包含着很多文化抵抗和象征抵抗的内容。

在中国当前这个刚刚迈入小康社会且贫富差距还很大的国家中，中国是否进入"后工业社会"，后物质的价值观在中国有多大的影响？中国的社会运动特别是环境运动中，在"解放政治"尚未能够被很好解决的现实中，"生活政治"占据多少比例还一直是值得讨论的问题。这也是为什么很多相关文章在直接套用相关理论进行分析时很容易发生明显的"削足适履"问题的原因。

近年来，有学者对农村环境集体抗争的现象/事件进行研究，特别是2005年发生于浙江"东阳画水事件"等较大抗争行动，引发了张玉林、郎友兴等人的研究兴趣。张玉林曾对2005年发生于浙江的一系列农村冲突进行深入分析，反思中国特有的"政经一体化"模式下农民环境集体抗争发生的原因，探讨新的公共参与解决思路。[①] 郎友兴认为公众参与的缺失是中国农村环境抗争运动的重要原因，需要反思中国以政府为主导的环境治理模式，倡导"商议合作型环境治理"模式，培养农村公众的参与素质，从而最终走向生态民主化之路。[②]

外国学者在将中国的环境运动作为研究对象的时候，也没有简单地套用其社会运动的理论，美国学者何彼德（Peter Ho）认为中国的环境运动与西方的运动以及发展中国家的环境运动都有不同，"没有冲突的动员"是它的最大特色，它是作为国家"绿化"（greening）的一种功用，

---

① 张玉林：《政经一体化开发机制与中国农村的环境冲突——以浙江省的三起"群体性事件"为中心》，香港中文大学中国研究服务中心，2007年。

② 郎友兴：《商议性民主与公众参与环境治理：以浙江农民抗议环境污染事件为例》，"转型社会中的公共政策与治理"国际学术研讨会提交论文，2005年。

即使我国的 NGO 不断发展，这些运动也是嵌入体制的一种方式①。美国的童燕齐在政治的限制与机会、组织形式以及运动的定义与建构方面分析了转型时期中国内地与台湾两地环境运动的异同②。

在高校中，一些研究生将它作为自己的毕业论文选题，复旦大学潘永强的博士学位论文《中国环境运动的政治分析》一文，"环境运动"的内涵和外延虽然与西方"新社会运动"理论中的概念比较一致，主要以中国环保民间组织（环保 NGO）发起的运动为研究对象，但他认为在中国当前的政治体制背景下，国家既无法完全忽视环境运动的影响，也不允许运动挑战国家的权威，因此选择性地与社会力量结盟进而配合其政治议程，中国的 NGO 运动是一种"被治理的社会运动"、"国家主导的环保运动"，强调国家权威对社会组织的影响③。上海大学的颜敏，主要对中国政府在新中国成立以来发动的环境运动历史进行了分析梳理，将中国的环境运动分为"红色起源、大转折、绿色突围、绿色政治"几个时期，描述了政府与民众、精英、知识分子、媒体、NGO、企业的互动过程④。北京大学的龙金晶主要对发生于中国 20 世纪 50 年代的"绿化祖国、植树造林"运动进行研究，探索政府与公众之间的角色活动，并认为那次的环境运动已经出现了环境意识的萌芽⑤。

三　传媒与环境运动关系的研究

环境的涉及面非常广泛，环境传播活动也是五花八门的，在媒体日常的环境传播过程中，传播者、受众以及其他的相关力量表现得较为平和协调，但一旦某个环境运动发生并受到媒体关注，某种环境问题立即上升为一个大众普遍关注的议题，这种日常传播模式中的和谐关系马上

① Peter Ho, "Greening Without Conflict? Environmentalism, NGOs and Civil Society in China", *Development and Change*, Vol. 32, No. 5 (2001), pp. 893 – 921.

② 童燕齐：《转型社会中的环境保护运动：台湾和中国大陆的比较研究》，见张茂桂、郑永年主编《两岸社会运动分析》，台北：台湾新自然主义股份有限公司 2003 年版。

③ 潘永强：《中国环境运动的政治分析》，博士学位论文，复旦大学，2008 年。

④ 颜敏：《红与绿——当代中国环保运动考察报告》，博士学位论文，上海大学，2010 年。

⑤ 龙金晶：《中国现代环境保护运动的先声——20 世纪 50 年代"绿化祖国、植树造林"运动历史考察》，硕士学位论文，北京大学，2007 年。

被打破，运动中的各方力量都想方设法寻求比平时更为有效的方式来争夺媒体平台，掌握话语主导权，在这一时期，环境传播的效果也比平时更为明显。

另外，由于环境具有强烈的公共性，关系到广大公众身体健康及子孙后代的利益，由某个环境事件引发的环境社会运动，往往会让一个区域的民众人人自危，引发较为激烈的冲突，此时的环保行动不再是以个体活动的形式出现，而是表现出强烈的群体性和社会性，而且这时候运动的参与主体分属不同的社会群体，阶级基础广泛，波及的范围也相当广泛，还常常超越民族国家的范畴，与各种复杂的社会生活与政治、法律、经济、文化等社会环境紧密关联，大众媒体正是这些新型的政治形式中的一个关键因素，对推动环境社会运动的产生、发展和消亡起着举足轻重的作用，因此，不管在中国还是西方，不少学者都对环境运动与媒体之间的关系有着浓厚的兴趣。

（一）国外研究

在国外的研究中，大部分学者认为大众媒体对包括环境运动在内的各种社会运动起到了巨大的作用，塔罗（Tarrow）指出，根据资源动员的理论，在各种"外部资源"中，大众传媒能够激发公众斗争的意志并能使运动的经验得到传播推广，"与其说大众报刊使造反变得崇高，不如说大众报刊使造反变得普遍，……这种经历被上百万印刷词汇塑造成报上的一个'概念'，并在恰当的时候，变成一种思想模式"①。麦卡锡（John D. Mc Carthy）和扎尔德（Mayer N. Zald）在其著名论文《社会运动在美国的发展趋势：专业化与资源动员》中提出，20 世纪 60 年代以来，社会运动的组织最终变成了科层化的利益群体，其组织的领袖是专业化的人才，他们通过游说政府官员、提交报告和利用媒体，型塑公共舆论来发挥其影响力。将这一资源动员看作市场交换的概念，发展出运动形成的"供给—需求"的模型，并用"市场—管理"的机制来描述。② 对于这种

---

① ［美］西德尼·塔罗：《运动中的力量》，吴庆宏译，译林出版社 2005 年版，第 64 页。

② McCarthy, John D and Mayer N Zald. Trend of Social , Movements in America: Professionalization and Resource Mobilization. . Morristown, N J: General Learning Corporation, 1973.

社会运动组织与媒体的交换关系，哥伦比亚大学的蒂利（Charies Tilly）和吉特林（Todd Gitlin）都做了深入的描述，蒂利认为，与暴力攻击和面对面谈判相比，借助于大众传媒以传播运动的诉求，无疑能让更多的第三方知晓。借助传媒，对社会运动的纲领、身份和立场诉求予以广泛传播，无疑是社会运动值得利用的一个巨大的资源，但社会运动组织方与媒体并没有建立起平等的关系，更不可能控制得了媒体，而社会运动之所以引起媒体注意，源于其运动、表演和展示（蒂利认为这三者为社会运动的三个标志性因素）的新闻价值，因此，社会运动的各种活动、表演和展示都必须不断地适应传媒与传播方式的变化，适应地方和国家政治文化的变化。[①] 吉特林更是专门地对媒体与 20 世纪 60 年代新左派社会运动之间的关系做了专门的研究，在其名作《全世界都在看——新左派运动中的媒体镜像》中，认为媒体面对反体制的社会运动时，多倾向于视而不见，即使报道了，也会有意无意地对运动的目标和规模进行歪曲，只是着力渲染运动中一些不为主流价值所接受的口号和行为。[②] 英国的卢茨（Rootes）也强调，当前向着"全球化"和"后现代化"转变的西方环境运动，比起以前的大众动员，大众媒体在其中处于中心地位，日益职业化的环境组织已经使自己适应了这个大众媒体的时代。[③]

从运动组织的角度分析，西方学者认为，社会运动可以通过媒体获得社会的关注、争取到参与者、获得大众对运动理念的认知与赞同，动员各种社会资源对运动的支持以及通过自己在媒体上的呈现获得"心理上的满足"以缓解运动遭遇失败时的心理压力等[④]。因此，他们也比较重视研究社会运动"该如何"利用媒体资源，出版了诸如《黄金时档社会运动》《黄金时档女权运动》等方面的书籍，深入研究一个社会运动如何

① ［美］查尔斯·蒂利：《社会运动，1768—2004》，胡位钧译，上海人民出版社 2009 年版。

② ［美］托德·吉特林：《全世界都在看——新左派运动中的媒介镜像》，胡正荣、张锐译，华夏出版社 2007 年版。

③ ［英］克里斯托弗·卢茨：《西方环境运动：地方、国家和全球向度》，徐凯译，山东大学出版社 2005 年版，第 3 页。

④ ［美］托德·吉特林：《全世界都在看——新左派运动中的媒介镜像》，胡正荣、张锐译，华夏出版社 2007 年版。

能够吸引传媒黄金时间新闻的关注①。

至于媒体对社会运动有多大的积极效果，西方大部分学者认为，西方的主流媒体和公共舆论是相对保守的，媒体上基本是传统新闻源的一个传声筒②，吉特林更是专门对媒体与 20 世纪 60 年代新左派社会运动之间的关系做了专门的研究，在其《全世界都在看——新左派运动中的媒体镜像》中，引入了框架的社会学观点，对新闻"框架"（frames）如何影响故事的叙述以及被行动者接收后的反应进行检视。吉特林的结论是：媒体报道鼓励行动者通过不断创新和维护新闻价值，但这种创新对于推动进行着的运动几乎毫无用处；他们没有让运动参与者说出想说的话；而过分关注那些吸引眼球的象征物、标语、服装和表演。

而在社会建构方面，大多数学者认为西方的媒体对公共舆论有着建构性的定义作用，如甘姆森认为，媒体是一个社会上各种组织、个人和意识形态争夺对社会现实定义和建构权的关键领地。他得出的结论是，西方的公共舆论是比较保守的，它的价值倾向一般由媒体来调控，媒体的保守态度会对运动带来很不利的影响。③

国外的华裔学者在中国的环境运动或社会运动研究方面亦有不少建树，赵鼎新（Dingxin Zhao）认为，虽然美国在宪法保障之下，言论的自由度要比中国大很多④，但在针对运动进行报道的时候，中国媒体的负面报道的广度和深度往往会超过美国，一旦碰到机会，某些记者不但会把所有的空间用足，而且会通过"打擦边球"等手段不断扩展自己的空间。⑤ 赵鼎新进一步从价值观上分析，认为造成中国媒体在面对运动时表现更为激烈的原因在于改革开放以后的中国，社会在物质生活上虽然得到了很大的进步，但是政府却没有构建起一个能为政治精英、知识精英和正处于上升中的中产阶级所共同认同的核心价值体系和共识，或者说

① Dow, Bonnie J Dow, Prime - time Feminism: Television, Media Culture, and The Women's Movement since 1970. Philadelphia: university of Pennsylvania Press. 1996.

② Gans, Hebert J, Deciding What's News. New York: Vintage Book . 1979.

③ Gamson, Willian A. , Andre Modigliani, Media Discourse and Public Opinion on Nuclear Power: A Constructionist Approach. American Journal of Sociology 1989, 95: 1 - 37.

④ Dingxin Zhao, The Power of Tiananmen: State - Society Relations the 1989 Beijing Students Movement, The University of Chicago Press. 2000.

⑤ 赵鼎新：《社会与政治运动讲义》，社会科学文献出版社 2006 年版，第 282 页。

葛兰西式的霸权文化。霸权文化的缺失造成了中国媒体反体制的倾向，使中国政府出于统治需要必须对媒体加以管理。[①] 杨国斌（Guobin Yang）认为，中国的环境运动特别是以 NGO 为主导的运动兴起，除了政治上获得的机会之外，国际 NGO、媒体（主要指传统媒体）以及互联网补给使得 NGO 的资源不足劣势得到弥补。[②]

（二）国内研究

由于中国的生态不断恶化、环境污染尚未找到根治的良方，加上资源的日益短缺，中国的环境问题已经成为中国经济和社会可持续发展的一个非常重要的障碍，运动式的环境治理运动已经很难成为国家环境保护工作的主流，但在中国还占据着相当重要的位置。随着社会多元化的提升和公众社会生活环境的日益宽松，国家和公民对环境问题的重视程度都在日益提高，不管是由政府主导的自上而下的环境治理运动，还是各种民间抗争运动、NGO 主导的各种运动此起彼伏，媒体在其中起到了关键的作用，这都引起了很多国内传媒研究者的兴趣。

西方学者研究媒体与社会运动的一些理论工具给中国提供了借鉴，其中吉特林在分析新左派运动媒体角色中的"框架理论"（framing）成为研究者较为常见的分析方法，通过分析某个环境运动案例，分析不同媒体在面对新闻事实的时候，如何选择、强调或遗漏大量的信息以构建和组织事实[③]。此种方法虽能快速成文，但它只能描述在单个的事件中媒体是"如何"发挥作用，却无法回答"为什么"发挥作用的问题，另外这种"放之四海而皆准"的分析思路，更无法说清在不同制度和社会条件下环境运动的特殊性问题。

有学者将研究目光放在媒体的信源主体特别是参与运动的环保 NGO 对媒体的影响上，其研究的主要内容是这些信源的媒体策略，如曾繁旭

---

① 林芬、赵鼎新：《霸权文化缺失下的中国新闻和社会运动》，《传播与社会学刊》2008 年第 6 期，第 93—119 页。

② Guobin Yang "Environmental NGOs and Institutional Dynamics in China". The China Quarterly, No. 181（Mar.，2005），pp. 46–66.

③ 莫雪芳：《关于番禺垃圾焚烧厂事件报道框架的比较——以广州日报和南方都市报的报道为例》，《青年记者》2010 年第 5 卷第 2 期，第 8—9 页。

的《NGO 媒体策略与空间拓展——以绿色和平建构"金光集团云南毁林"议题为个案》① 和郭小平的《风险沟通中环境 NGO 的媒介呈现及其民主意涵》② 等论文，研究如何通过各种手段加强在媒体上的呈现。这些对 NGO 媒体策略研究，从西方的社会运动范式角度来看，应属于运动的资源动员范畴，这些问题可以在微观上看出在特定的社会环境中媒体与参与主体、政府、专家等各种因素的互动，有较高的研究价值，但是，如人民大学的陈阳所说：在研究中不能忽略一点，在媒体上有效的集体动员并不是环境运动能够产生并发展的一个必要因素③，而潜在其身后的体制性或社会结构性因素（包括宏观、中观与微观方面），有时候才真正地对集体行动以及对媒体产生决定性的影响。

有学者使用欧洲"新社会运动"的理论范式，集中研究媒介对环境运动参与者的集体认同建构这一主题，如复旦大学的孙玮教授的系列论文《我们是谁：大众媒介对于新社会运动的集体认同感建构》④、《生活政治中的集体认同建构——大众传媒与新社会运动》⑤ 等几篇论文，考察以"生活政治"为主的如环境运动、新民权运动、公共健康等新社会运动中媒体的作用，特别是以厦门 PX 事件等环境运动为例，集中回答了媒体在环保运动、新民权运动、女权运动等我国的新社会运动中"起到什么作用"及"怎样起到作用"的问题，这是探寻"HOW"的研究取向，文章讲到包含着环境运动在内的中国的社会运动如何利用媒体资源，如何通过"集体行动框架"建构来实现集体认同感。曾繁旭的《当代中国环境运动中的媒体角色——从中华环保世纪行到厦门 PX》，使用议程设置的研究范式，分析在由国家推动、NGO 推动以及公众推动的 NGO 三种

---

① 曾繁旭：《NGO 媒体策略与空间拓展——以绿色和平建构"金光集团云南毁林"议题为个案》，《开放时代》2006 年第 6 期，第 22—42 页。

② 郭小平：《风险沟通中环境 NGO 的媒介呈现及其民主意涵——以怒江建坝之争的报道为例》，《武汉理工大学学报》（社会科学版）2008 年第 21 卷第 5 期。

③ 陈阳：《大众媒体、集体行动和当代的环境议题——以番禺垃圾焚烧发电厂事件为例》，《国际新闻界》2010 年第 7 期，第 43—49 页。

④ 孙玮：《我们是谁？大众媒介对于新社会运动的集体认同感建构——厦门 PX 项目事件大众媒介报道的个案研究》，《新闻大学》2007 年第 93 卷第 3 期，第 140—148 页。

⑤ 孙玮：《生活政治中的集体认同建构——大众传媒与新社会运动》，见陈明明：《中国民主的制度结构》（复旦政治学评论）上海人民出版社 2008 年版，第 215—236 页。

不同的环境运动中媒体如何建构环境议题，推进环境保护进程。① 这一思路框架与本书框架较为接近，但通过议题构建来看待中国环境运动的变迁，似乎显得有些单薄。但文中谈及的媒体在国家、社会与个人之间的互动平台作用对本书的研究路径给予了很好的借鉴和启发作用。

在中国，"国有化 + 有限市场"的媒体，在政府行政力量和商业力量的双重规制下展开自己的实践，对社会运动的报道却比想象的要积极得多，"对于与意识形态相左的社会运动，西方媒介往往不予报道，当不得不报道时，则倾向于琐碎化与妖魔化。但是中国媒介在运动初期就会努力突破种种阻力做出支援和正面报道，媒介会相当积极地介入社会运动。"② 这种反差正好体现出了中国媒体体制的特殊性，其中原因也是中国的学者需要进行着力研究的地方。我们可以看出，在中国政治经济转型，且新闻改革不断发展的过程中，媒体不管对于何种环境运动的报道，都存在着较多的复杂性和在新闻实践中的不确定性，比起制度较为成熟的西方国家来说，环境运动与媒体问题都更为复杂，互动情况也不断变化。

在近年来的研究生论文中，已有人涉及中国的环境运动与媒体的关系，如武汉大学尹瑛与黄月琴两位的博士论文，尹瑛的《冲突性环境事件中的传播与行动——以北京六里屯和广州番禺居民反建垃圾焚烧厂事件为例》通过考察如反建垃圾焚烧厂等民间环境冲突事件，考察大众媒体在环境公共参与方面如何相互作用的机制。黄月琴的《反石化运动的话语政治：2007—2009 年国内系列反 PX 事件的媒介建构》，对近年来国内一系列反建石化项目的运动，国内不同媒体报道这类事件所采用的媒体建构策略、框架以及再现机制进行研究。以及复旦大学的硕士叶慧珏对在中国普遍存在的大众媒体从业者同时又身兼 NGO 成员这种"双栖"身份的研究，向我们说明了记者身份给这类人提供的是主流价值的成功的渴望，而 NGO 身份是他们实现社会改良理想的空间③。

---

① 曾繁旭：《当代中国环境运动中的媒体角色——从中华环保世纪行到厦门 PX》，《现代广告》2009 年第 171 期。

② 赵鼎新：《社会与政治运动讲义》，社会科学文献出版社 2006 年版，第 284 页。

③ 叶慧珏：《双重身份：跨界的记者职业诉求想象——我国大众媒体与非政府组织的特殊现象研究》，硕士学位论文，复旦大学，2009 年。

这三篇学位论文在研究方法上都使用了深入访谈的方式，对事件过程以及媒体的新闻生产过程进行了"深描"，都较好地反映了媒体与社会的互动。

综上所述，对媒体与环境运动关系虽已有不少学者进行过研究，但研究多集中于对某个或某类案例的讨论，缺乏一个纵观的、全面的研究，既缺乏一个在较长的时间区间内的梳理，也未将研究视角放入在宏观的社会变迁中对政治、经济、社会因素的综合考察。本书希望在各种研究的基础上，对我国改革开放之后环境运动中的变化与新闻改革的发展做一次研究，研究重点放在社会变革过程中政治、经济对环境运动以及大众媒体的作用，探求在这个转型的背景之下，媒体在环保运动过程中是如何与政府、公众、企业等因素互动的。

第四节　理论框架与章节安排

一　理论框架

前面说过，不同的国家经济发展状况、社会制度及文化背景会对环境运动发起的原因、组织形式、行动策略以及最后产生的社会目标产生不同的影响。而传媒在不同的国家制度背景之下所产生的作用与效果也具有很大差异。要研究媒体变革和环境运动，要探寻这两者背后所具有的"中国特色"的原因，没办法绕开国家结构转型与社会变迁这个要素。没有社会的变迁，没有中国政治、经济的转型，也就无法给环境运动提供结构性的动因。

在国内，对我国改革开放之后社会变迁的特征归纳最为著名的论述有孙立平的"后总体社会论"。孙立平认为：从新中国成立以后到改革开放之前，中国处于"总体性社会"时期，国家垄断着各种资源，个人对国家有着很强的依附性，社会各部分高度关联，社会结构高度不分化。在20世纪70年代末改革开放之后，一部分资源从国家的垄断中游离了出来，进入了市场和社会，形成了自由流动的资源。另外，政治和行政力量仍然是具有很强穿透力量的资源，对其他流动的资源有着强大的影响力。[①] 国家从无限权力向有限权力转变，国家不再是垄断式的控制，而更多的使用潜在的动员。[②] 因为这种从"总体社会"向"后总体社会"的转变，能够为我国的新闻改革、公民参与等创造机会。而从农业社会转向工业社会，从乡村社会转向城镇社会，从封闭转向开放，从同质单一转向异质多元，从伦理、人治转向法理社会，是中国转型社会的几个较为明确的特征。[③] 其中，在转型的过程中，政府与市场共同推进，拉动国家从传统走向现代又是极富"中国特色"的一个要素。[④] 康晓光认为，自改革开放以来，我国由原来政治领域垄断一切权力的"单极结构"向政治、经济、社会三个领域分享权力的"多级结构"的转变是我国当前社会结构变迁的最基本脉络。[⑤] 其他的学者阐释了这种转型对中国社会各个方面所带来的影响：如在国家和公民关系上，法律制度组建完善和公民意识渐渐萌芽，逐渐取代民众对国家和领袖的忠诚，网络时代使个人的意愿得到了一定程度的自由表达，全球时代价值观的进入对我国的价值多元化形成影响，地方政府成为具有自身利益的行为主体等等。[⑥]

不管是环境运动还是传媒的改革，都是在我国社会转型这个大的背景下完成的，其间的政府、市场、社会等各方面力量的消长，都对环境运动和传媒的实践活动打下了深刻的烙印，而环境运动的不断向前发展和新闻改革的不断推进，在很大程度上，又会推动这种转型的变化，特别是社会力量的发展。[⑦] 因此，本书将考察的时间范围定在 1978 年至今，希望探讨在社会转型这个背景下中国环境运动中媒体与政府、社会、公

---

① 孙立平等：《参与与动员——第三部门募捐机制个案研究》，浙江人民出版社 1999 年版。

② 孙立平：《转型与断裂》，清华大学出版社 2004 年版。

③ 陆学艺、景天魁：《转型中的中国社会》，黑龙江人民出版社 1994 年版，第 32 页。

④ 刘祖云、田北海、戴洁：《转型期的中国社会分层》，湖北人民出版社 2009 年版，第 95 页。

⑤ 康晓光：《权力的转移——1978—1998 年中国社会结构的变迁》，浙江人民出版社 1999 年版。

⑥ 刘能：《当代中国群体性集体行动的几点理论思考——建立在经验案例之上的观察》，《开放时代》2008 年第 3 期，第 110—123 页。

⑦ 潘忠党：《传媒的公共性与中国传媒改革的再起步》，《传播与社会学刊》（香港）总第 6 期（2008）。

众、民间组织、市场等要素不断博弈时所表现出来的角色与作用。

二 章节安排

本书共分六章，第一章为绪论，阐述基本概念与研究目的、文献综述等。第二章将中国的环境运动分为三类，阐述每一类环境运动的产生背景及特点。第三章分析大众媒体在以政府为主导的环境治理运动中的角色。由于这种环境运动所经历的时间比较长，笔者根据历史脉络，选定"绿色大跃进"、中华环保世纪行、环评风暴等几个典型案例，分析媒体在这种政府主导、自上而下的运动中所发挥的功能。第四章主要分析在没有明确的政府机构、民间组织进行组织动员的民间环境抗争中，媒体是如何成为，且为何成为政府、公众之间对话协商平台的。第五章分析在由环境民间组织作为主导的环境运动中，大众媒体是如何为中国的民间环保组织拓展生存空间、获取承认进而共同推进环境运动目的的。第六章为结论，对各章进行总结，指出当前困扰环境运动与新闻改革发展的几个问题并提出相关建议。

第五节 研究方法

一 文献分析

本书以文献分析为主，正如前面所说，要研究长时段的环境运动的中国特色，离不开对各种政治、历史、法制建设背景的分析，因此，笔者在进行研究的时候，查阅了大量有关环保领域的年鉴、法规、规章、中央领导人以及环保行政部门首长的各种讲话以及相关的新闻、政策、法规文献。本书重点收集和研究从 1978 年开始相关政府有关政治建设、法律建设、环境宣传教育等相关文件、文献，以考察环境社会运动的外部环境。

对于具体的环境报道，首先主要参考的媒体是报纸，其次是电视，再次才是网络媒体中的论坛等文本。在时间跨度较大的区间内研究全国范围内的运动，电视媒介上的文本很难收集，网络媒体出现较晚，信息量大且更新速度快，而传统印刷媒体，特别是报纸，能够以较大的篇幅更为深入地反映环境运动中的信息，能更好地反映出在环境运动中的主题。

二　访谈、参与式观察

在本研究中，我不只限于对报道文本和文献的分析，还会对新闻生产的过程进行考察，考察隐蔽在新闻报道文本之后的"幕后情况"。因此，参与式观察、田野调查对我的研究来说也很重要，笔者在研究的过程中，访谈的对象不局限于记者群体，对于环保部门官员、环境 NGO 的组织者及志愿者都进行过访谈。访谈的对象包括 3 个环保系统官员、10 个环境记者、3 名 NGO 组织者或志愿者。

在参与式观察中，笔者从 2011 年年初开始参加了一年多著名环保NGO——"绿家园志愿者"组织的记者沙龙上海分部的活动，并翻阅了2008 年至 2011 年三年的"绿家园志愿者"记者沙龙北京总部的会议记录。于 2011 年 8 月 12 —29 日参加了"绿家园志愿者"组织的采访活动"黄河十年行"，跟随这个由记者、科学家、环保志愿者共同组成的团队，由青海省曲麻莱县黄河源头顺流而下进行采访，在观察的基础上辅以访谈。

另外，我还将散见于书籍、报纸、杂志、内部交流材料中的记者札记、回忆录、采写体会进行整理，作为对一手材料的补充。

第 二 章

中国环境运动的三种类型及特点

在第一章的概念框定中我们将由大量公众参与的，以改善环境及生态为目标的集体行动都划入环境运动的范畴，而这个范畴中的各种环境运动差异巨大，参与者、运动目标、组织形态以及运动策略等各种要素都千差万别。在本书中，我们以运动组织者为划分标准，将中国的环境运动划分为由政府主导的环境治理运动、无明确组织者的环境群体抗争和 NGO 组织的共意运动。这三大类型的运动具有什么样的特点，与中国社会转型中的其他要素发生着什么样的关联？有必要在书中做一个集中的介绍。

第一节　政府主导的环境治理运动

在新中国成立后相当长的一段时间里，运动成了国家和公民生活中一项重要的内容，国家在各种条件还未完全具备又希望能够对现实进行大幅度改造的情况下，习惯通过政府发动运动的方式集中人力和物力，激发公众的主观能动性，实现困境中的突破。因此，对环境的改造也无法避免地染上了这种治理运动的色彩。

一　国家"治理运动"

（一）改革开放前运动的数量、表现

在新中国成立以前长期残酷的斗争中，发动群众、团结群众成为中国共产党进行武装斗争和获取政权的一个重要"法宝"。新中国成立之后，动员群众搞集中建设，也成为这个人口多、底子薄的社会主义国家尽快摆脱贫穷落后面貌的重要手段。社会主义改造完成后，毛泽东同志在1958年视察马鞍山钢铁厂时说道，"什么工作都要搞群众运动，没有群众运动是不行的"①，这个论断在之后很长一段时间里成为我国政府施政的一条重要原则。因为人才、资金、科技等诸多因素的限制，对于不断在经济、文化、政治领域出现的各种新问题，在缺乏既有建设经验的情况下，套用以前熟知的大规模的、"暴风骤雨式"的群众运动就成为解决各种问题的一种通用的治国方略。在改革开放之前实现"赶超资本主义"、"实现四个现代化"的社会改造过程中，为了保证国家的革命精神和实现高效的改造目标，将阶级斗争引入到运动中来，将所有运动参与者的活动业绩与对制度和领袖的忠诚简单地等同起来，导致所有的运动都充满了浓重的政治色彩。

有学者进行过统计，在新中国成立后的前三十年里，由党和政府发起的各种自上而下的运动就有68次之多，平均下来每年能摊上两个以上，其中最多的1951年，运动数量超过了八次。②各种运动充斥了国家生活的各个方面，上自"抗美援朝""镇反""肃反"等国家安全方面，下至增产节约、改良农具等生产生活方面，几乎无所不包。

（二）改革开放后"治理运动"的存在空间

改革开放之后，随着国家的工作重心从阶级斗争转到经济建设上来，国家的法律和制度建设日益完善，国家的管理工作也从原来的"凡事靠运动"的泥潭中抽身出来。但是，当政府面对严重的公共问题或久拖不决的疑难杂症时，还都有着明显的发动运动进行治理的路径依赖，被称为"运动式治理"。有学者对这个概念下了定义："运动式治理是指由占有一定的政治权力的政治主体，如政党、国家、政府或其他统治集团凭借手中掌握政治权力、行政执法职能发动的维护社会稳定和应有的秩序，

---

① 参见毛泽东《建国以来毛泽东文稿》第七册，中央文献出版社1992年版，第433页。
② 参见张云《共和国前30年"运动"的回顾与思考》，《党史研究与教学》2000年第154卷第4期。

通过政治动员自上而下地调动本阶级、集团及其他社会成员的积极性和创造性，对某些突发性事件或国内重大的久拖不决的社会疑难问题进行专项治理的一种暴风骤雨式的有组织、有目的、规模较大的群众参与的重点治理过程，它是运动式治理主体为实现特定目标的一种治理工具。"①由此看出，"运动治理"可以被看成（特别是在中国）一种政党、政府或相关集团治理的手段，这种"治理的运动"本身就是一种治理工具。

　　需要明确指出的是，在改革开放之后，我国开展的建立在管理绩效上的"治理运动"与"文革"期间建立在"阶级斗争"基础之上的"政治运动"有着本质的区别。但是，不得不承认，通过运动解决问题的方式明显留有当年运动治国的烙印。当某个领域面临严重问题的时候，作为治理主体的党政机关、执法机构或者拥有一定权力的企事业单位都有一种难以戒除的冲动：希望最大限度地调配各种公共和自然资源在最短的时间内解决问题。在改革开放之后，虽然政府和公众都认识到"运动治国"的非常规治理方式弊端明显，使用运动进行环境改造的频率也越来越低。但是我们也必须要看到，在中国这样一个仍然将"赶超"作为国家目标取向的背景下，在这样一个国土广袤，人口众多，地区、贫富差距都很大，各种问题层出不穷且成因复杂的国家里，政府治理的社会资源相对稀缺是一个无法回避的问题，而"资源匮乏问题不解决，长效机制便无从建立，因为任何一种治理机制的建立本身都需要以相应的资源为基础"②。这也是一个必须承认的现实，在资源稀缺且分散的情况之下，在必要的时刻，还需要对各种资源进行动员和集中利用，利用短暂地动员公众参与的方式解决突出的问题也就成为一种选择。可以看出，新中国成立六十多年来，我国政府已经看到了各种运动治理的非可持续性，渐渐地减少了运动使用的频率，直至最后被制度化的长效管理机制所替代。但是，就今天来说，这种运动式的治理方式仍然还有其存在的空间。

---

①　冯志峰：《中国运动式治理的定义及其特征》，《中共银川市委党校学报》2007 年第 9 卷第 2 期，第 31 页。

②　周怿：《政府的动员能力与政策工具的选择：对运动式治理的解释》，硕士学位论文，复旦大学，2008 年。

（三）中国治理运动的特点

在我国，党和政府掀起治理型运动的出发点，就是在国家面临重要的问题急迫需要解决却又缺乏系统科学改造能力的时候，通过"集中一切积极力量"，发扬"集中力量办大事"的传统，力图在短时间内使问题得到解决。正因为这种运动的目标是在短时间内解决面临的重大问题，所以从宏观上来说，这种运动同样具有非体制性、非常规性、非专业性的特点，有学者将它称为"国家运动"。[①]

在这种自上而下的运动过程中，都自称是号召和动员社会、群众广泛参与，称之为"群众运动"。在这种运动之中，社会的方方面面和社会中各个阶层的公民都被深深地卷入运动之中，成为运动的参与者，因而，甚至曾有研究者将这些运动称为"社会运动"[②]，当然此"社会运动"与西方政治学中的"社会运动"完全是两个概念。但不管将其称为"群众运动"也好，还是"社会运动"也好，都不是"群众"和"社会"主动、自发地在运动，而是在强势的组织、动员甚至规训之下，被动参与的"被运动"。看似民众们身处于各类轰轰烈烈、热热闹闹的环境保护运动之中，但很多情况下是被迫卷入，成为淹没于人海中的一分子，为完成一个政治仪式而充充过场。

二　自上而下的环境治理运动特点

"文革"结束之后，各种触目惊心的环境问题让中国领导人认识到环境污染其实并非资本主义国家的特有现象，中国的环境污染问题也已经严重到了必须解决的时候。而如何解决？首选的依然是长期惯用的那种"暴风骤雨式"的运动方式。中国环境治理运动也存在着以下特定的特征。

---

① 冯仕政：《中国国家运动的形成与变异：基于整体的整体性解释》，《开放时代》2011 年第 1 期。

② 刘济生：《"文化大革命"的形态应是"社会运动"》，《北京党史》1997 年第 106 卷第 5 期，第 31—33 页。

（一）运动的兴起：权、重、热

1. 运动发起者的权威性

在环境治理运动中，运动的发起者可能是国家的党政机关，也有可能是环保行政部门，如环保局。这些机关都有一定的执法权限和行使行政执法职能、发布命令的能力，在执法和批评的时候多保证法律或命令的权威性，对利益受损的利益集团不留情面，坚决执行。如在 2005 年开展的"环评风暴"中，当时的环保总局以"为通过环境影响评价为标准"，直接叫停违反相关法律制度的电力、化工、冶金等高耗能产业的建设，涉及为数众多且投资巨大的在建项目，不拖泥带水，也没有商量的余地。

2. 治理对象的严重性

所谓严重性，主要指三种情况：第一种情况指某类环境问题已经严重地影响了我国的经济可持续发展和社会的稳定，这些问题非解决不可，不解决就会对政权的合法性造成严重的损害，因此，必须通过运动等非常规的方式，调集尽可能多的资源进行解决。如我国多次对"三湖三河"① 的治理就是一例。第二种情况指因为某类突发环境事件带动起来的各种隐患排查、非法现象集中整治等运动。重大的突发事件，往往会引起中央的高度重视，给某个领域整治违法现象或制度整改带来契机，这已经成为应对突发事件的一个套路，也成为我国治理运动中的一个重要组成内容。突发的环境事故，已经造成了严重的影响，因此必须调集大量的人力物力进行解决，在突发事件解决之后，还必须通过运动的方式对相关的安全隐患进行排查，防患于未然，避免此类事件再次发生。以 2005 年松花江水污染事件为例，2005 年 11 月 13 日，吉林市的中石油石化工厂发生爆炸事故，在救灾过程中由于处理失当，造成污染物流入松花江，危及下游黑龙江省沿江城市的饮水安全。在水污染事件处理告一段落之后，黑龙江省全省调动 3 818 人次，对分布于省内的松花江、嫩

① "三河三湖"是指流经我国人口稠密聚集地的淮河、海河、辽河和太湖、巢湖、滇池，这些重点流域的水污染治理事关我国接近半数的省市的社会经济发展，以及人民群众的生活质量，因此成为我国历次水污染治理运动的重中之重。

江、牡丹江等重要江河沿线的企业，特别是大中型化工、冶金、造纸、食品等重污染企业，小化工企业集中地区，以及危险废物堆放场所进行了大规模拉网式检查，对上千家存在安全隐患的企业提供修改意见和要求。① 第三种情况，是通过环境运动来完成中国在国际上的环保承诺。现在，环境污染已经不再是一国之事、一地之事，对抗污染，防止生态恶化已经成为全人类共同面对的一个艰巨任务。中国作为一个国际大国，在国际上也承担着相应的环境保护义务，如果中国在相应的时限之内，没有完成自己所做的承诺，会对国家的威信和影响力造成巨大的影响。因此，必须全民动员，达成共识，共同完成相应的任务。我国在 20 世纪 90 年代末进行的实现"世纪承诺"，和这几年进行的"节能减排"运动都属于此类。

3. 运动的显著性

"声势浩大"是中国所有的治理型运动都具有的一个显著特点，这种自上而下的环保运动也不例外，正所谓"三军未动，粮草先行"，在运动之前及运动的过程中，必须先做好相关的宣传准备工作，在运动之前，媒体以及相关的宣传部门已经开始行动，广为宣传，以求造就良好的舆论环境，各行政部门，也在运动之前做好相关的运动动员，厉兵秣马、磨刀霍霍。在运动开始之时，多有领导到会讲话，以示重视。在运动的过程中，相关媒体纷纷派遣精兵强将，不留余力地按照指定的报道规范进行宣传，相关的环保公益广告也投入其中，各种热线电话、网络平台、社区宣传媒介也开通了相同的支持渠道。各种宣传铺天盖地，蔚为壮观。在轰轰烈烈的运动之后，相关的总结、表彰以及经验交流工作也层出不穷。"雷声大、雨点也大"，这是中国环境治理运动的一个重要特征。

（二）运动的过程：短、准、快

1. 运动过程的短期性

前面说到，治理型的运动具有非体制性、非常规性的特点，治理运动一来，各种资源都会投入，多是多个行政部门联合行动，相互配合，

---

① 《全省环境保护系统紧急应对松花江重大水污染事件工作总结》，哈尔滨环保网，2006 年 2 月 6 日，http://www.ihlzw.com/qxlhbr/441814_8.html。

在运动的过程中，各个部门的日常工作都不可避免地受到影响，很多单位必须放下手头上的工作，投入到轰轰烈烈的治理运动中去。因此，运动必须在尽可能短的时间内完成相应的治理目标，否则治理的时间越长，就代表着各种行政、财力、人力资源的耗费也就越大，会使国家的资源无法支撑。一般来说，各种环境治理活动事件时间大多不会太长，短则几个月，长则几年。虽然说"中华环保世纪行"这种环境运动开展了20多年，但它其实是由一系列"小运动"共同构成的"大运动"，运动每年的主题都有不同，进行治理的对象也千差万别。

2. 治理客体的明确性和预期性

因为要尽可能地在短时间内完成任务，所以，在开展运动之前，必须联合多个部门进行调查研究，找准目标。中国的环境治理运动都是"专项行动"或"集中治理"，制订好严密周详的计划，在开展运动的时候，直奔主题，集中各种人力、财力、物力毕其功于一役，尽可能地解决问题。说到预期性，就是明确治理对象的同时制定出相关的预期效果，以便对运动的各项工作进行考核和总结，根据预定的目标在治理过程中调整具体的行动计划，以便在规定的时间内完成特定的计划。除了在治理效果上有明确的量化指标之外，在时间上也都往往有明确的"死线"，著名的淮河治理"零点行动"就是一例：1995年8月和1996年6月，国务院分别发布和批转了《淮河流域水污染防治暂行条例》和《淮河流域水污染防治规划及"九五"计划》，在文件中规定了淮河排污治理的硬性目标：在1997年内实现全流域工业污染源达标排放，到2000年时淮河干流实现3类水质，支流为4类水质，实现淮河水体变清。为此，淮河流域四省为了确保在"1998年1月1日00：00"之前实现整个淮河流域水质的达标，中央及四省多个部门联合行动，上下联动、全面展开"淮河治污大决战"[①]，整改、关停大量污染企业，使得工业污染源达标排放取得突破性进展。在此之后，多个地方的环境治理运动多冠以"零点行动"之名，体现出运动预期目标的"刚性"特征。

3. 解决问题的"高效性"

前面讲到，进行运动治理的时候，要解决的问题中有很多是存在了

① 《淮河治污零点行动，效果如何?》，《经济日报》1998年3月25日第3版。

多年的，其中各种利益相互纠缠，"久拖未决"是它们的共同特征。中央如果下决心将其解决，必然是调动了尽可能多的各方面力量，并调集了大量的执法资源进行治理。在这种各方领导"高度重视"进行统一行动的情况下，以前看起来多么难啃的"骨头"都经不住这种"暴风骤雨式"的治理，问题一般会很快得到解决，体现出了运动的高效性。如在1993年，在晋、蒙、陕交界的"煤炭黑三角"之处存在多年的乱挖乱采现象，得到了中央和地方的共同重视，不到半年时间，乱象得到遏制。

（三）运动的结果：蛮、贵、复

1. 对问题归因的片面性

之所以要发动大规模运动进行环境治理，那是因为问题重大、棘手或还没有较为有效的常规治理手段。这类问题的成因相当复杂，牵涉的范围相当广泛。要在短期内迅速、干净地解决相关的问题，就有可能出现对问题归因过于片面，将某一类的问题统统归咎于某一个原因，在处理的时候进行"一刀切"。因此，治理结果大多是处理了表层的问题，缺乏对整个制度的深层反思，这就无法避免"治标不治本"的情况。由于处理的手法比较单一，处理时间短，工作手法"简单粗暴"，很容易出现原来的问题解决了，但并发了很多的"后遗症"，为后来的工作带来隐患。如在"中华环保世纪行"中，对于相关的企业污染问题，多是将原因归咎于地方政府片面追求GDP的增长，地方政府和企业的"短视行为"等等，片面的归因也可能对今后的决策造成误导。

2. 运动成本的高昂

环境治理工作需要高昂的经费，这是世界各国公认的一个事实，通过政府拨款来进行环境治理，即使在西方发达国家，也是难堪重负。在日常的环境治理和管理中，环境保护就已经需要花费巨额的成本，一旦某个治理运动到来，使用的多是政府财政划拨的款项，国家多个部门一起动员，参与的人员动辄成千上万，各种仪器设备以及相关物料同时投入使用，范围常常遍及全国，加上时间短、任务重、细节多，沟通不便等原因，物质成本和管理成本必然会急剧上升。

因为各个部门在短时间内联合行动，很可能在资金的核算和运行的监管方面产生很多漏洞，贪污挪用、截留瞒报等腐败现象也就在所难免，有时候各种资金的非法使用数量大得让人咂舌，审计署 2008 年对"三河三湖"2001 年至 2007 年水污染防治绩效情况进行审计调查的时候发现，挪用和虚报多领水污染防治资金就达到 5.15 亿元，挪用和截留污水处理费及排污费 36.53 亿元。[①] 另外，在全国统一进行的"一刀切"治理中，很难做到因地制宜，治理效果未必很好，却出现了大量的浪费，成本的投入和治理的收益出现了巨大的反差。因此，即使在西方国家，这种运动式的环境治理也是一种"奢侈品"。

3. 运动易出现反复性

因为在运动中，分析和看待问题的视角容易出现片面性和表面性，在运动过程中，容易出现"一刀切"简单地解决，没有在源头上根本解决问题。另外，这种时间短、任务重的运动使得上自政府官员，下至参与运动的群众和企业身心俱疲，导致了他们产生"无论采取何种手段，只要能对上交差就行"[②] 的心理，参与的积极性和主动性低，在执行上级意志的过程中多采取简单应付、敷衍了事的态度。因此，非常规、非专业的治理手段不但会出现"治标不治本"的问题，还会留下很多的"后遗症"。在简单地处理了某个运动中的问题之后，会发现其他问题爆发，政府的治理工作就会掉入"按下葫芦浮起瓢"的怪圈，进入了"问题不息，运动不止"的恶性循环。

每次治理运动都声势浩大，热闹非凡，不管是"中华环保世纪行"还是"治理十五小"[③] 等运动，在运动之前，媒体已经广为动员，各种信息广为宣传，运动的治理目标和线路以及运动时间都明确无疑地报道出来。这个时候，相信没有多少排污企业会"顶风作案"，在运动的过程中

---

① 国家审计署：《"三河三湖"水污染防治绩效审计调查结果公告 2009 年第 13 号》，审计署网站，2009 年 10 月 28 日，http://www.audit.gov.cn/n1992130/n1992150/n1992379/2260602.html。

② 刘效仁：《淮河治污：运动式治理的败笔》，《中国青年报》2004 年 6 月 3 日第 3 版。

③ "十五小"指 1996 年《国务院关于加强环境保护若干问题的决定》中明令取缔关停的十五种重污染小企业，包括小造纸、小制革、小染料、土炼焦、土炼砷等。国家和地方曾多次集体治理。

甘受处罚，它们多会蛰伏起来，反正运动时间不长，等检查和执法人员离开之后再开始进行排污生产，反复上演"挂着铃铛的猫逮耗子"的游戏。这就是为什么运动过后很快就会出现"死灰复燃"的现象，很多治理资源白白浪费。如在 1996 年围绕太湖周边开展了"关停十五小"运动，到 1997 年年底的时候，有关权威部门宣布，"关停了 716 家企业，关停率 100%，全部完成任务"。但未到一年时间，又有 215 家企业重新生产并因为排污被群众举报。①

综上所述，在中国高速发展和社会转型的时期，在中国这样一个人口多、环境问题复杂且新情况层出不穷的国家，通过动员和集中各种资源进行大范围且专项的环境治理运动，有时候确实能够收到较好的短期效果，有时候也可以说是一种权宜之策。但是，国家总是使用打破制度、常规和专业区隔的方式，强力集中和动员各种资源掀起这种环境治理运动，出现了大量浪费和遗留问题，这对于一个国家的持续发展无疑是不利的。虽说在中国，环境领域自上而下的治理运动还有一定的存在空间，但我们可以看出，这种运动产生的频率也在逐步地减少，逐渐被常规化、专业化的环境管理方式所替代，越来越趋向温和。

第二节　环境群体抗争运动

在中国的语境中，以"绿色大跃进""中华环保世纪行""环评风暴"为代表的"运动"属于自上而下，由政府行政命令下发，或由政府某个部门主导的"运动"。这些自上而下的运动，由政府组织，动员全国的各方面力量，在资金上也有很大保障，在特定时期、特定的范围内确实取得了较大成绩，对促成我国环境领域重大疑难问题的解决，提高公民的环境意识方面都功不可没。但是，如上一节所述，这种传统的，带有计划经济时代特征的"运动式治理"，也有巨大的弊端，如巨大的行政资源浪费、公众参与程度低、缺乏长效性等问题。在市场经济环境下，

---

① 邓建胜：《太湖"一九九九年零点"之前"十五小"企业：死灰复燃教训大》，《人民日报》1998 年 12 月 30 日第 13 版。

随着社会利益的逐渐多元化，民主法制建设以及公民意识的提高，这些"自上而下"参与性弱的政府运动也会越来越缺乏号召力，缺乏应有的推动力。

改革开放之后，特别是在新世纪之后，在公民社会日益成长的社会背景之下，我国环境运动的局面出现了很大的改观，大量与西方环境运动相似的，由民众自发或自觉参与的、以力图改变某些现状为目标的运动式事件不断涌现，作者认为，这种"自下而上"的运动，还存在着两种主要类型，一种是短时期的、没有明确团体组织的、运动客体与参与民众之间有着明确利益关系的环境抗争运动，周边环境的恶化或者即将形成的环境风险与群众的生存状况或财产损害产生了直接的勾联，这种运动模式也被称为"污染驱动模式"。另一种运动是以民间环境团体为主要组织形式的环境共意性运动，某时某地的环境恶化情况与这种运动的参与者没有直接的利益关系，参加者主要以实现某种地球环境生态和谐的价值观为目标，这种运动也被称为"价值观驱动模式"①。这两种运动在中国具备了西方"新社会运动"的取向。

一　环境群体抗争的发展趋势

新中国成立之后，我国由于环境污染问题引起的纠纷其实并没有中断过，在1973年召开的中国第一次环境会议中，各地代表就向中央反映了不少地方工业污染对农业生产和附近居民生活带来严重危害。在该次会议所编辑的《环境保护经验选编》中，我们就可以看到不少相当严重的个案。

1973年7月，株洲冶炼厂排放二氧化硫烟气，导致周边1.2万亩水稻田减产，其中6 000亩绝收，当地农民80多人要求到工厂食堂吃饭，最后工厂不得不请受害农民吃饭，并答应赔偿农民损失，才使得矛盾得以缓和；同年，上海第六制药厂遭到附近100多位农民的集体抗议，"你

---

① Michael Hsiao Hsin Huang, "Environmental Movement in Taiwan," in Yok – Shiu Lee and Alvin Y. So eds., *Asia's Environmental Movements： Comparative Perspectives*（M. E. Sharpe, 1999）, pp. 31 – 54.

们要完成工业生产任务，我们也要完成粮食生产任务"，且提出"我们要粮食，不要赔偿"。[①]

在第一次全国环境保护大会上，时任国家计委革委会主任的余秋里也在讲话中提到："有个厂，废气的危害没有解决，水稻'扬花'季节，不得不停产两个月，不然农民就造反。这个反是造得对的。还有企业，污染严重，群众砸它玻璃，撵它走，不准它生产。"[②] 这些材料说明当时的环境污染给农业以及人民健康所造成的危害已被领导人所重视，而且在一定程度上肯定了受污染的人民群众合法且有节的抗争。

在"文化大革命"结束后，由于环境污染造成的严重冲突影响了工农业生产与群众内部关系，再一次受到了中央的重视。1978 年 10 月国务院环境保护领导小组所发布的《环境保护工作要点》中说道："由于工业污染长期得不到解决，引起群众的强烈不满，经常发生围厂、砸厂、殴斗、堵下水道而迫使工厂停产的事件，影响了党群关系、工农关系，挫伤了广大群众的社会主义积极性。"[③]

虽然在"文革"期间已经开展了一些环境治理工作，但是缺乏有效的规划和管理，各种手段缺乏科学化和民主化，污染状况非但没有得到解决，反而在继续恶化，在"文革"结束之后，污染现象相当普遍，而且引发的冲突也较多，因此，在"文革"结束后国务院的报告中明确点出："环境污染问题到了非下决心解决不可的时候了。"[④]

改革开放之后，随着环境恶化带来的问题日益突出，公众的环境意识以及维权意识也有了长足的发展，我国因环境污染问题引起的环境冲突数量呈现急剧上升趋势。环境污染成为造成群体性事件的一个重要"导火索"，受到了各级政府的重视。纵观我国在改革开放以来的环境纠

① 中国第一次环境保护会议秘书处：《简报增刊》（2），1973 年 8 月 6 日，载曲格平、彭近新：《环境觉醒——人类环境会议和中国第一次环境保护会议》，中国环境科学出版社 2010 年版，第 317 页。

② 余秋里：《在第一次环保大会上的讲话》，载曲格平、彭近新：《环境觉醒——人类环境会议和中国第一次环境保护会议》，中国环境科学出版社 2010 年版，第 246 页。

③ 国务院环境保护领导小组办公室：《环境保护工作要点》，载国家环境总局保护总局、中共中央文献研究室：《新时期环境保护重要文献选编》，中央文献出版社、中国环境科学出版社 2001 年版，第 5 页。

④ 同上。

纷问题，主要呈现这样的趋势。

（一）信访量持续增加

在当前，我国解决环境纠纷问题的途径主要是信访与诉讼，以下是笔者根据环境保护部每年的《全国环境统计公报》，制作出来的有关环境信访和突发事件的统计数据①：

表 2 - 1 　　　　　　　　 1995—2014 年环境信访数据统计

年度	来信（封）	电话/网络投诉（件）	来访（批）	总计
1995	58 678	—	—	58 678
1996	67 268	—	47 714	114 982
1997	10 6210	—	29 677	135 887
1998	147 630	—	40 151	187 781
1999	230 346	—	38 246	268 592
2000	247 741	—	62 059	309 800
2001	367 402	—	80 329	447 731
2002	435 020	—	90 746	525 766
2003	525 988	—	85 028	611 016
2004	595 852	—	86 414	682 266
2005	608 245	—	88 237	696 482
2006	616 122	—	71 287	687 409
2007	123 357	—	43 909	167 266
2008	705 127	—	43 862	748 989
2009	696 134	—	42 170	738 304
2010	701 073	—	34 683	735 756
2011	201 631	852 700	53 505	1 107 836
2012	107 120	892 348	53 505	1 052 973

---

① 数据均来源于环境保护部网站各年度的《环境统计公报》。

年度	来信（封）	电话/网络 投诉（件）	来访（批）	总计
2013	113 776	1 110 000	46 162	1 259 938
2014	113 086	1 512 000	50 934	1 676 020

资料来源：国家环保部网站，http：//www. zhb. gov. cn/。

从以上数据可以看出，我国的环境问题引起的环境冲突越来越多，从整体上来说呈现迅速上升的趋势，从 1996 年至 2012 年这 17 年时间里，环境行政部门接受的环境来信（包括后来的电话/网络投诉）来访数量就增加了将近 19 倍！根据国家信访局 2007 年的数据统计显示："土地征收征用、城市建设拆迁、环境保护、企业重组改制和破产、涉法涉诉等五方面成为群众反映突出的问题，成为信访的新重点。"①

而群众的环境纠纷若通过信访的渠道得不到很好的解决，将有可能上升为群体事件。例如，广东省在 2000—2004 年之间共发生群体性事件 16 523 起，其中因信访问题未得到妥善解决而引发的群体性事件就有 10 285 起，占 62.2%。② 由此可以推论出，在环保部门信访数量激增的同时，促使矛盾转化为群体性事件的风险也在不断增加。

（二）诉讼难成为特点

在诉讼方面，环境纠纷的司法救济并不强，环境诉讼一直被业内人士称为"难于上青天"的诉讼。在十一届全国人大常委会的环保专题讲座中，杨朝飞指出："十一五"期间，环境信访 30 多万件，行政复议 2614 件，而相比之下，行政诉讼只有 980 件，刑事诉讼只有 30 件。真正通过司法诉讼渠道解决的环境纠纷不足 1%。③ 中国政法大学污染受害者

---

① 李亚杰、魏武：《群众反映强烈的五方面突出问题成为信访工作重点》，新华网，2007 年 3 月 28 日，http：//news. xinhuanet. com/politics/2007 –03/28/content_ 5908637. htm。

② 郑杭生：《减缩代价与增促进步：社会学及其深层理念》，北京师范大学出版社 2007 年版，第 198 页。

③ 综合新华社电：《近年来中国环境群体性事件高发，年均递增 29%》，新京报，2012 年 10 月 27 日 A05 版。

法律援助中心主任王灿发将环境司法的难处归纳为"七难"，即"起诉难、举证难、鉴定评估难、找鉴定单位难、因果关系认证难、胜诉难、执行难"，很多案件从提起诉讼到最终结案需要花费几年的时间。① 从以下的表格中，我们可以看到环境司法中维权效率的低下。

表2-2　　　中国政法大学污染受害者法律援助中心承办环境案件
结果统计（2005年）

	1999—2000	2001	2002	2003	2004	总计
胜诉	5	3	3	4	0	15
撤诉	2	1	1	0	0	4
调解结案	1	0	0	0	1	2
未起诉	1	1	4	2	0	7
败诉	3	5	4	1	5	18
一审中	1	2	4	4	1	12
二审中	0	1	2	0	1	4
调查、准备起诉	0	0	1	4	3	8
共计	13	12	19	15	11	70

注：行政案件3件，刑事案件2件，民事案件65件。

资料来源：梁从诫：《环境绿皮书（2005）：中国的环境危局与突破》。

在公众环境权益意识不断提升的背景下，环境纠纷中的维权途径淤塞或者效率低下，群体性的事件就容易触发。根据环保部门统计，自1996年以来，环境群体性事件一直保持年均29%的增速②，而根据某些地方法规对群体性事件的评估标准③，属于重大或特别重大的环境群体事

---

① 李兴旺、宁琛、刘鑫：《艰难推进中的环境维权》，载梁从诫《环境绿皮书（2005）：中国的环境危局与突破》，社会科学文献出版社2006年版，第64页。

② 《近年来中国环境群体性事件高发，年均递增29%》，网易新闻，2012年10月27日。http：//money.163.com/1211027/0218EPP4IHP00253BOH.html。

③ 如《深圳市预防和处置群体性事件实施办法》根据参与人数的多少，对群体性事件划分为四个级别：参与人数在5人以上、30人以下，为一般群体性事件；参与人数在30人以上（含30人）、300人以下，为较大群体性事件；参与人数在300人以上（含300人）、1 000人以下，为重大群体性事件；参与人数在1 000人以上（含1 000人），为特别重大群体性事件。

件在一年之内就有数起之多，如 2005 年 4 月 10 日，浙江省东阳市画水镇上千村民由于不满周边的化工园区污染，引发了大规模的干群冲突，造成 100 多名干部和部分群众受伤。同年 7 月 15 日，与东阳相邻的浙江省新昌县一家制药企业由于污水排放，遭到下游的嵊州数百名村民冲击，与警察、企业保安发生严重冲突。一个月之后，有"蓄电池之乡"之称的浙江长兴县也发生了大规模群众冲击企业的事件。[①] 还有，2007—2014 年厦门、昆明、茂名等地的反建 PX 项目事件，2009 年之后发生在广州、北京、杭州等地的垃圾焚烧厂选址风波等事件，参与的人数规模都超过千人，以上案例表明，环境问题已经成为我国群体事件的一大诱因。

　　从地域角度以及舆情分析角度看，东部发达地区由环境污染引发的群体性事件爆发得比较集中。根据上海交通大学危机管理研究中心和舆情研究实验室于 2015 年 10 月底公布的环境舆情分析报告：2012—2014 年环境舆情最为集中的为东部地区，但近三年西部地区舆情有逐年上升的趋势，而 2014 年"环境灾害事故""环境污染""环境政策"成为引发环境舆情的三大原因。[②]

（三）纠纷和抗争将成为常态

　　有的学者认为，根据"国际经验"，一个经济高速发展的发展中国家，当它的人均 GDP 达到 1000—3000 美元的时候，国家就很容易跌入一个社会矛盾凸显的区间，在这个区间内，各种事故频发、犯罪以及社会的不稳定因素也随之上升，容易出现一种"经济高速发展——人口急剧增加——贫富差距拉大——道德水平下降——环境日益恶化——安全生产事故频发"的怪圈[③]。虽说这种"经验症状"依照不同国情有不同变化，也未必能够说明其必然发生性，但是，就目前的各种经济社会表现

---

① 傅丕毅、章苒：《环境保护事关企业生死存亡——浙江环境群体性事件暴发地回访》，经济参考报网，2007 年 11 月 9 日，http：//jjckb. xinhuanet. com/yw/2007 – 11 – 09 content_73229。

② 谢耘耕：《舆情蓝皮书：中国社会舆情与危机管理报告（2015）》，社会科学文献出版社 2015 年版，第 138—141 页。

③ 童兵：《突发群体性事件和新闻传媒的社会使命》，载《突发公共事件新闻报道与大众传媒社会责任学术论文集》，2010 年 4 月 10 日。

来看，这种"国际经验"对于中国来说还是有一定的说服力的。中国2014 年的人均 GDP 达到了 7 575 美元①，已经跨入了中等收入国家行列，但是，中国的地区发展不平衡，资源耗费和环境污染严重，社会成员之间收入差距大且分配严重不均等问题突出，这些问题已经引发了不少尖锐的社会矛盾。据此分析，环境污染是这个社会问题发生机制上的重要环节，以环境为议题的群体性事件在将来一段时间内将是我国的一种社会"常态"，而如何处理这种成为"常态"的环境突发事件，那将是我国政府面临的一项重要问题。

二　邻避与补偿——当前环境民间抗争的特点

在世界环境运动的区分中，有"北方环境运动"与"南方环境运动"的差别，"北方环境运动"主要指发生在西方发达国家的环境运动，这些运动多是由各种环境团体进行组织和动员的，运动的主题，多是强调"万物平等""敬畏自然"等环保价值观念的表达，在较为成熟的市民社会中强调"环保主义者"之类的群体认同，是一种典型的"新社会运动"或"生活政治"。而"南方环境运动"主要发生在发展中国家，围绕的多是生存方面的议题，是较低阶层的民众为了保障自己的物质生活质量与安全感，对环境污染或污染威胁展开的集体抗争活动，追求的是一种社会的公平与正义，多具有"解放政治"的意味。

中国绝大部分的环境群体抗争事件，就具有环境运动中的"南方特色"，在中国，由环境保护团体（NGO）进行组织动员的环境群体事件数量很少，在城市中，我国的环保群体抗争运动主要以"邻避政治"为主，在农村，环境运动多以"补偿政治"为主。不管是"邻避政治"还是"补偿政治"，由环境引起的集体抗争，指向都是维护自身的环境权益，都是一种维权活动，是一种利益受到剥夺之后的反应型运动，这与西方那种带有特定环境价值观的"新社会运动"有着很大的差距。

---

① 周锐：《中国人均 GDP 近 7575 美元，须全力突破中等收入陷阱》，中国新闻网，2015 年 2 月 26 日，http://www.chinanews.com/cj/2015/02 - 26/7082645. shtml。

（一）邻避政治

邻避政治，英文名为 NIMBY Politics，"邻避"（NIMBY）指的是一种心理，名称由"别在我家后院"（not in my back yard）的英文缩写音译而来，也称为"邻避症候群"，指的是在现代化的城市建设过程中，一些公共设施能够给全体市民带来便利的同时，又有可能给周边居民的生产生活带来现实存在或想象的负面影响，如垃圾焚烧厂、垃圾填埋场、变电站、核电站等等（这些设施被称为"邻避设施"）。虽然邻避设施向社会提供着较重要的公共利益，但是这些利益是分摊到较广大地区的民众身上的，而其产生的危害和风险却由生活在周边的少数人承担，这种利益的不对称分配极易让周边的少部分人心理失衡，造成剥夺感，因而居住在邻避设施附近的居民心中容易产生"凭什么在我家后院？"的抗拒心理。在这种情结支配下，所引发的市民抗议与反对活动就称为"邻避冲突"或者"邻避政治"。在抵制这些邻避设施的集体行动中，参与者具有比起其他社会运动更为强烈的参与动机和被动员潜力，动员网络也具有很强的地方性，在议题中加入了很多地方性知识。如厦门、茂名反对的PX项目，广州、杭州等地市民反对建设垃圾焚烧厂的冲突，以及2008年上海磁悬浮轨道沿线市民的抵制活动等都属于此类。

值得指出的是，在城市的邻避政治中，运动的参与者并非如他们自己所说的那样，是"处于弱势地位的受害者"，这些参与运动，特别是组织运动的人士，多处于社会中上层，他们大多受到过良好的教育，具有一定的社会地位和经济地位，还可能会拥有比一般人更多的自由时间。由于这些良好的自身条件，他们也具有更强的资源动员能力，能够在运动过程中更好地抓住议题，拥有着更多的话语权；他们是城市媒体的目标人群，更容易得到媒体的关注与支持；他们甚至还有对政策制定者和利益集团进行游说的能力。"会哭的孩子有奶吃"可能是这种邻避政治中一个比较贴切的比喻，因为他们的自身优势，在抗争中很容易将地方议题转变为全国性的议题，而在这种抗议之下，决策者为了息事宁人，也有可能将邻避设施迁移到那些动员能力小、经济与社会地位真正处于弱势地位的人群周边去。

（二）补偿政治

在中央实施可持续发展战略和强调生态文明建设的大环境下，环保也成为地方官员任期内一项主要的考核指标，由于发达地区和大城市中公众的环境意识日益提高，且城市居民的各种运动动员能力较强，因而在城市里建设污染严重的企业遭受的阻力也越来越大。而在有些地区农村，环保未能有效纳入政府目标责任考核的语境下，那些能耗大、污染重的企业，利用贫困农村或偏远地区环保行政机构监督力量弱、信息流动慢、环境执法力度弱和农民致富心切等因素，迁移或选址于偏远地区，这被戏称为环境污染的"上山下乡运动"。根据《2010 年中国环境状况公报》显示，中国农村的污染排放已经占到了全国污染排放的一半以上。① 其影响不容忽视。若说在城市中的"邻避抗争"，某些公共设施给周边居民带来的危害也许还处于"风险论争"阶段，而在农村中的污染给农民的身体健康和农业生产带来的损害却是实实在在的。农民在面对环境污染的时候，由于其环境意识和参与权、表达权较弱，能够动员的资源也非常有限，农民对污染有着较高的容忍度，如作家张浩文的报告文学《被劫持的村庄》中所描写的，农民对待污染企业有时候最主要的诉求只是为了向肇事单位索取相应的环境赔偿或工作岗位，只要污染企业愿意拿出很少一部分钱对农民进行赔偿，农民的抗争就会偃旗息鼓。② 因此，这类"维权政治"其核心议题是污染补偿而非环境保护，不能容忍的不是污染而是无视他们生存需要的经济霸权。③

（三）争利不争权

根据于建嵘的说法，由于与西方的政治秩序不同，在转型期的中国，社会问题对通过个案性和临时性的群体性事件来反应，近十年来中国发生的群体性事件大体划分为五个类型：维权行为、社会泄愤事件、社会骚乱、社会纠纷和有组织犯罪。在这些事件中，当前最突出的是维权事

---

① 刘道彩：《污染上山下乡，环保不能打酱油》，《中国青年报》2011 年 12 月 23 日第 06 版。

② 张浩文：《被劫持的村庄》，《天涯》2007 年第 3 期。

③ 熊易寒：《环保教育、环境运动与国家战略》，《绿叶》2010 年第 3 期。

件和社会泄愤事件，而维权事件又居于当前中国社会群体性事件中的主要类型，维权斗争占据全国群体性突发事件的 80% 以上。①

这种维权斗争有以下几个特征：

第一，这种斗争主要是利益之争，不是权利之争，是一种"争利不争权"的抗争。不管是多发于城市之中的"邻避政治"，还是多发于农村的"补偿政治"，其引发的原因均是公民的环境利益受到侵害或是受到威胁，抗争者的首要诉求是对自身环境权益的保护，运动的首要目标是邻避设施或污染工厂停工搬离，停止对其身心的损害或威胁，或者撤换在决策中表现出明显不公正的基层干部，运动的经济性要明显大于政治性。而对于他们的"知情权""选举权"、"表达权"等抽象权利多是作为达到他们利益目标的一种可资利用的工具，而非运动的最终目标。

第二个特征是规则意识（rules consciousness）大于权利意识（right-consciousness）。在中国，绝大多数的集体行动是遵守国家规则的，不管人数多少，抗议者都极力保持自己的理性，按照国家正式或非正式的规则来开展自己的行动，尽可能地保持自己抗争的合法性，也关注中央所发出的信号，矛头所向多是地方政府的欠公平或欠妥当的政策，而很少有人在运动中对共产党的执政合法性或我国的意识形态表示质疑，即使发出这种声音，也很难得到其他参与者的共鸣，更无法以此进行动员。

第三个特征是反应性大于进攻性。我国的环境抗争，几乎都是因为公众的环境权利受到威胁或者损害而引起的，其行为多是"刺激—反应"型的，而非主动进攻型的。②

从以上所提到的方面看，同样被包括其中的中国环境抗争运动还处于环境运动中较为低级的阶段，是一种感受到自身的环境权益损害而进行的"被动反抗"阶段。这种抗争不是为了政治目标，而是试图引起当局的注意并争取政府解决问题的策略性行动。

---

① 于建嵘：《当前我国群体性事件的主要类型及其基本特征》，《中国政法大学学报》2009年第6期。

② 同上。

第三节 环境 NGO 运动

西方发达国家所进行的环境运动基本上都是在环保 NGO 的发起与组织下开展的，是民间自下而上发起的运动，在本书所进行的三种环境运动分类中，NGO 主导的环境运动与西方所指称的"环境运动"概念最为接近。但是，由于当前国家对 NGO 发展的态度以及管理体制的原因，使得我国的 NGO 性格及其所组织动员的运动与西方发达国家相比，有着明显的不同，有着明显的"中国特色"。

一 我国环境 NGO 的诞生与发展

新中国成立后的 NGO 成长过程，经历了一个从无到有，管理由严到松，国家对待它的态度从管制到有限鼓励的过程。尽管如此，中国环保 NGO 的诞生过程，总的来说，是自上而下有意培植而非民间自然萌发，是从"官方"逐渐转为"民间"的过程，这种带有着浓厚官方影响色彩的诞生过程，对环保 NGO 的性格有着很重要的影响。

1. 什么是 NGO

"民间组织"一词是舶来品，在英文中的名称为 Non‐Government Organization，中文确切的译法为"非政府组织"，与它相关或相似的名称很多，如慈善组织、公民社会组织、志愿者部门等等。一般指独立于政府之外，不以营利为目的，志愿服务社会的机构。自主性、公益性、志愿性、非营利性、非政府性和自律性是 NGO 区别于政府部门与企业的明确特征[①]。NGO 作为代表社会群体的组织，与政府、企业两个类别的组织概念相对，三者共同组成了人类社会的基本构架，因此，NGO 也被称为独立于政府、企业之外的"第三部门"。在社会的组成中能够完成很多政府和企业都不容易实现的任务，发挥着不可替代的作用。

在环保领域的 NGO 在英文中一般被称为 ENGO （Environmental

---

① 参见若弘《中国 NGO：非政府组织在中国》，人民出版社 2010 年版，第 33—36 页。

NGO），世界上第一个环保 NGO 组织"公共荒野及其小路保存学会"（the Commons Footpaths and Open Spaces Preservation Society）于 1865 年在英国建立。随后环保 NGO 在世界各地大量出现，如"地球之友"（Friends of the Earth International，FOEI）成立于 1969 年，"绿色和平"（Green Peace，GP）成立于 1971 年。随着环境运动在全世界的扩散，世界范围内的民间环境组织数量也急剧增长，根据联合国环境署在 1976 年的统计，当时全球的环保 NGO 仅有 532 个，而到了 1992 年，赴巴西里约热内卢参加世界环境发展大会的环保 NGO 就达到了 6 000 多个，与联合国环境联络中心联系的环保组织超过 7 000 个。① 因而在该次的联合国环境与发展大会通过的文件《21 世纪议程》中，第 27 章专门强调环境保护领域非政府组织的作用。要求各国政府应采取措施展开并加强同非政府组织的合作与对话，发挥它们在环境宣教、缓和贫困、环境保护与恢复等方面的特殊能力。②

环保 NGO 在中国的出现是近十几年的事情。我国官方对环保民间组织称呼也较多，如"环保社会组织"、"环保民间团体"等，中国环保联合会曾经对这个概念下过一个定义：环保民间组织主要指"是以环境保护为主旨，不以营利为目的，不具有行政权力并为社会提供环境公益性服务的民间组织"③。

在较新的中国官方文件中，将环保 NGO 组织界定为："环保社会组织是以人与环境的和谐发展为宗旨，从事各类环境保护活动，为社会提供环境公益服务的非营利性社会组织，包括环保社团、环保基金会、环保民办非企业单位等多种类型。"④ 可见其外延所涵盖的范围还是相当广泛的。

2. 我国 NGO 的诞生与发展历程

自发结社在中国有着悠久的历史，这些组织通常被称为"社"或者

---

① 李泊言：《绿色政治——环境问题对传统观念的挑战》，中国国际广播出版社 2001 年版，第 15 页。

② 《21 世纪议程：第 27 章加强非政府组织作为可持续发展合作者的作用》，联合国网站，2000 年 4 月 18 日，http://www.un.org/chinese/events/wssd/chap27.htm。

③ 中华环保联合会：《中国环保民间组织发展状况报告》，《环境保护》2006 年第 10 期。

④ 环境保护部：《关于培育引导环保社会组织有序发展的指导意见》（环发 [2010] 141 号）。

"会"。在新中国成立以前，民间组织的数量其实是相当庞大的，据当时的国民政府社会部1946年统计，登记在册的民间组织有46 000个之多，成员总数达1 000余万人，其中职业团体（农会、工会、渔会、工商业团体、自由职业团体）4万多个，社会团体（文化、宗教、慈善、公益、体育卫生、妇女等团体）5 000多个。[①]

而在新中国成立之后，大部分的民间组织都被清理，根据林尚立的说法，这是一个"新的组织体系代替旧的组织体系的过程"，是国家建设的必然。[②] 这些社会团体中包括了传统意义上的民间组织（如帮会、行会等），也包括了现代意义上的社会组织（如同业公会、商会等），在清理过程中它们基本上都不复存在了。

新中国成立以后一直到改革开放之前，在国内并不是没有"社会团体"或"社会组织"这一说法，20世纪50年代初，全国性社团有44个，1965年不到100个，地方性社团也有6 000个左右，但是这些社团的类别也十分单调，主要是工会、共青团、妇联、科协以及工商联等9类群众性组织。[③] 而且这些社会团体都被纳入到"事业单位"的管理体系之中，成为"事业单位"的一种形式，领导人由国家任命，工作人员受到国家编制控制，经费由财政拨付，按照现在的意义来说，这些社团应该不再是"社会组织"，而应该是"公立组织"。

到了改革开放之后，国家开始实行以市场经济为导向的经济体制改革，经济中的所有制形式以及社会个体都呈现了多元化的特征。另外，在20世纪80年代的政治体制改革中，政府开始尝试转变政府职能，逐渐将一些管理的职能移交给相关的民间组织，以自然和社科方面的专业人士组建的"学会"类的知识分子社团迅速增长，在整个20世纪80年代，全国性社团的数量暴增了7倍，年增长率达到48%。[④] 20世纪80年代后

---

① 徐秀丽：《民国时期民间组织的制度环境》，载俞可平主编《中国公民社会的制度环境》，北京大学出版社2005年版，第169—170页。

② 林尚立：《民间组织的政治意义：社会建构方式转型与执政逻辑调整》，《云南行政学院学报》2007年第1期。

③ 俞可平：《中国公民社会的兴起与治理变迁》，社会科学文献出版社2000年版，第11页。

④ Pei, Minxin, " Chinese Civic Association: An Empirical Analysis. " Modern China, Vol. 24. 291 – 294, 1998.

期的社团发展达到了一个高峰，到 1989 年，全国性的社团增至 1 600 个，地方性的社团也发展到 20 多万个①。

在 1989 年的那场政治风波中，少部分民间组织的行为危害了国家安全与社会秩序，这促使国家出台了统一规范的约束体系，1989 年 10 月，国务院颁布了《社会团体登记管理条例》，标志着中国社团监管体系正式建立。而这个法规及其在 1998 年的修改文件，都呈现着明显的国家对民间组织高度防范的取向（这一点在第五章再详细叙述）。1989 年的政治风波给中国的民间组织监管体系打下了深刻的烙印。

在 20 世纪 90 年代之前，中国的环保民间组织没有能够得到很好的发育和成长，因为在传统的"环保靠政府"的高度路径依赖下，广大民众还是相信依靠政府环境部门的力量，通过法规和其他行政手段能够克服环境问题。随着环境恶化的加重以及环境纠纷的增多，政府的管理压力日益增大，开始考虑调动社会的力量进行治理，加上国际交流事务中离不开民间组织的角色，因此，国家开始有计划地开放各种民间组织的管理领域。

在 20 世纪 90 年代以前，我国的环保组织，绝大多数是由政府创办，成为政府自上而下动员工具的一部分，属于半官方社团。到了 20 世纪 90 年代之后，我国由民间创办、自下而上开展活动的环保 NGO 得到了很大的发展，民间环保 NGO 在各地出现，在北京、上海、广东、河北、福建、山东等沿海发达地区纯民间的环保 NGO 数量发展更是迅速，曾有学者对北京的纯民间环保组织进行调查，其组织数量和成员数量都呈现快速上升趋势。（见表 2 - 3）

表 2 - 3

年份	1991	1992	1994	1995	1996	1997	1998	1999
社团数量	3	4	7	9	18	22	26	28
成员人数	120	170	500	900	2800	4000	4500	5000

资料来源：肖广岭、赵秀梅：《北京环境保护非政府组织调查和政策研究》，北京市哲学社会科学规划项目报告，2000 年 6 月，转引自洪大用《转变与延续——中国民间环保社团的转型》，《管理世界》2001 年 6 月。

---

① 俞可平主编：《中国公民社会的制度环境》，北京大学出版社 2005 年版，第 12 页。

新千年之后，中国的环保 NGO 发展势头得到保持，截至 2012 年年底，全国生态环境类社会团体已有 6 816 个，生态环境类民办非企业单位 1 065 个，环保民间组织共计 7 881 个。从 2007 年到 2012 年增长了 38.8%。①

除了我国环保团体数量和成员数量不断增多之外，我国的环保组织还出现了明显的转型趋势，如国家对官方环保社团的财政拨款日益减少，官办环保组织的经费从全额的财政拨款转为主要靠自筹维持，环保组织的活动从原来的围绕政府的中心工作转为面向大众开展工作，开展的行动也越来越多，也越来越务实。

1991 年 4 月 20 日，中国第一个获得民政部门注册的民间环保组织——"盘锦市黑嘴鸥保护协会"在中国的一个三线城市诞生。该组织的发起人是当地报社的记者刘德天。② 1994 年 3 月 31 日，"自然之友"通过民政部的注册，其注册的名字为"中国文化书院·绿色文化分院"，其创办者为全国政协原常委、梁启超之孙梁从诫，"自然之友"成为我国第一家有影响力的全国性 NGO。1996 年，"北京地球村环境教育中心"（简称"地球村"）和"绿家园志愿者"（简称"绿家园"）两家环保 NGO 相继成立。这是我国环保民间组织的诞生时期。

1995 年，是 NGO 组织在中国大放异彩的一年，中国成功举办了第四届世界妇女大会，在这次大会上，中国按照"同期同地召开国际 NGO 论坛"的国际惯例，在北京怀柔召开了世界妇女 NGO 论坛，当时全世界有一万多个 NGO 在中国召开会议。这次论坛，让我国政府部门体会了民间组织的监督与倡议功能，也让"NGO"这个概念出现在中国的媒介之上，被大众所了解。在同一年里，"自然之友"发起保护滇金丝猴和藏羚羊的活动，在多个媒体的报道和协助下，还向英国女王发出了禁止英国消费藏羚羊绒制品的倡议，让中国的 NGO 在国际上创出了声誉，媒体对"自然之友"的报道，让这个新生事物进一步进入了大众的视野。

---

① 刘毅：《中国环保民间组织近八千个 五年增近四成》，《人民日报·海外版》，2013 年 12 月 5 日第 4 版。

② 张贺：《人鸟情未了：访盘锦黑嘴鸥保护协会会长刘德天》，人民网环保频道，2003 年 7 月 14 日，http：//www. people. com. cn/GB/huanbao/1072/1966910. html。

1998 年 10 月 25 日《社会团体登记管理条例》颁布实施，成为我国社会组织创立以及管理的专门法律，其中第五条规定"国家保护社会团体依照法律、法规及其章程开展活动，任何组织和个人不得非法干涉"①，为我国的社会团体的创立提供了法律依据。1998 年，国务院将设于民政部的原社会团体管理局改为民间组织管理局，"民间组织"一词从此作为"NGO"的官方用语开始被正式使用②。

在新千年之后，随着民间环保组织数量的增多且公众对其认知的不断增长，环保 NGO 推进环境运动的力量也渐渐得到加强，从以往的单纯宣传发展到对政府环境决策形成影响。最为突出的行动如 2003 年和 2005 年的"怒江水电争鸣"和"26 度空调"行动，多家环保民间组织开始联合起来，为保护环境和生态、实现环境的发展目标而一致行动。"中国环保民间组织已由初期的单个组织行动，进入相互联合、合作时代。"③ 环保民间 NGO 的活动领域也从以前的环境宣教、特定物种保护等，逐步拓展到组织公众参与环保，为国家的环境事业建言献策，开展社会监督，推动可持续发展等诸多领域。中国的环保 NGO 进入了一个较快也较有影响的发展时期。

3. 我国环保 NGO 发展的原因

首先，国家管理思路的转变为主要原因。

在改革开放之前的社会中，政府掌握着各种资源的生产、消费、分配权力，其中当然也包括各种具有公益性质的资源分配，这些资源必须经由国家已经设定好的单位制度、户籍制度等固定渠道进行发放和获得。

改革开放之后，我国的政府治理形式从原来的一元化管理转向对多元的承认，将"小政府、大社会"作为我国政治体制改革的一个重要目标，希望通过社会的力量来管理国家公共事务，原本包办一切的政府开始将大量经营性、公益性、中介性的事务逐步交给社会去做，实现公民有组织的自我管理和自我服务。政府越来越认识到在各项公共事务中，

---

① 《社会团体登记管理条例》，中华人民共和国国务院令第 250 号。
② 齐丙文：《民间组织》，山东大学出版社 2000 年版，第 30 页。
③ 李天宇：《环保 NGO，"配角"转向"主角"》，《记者观察》2007 年第 6 期。

政府不是万能的，也不总是高效率的，随着我国公民意识的不断提高，民间组织作为政府的正式合作伙伴，在很多公共事务治理中，给予民间组织唱"配角"的权力，甚至在特定的事件中，给予民间组织唱"主角"，政府唱"配角"的机会，这样的管理可能更有效率，为国家节约更多的管理成本。因此，政府意识到必须赋予民间组织参与公共事务治理的权力，为它们提供相应的政治空间，展开积极且有意义的对话，以形成社会与政府之间相互信任的氛围。国家通过鼓励公开对话和沟通让更多的公众和民间组织参与到政府部门活动的计划和管理过程中来。

其次，中国需要有自己的 NGO 队伍与各种国际民间事务对接。

除了逐渐放权的国内环境之外，中国环保 NGO 得以发展的一个重要原因就是与国际上的环境保护活动对接，正如联合国环境规划署前执行主任托尔巴所说："冷战结束后，环境问题一跃而名列世界政治议程的榜首。"[①] 由于巨大的人口数量和面临的环境挑战，中国的环保问题已经不仅仅是一个国家的事情，它已经超出了国界，成为世界环境保护工作的一个重要组成部分，也成为中国不断增长的国际责任与国际合作的一个组成部分。如早在 1972 年中国参加斯德哥尔摩联合国人类环境大会之后，按照国际上通行的管理法则，很多环境保护管理工作需要"非政府组织"与其对接，由于中国当时还没有相应的机构，国家间的民间交流无法开展，国际的资金和科技援助也就无法争取，国外的非政府组织活动也无法进行，因此，中国于 1978 年设立了第一个环保团体"中国环境科学学会"。改革开放之后，中国参与的国际间环境交流发展迅速，特别在 1992 年我国参加里约热内卢会议之后，不管是派出还是来访的国际团体数量都急剧上升，如在 1975—1985 年的十年间，中国派出交流的团体一共才63 个，230 人次，而仅在 1995 年一年中，中国派出环境交流的团体就有250 多个，700 人次[②]。十年中，环境 NGO 发展迅速。因此，当环保成为世界外交主流议题的时候，发展国内的环保 NGO 队伍，与国际对接，就成为我国加强环境外交与塑造大国形象的一个重要组成部分。

再次，国家需要 NGO 作为国家与公众之间的中间层。

---

① 转引自王之佳《中国环境外交》，中国环境科学出版社 1999 年版，第 214 页。

② 颜敏：《红与绿——当代中国环境运动考察报告》，博士学位论文，上海大学，2010 年。

　　逐年上升的环境纠纷与环境民间抗争活动让国家领导人也渐渐地觉察到社会的和谐离不开对民间力量的引导，特别是对民间环保组织的引导和参与。在市场经济社会中，个人常常是以"原子化"的形式零散地存在着，在很多公共事务的管理中，政府需要各种民间组织来作为政府与个人沟通的桥梁。如果 NGO 能够发挥恰当的作用，就能有效地加强沟通，减少冲突，降低社会管理的成本。

　　在 2001 年党的十五大报告中就明确提出要"培育和发展社会中介组织"之后，在 2006 年中共十六届六中全会《中共中央关于构建社会主义和谐社会若干重大问题的决定》中，一共七次提到了有关"发展社会组织"的问题，可见其重视程度，并指出"健全社会组织，增强服务社会功能"的方向，鼓励"支持社会组织参与社会管理和公共服务"，并强调要"发挥行业协会、学会、商会等社会团体的社会功能，为经济社会发展服务"。① 在党的十八大报告中，将"推进政社分开"作为深化行政和社会体制改革的内容，提出"加快形成政社分开、权责明确、依法自治的现代社会组织体制"，在十八届三中全会中提出"要拓宽社会组织的协商渠道"、"适合由社会组织提供的公共服务和解决的事项，交由社会组织承担"② 等提法。从以上政治文件中都可以看出，党和政府越来越重视 NGO 在社会管理和公共服务中的功能，也为 NGO 提供了有利的政治机遇与保障。

　　在很多西方国家，非政府组织在很多时候都是站在政府的对立面出现在公众面前的，西方国家的 NGO 常用手段就是对大众进行动员，给政府造成一定的压力，从而达到与政府讨价还价的目的，而在中国，环保NGO 的作用主要是进行沟通与缓冲。

二　我国民间环保组织的分类

　　在中国，由于历史背景与文化上的因素，民间组织的范围较宽，大

---

　　① 《中共中央关于构建社会主义和谐社会若干重大问题的决定》，新华网，2006 年 10 月 18日，http：//news. xinhuanet. com/politics/2006 - 10/18/content_ 5218639. htm。

　　② 《中共中央关于全面深化改革若干重大问题的决定》，《人民日报》2013 年 11 月 6 日第 1 版。

到工会、共青团、妇联等人民团体，小到没有在政府部门注册的志愿者组织，都被划入 NGO 的范畴。根据中国民间组织的发展情况，学者通常将我国国内的民间组织分为三类，一类就是官方背景的 NGO（GONGO），一类是草根 NGO（Grass Rooted NGO），另外就是国际 NGO（INGO）的驻华机构。中华环保联合会于 2005 年 7 月至 12 月在全国范围内组织开展了"中国环保民间组织现状调查研究"工作。在 2006 年初发布的《中国环保民间组织发展状况蓝皮书》中，将我国的环保民间组织划分为四种类型，即由政府部门发起成立的社团、民间自发组成的社团、学生环保社团、港澳台及国际环保民间组织驻大陆的机构。对于我国环保 NGO 的分类，笔者较为赞同第一种分类方式，将民间自发组成的社团与学生的环保社团归为一类，均视为纯民间的草根的 NGO。

根据中华环保联合会的调查，至 2005 年年底，在相关部门登记的环保民间组织共有 2 768 家，其中，政府部门发起成立的环保 NGO 组织 1 382 家，占 49.9%；民间自发组成的环保 NGO 组织 202 家，占 7.2%；学生环保社团及其联合体共 1 116 家，占 40.3%；国际环保民间组织驻大陆机构 68 家，占 2.6%。① 到了 2008 年，据中华环保联合会再次发布调查报告，在这次的《中国环保 NGO 蓝皮书》中，截止到 2008 年 10 月，全国共有环保民间组织 3539 家，其中由政府发起成立的环保组织 1 309 家，学校社团组织 1 382 家，草根的环保组织有 508 家，国际环保组织驻中国的机构有 90 家。②

另外，有专家估计，加上没有登记在册但在国内实际开展活动的 NGO 有 300 多万个，96% 左右为政府部门发起的 NGO、大学生社团和国外 NGO 在中国的办事处，剩下的为草根 NGO。③

（一）官方 NGO

NGO 可以直译为"非政府组织"，照字面上来说，"非政府组织"不应该与政府有太大关联，甚至应该站在政府的对立面，对政府起到监督

---

① 中华环保联合会：《我国首次环保 NGO 调查揭晓》，中国社会组织网，2006 年 4 月 22 日，http://chinapo. gov. cn/1939/22391/index. html。

② 郄建荣：《中国环保 NGO 饱受诟病快速发展》，《法制日报》2011 年 5 月 7 日第 04 版。

③ 陈敏：《中国公益组织正站在转型关口》，《南方周末》2008 年 7 月 24 日 C18 版。

与制约的作用。这种情况在西方国家确实如此，而中国当前的现实情况却不然，越重要的"非政府组织"与政府部门的联系越紧密，其拥有的资源也越多。官方背景的民间组织，如中华环保联合会、中国环境新闻工作者协会、中国环境科学学会、中华环保基金会、中国环境文化促进会，地方上的环境科学学会、环保产业协会、野生动物保护协会等都是环保官方 NGO 的重要成员。中国的第一个环保官方 NGO 应该是成立于1978 年 5 月的中国环境科学学会，它是以推动民间的环境科学学术交流与研究而设立的。

对于官方 NGO，业内称其为"GONGO"，意为"政府组织的非政府组织（Government Organized NGO）"或者是"政府所有的非政府组织"（Government Owned NGO）。有学者认为中国的官方 NGO 具有国家法团主义（state corporatism）的特征①，官方背景的环境 NGO，多以政府科研或政府咨询的名义出现。在 20 世纪 90 年代之前，这些环保组织的领导人由政府主办单位委任或由政府退休官员担任，它们是正式注册的组织，直到现在一些重要组织的活动经费还能够得到政府的财政拨款，组织本身或其领导人享受着一定的领导级别待遇，有时志愿者也靠政府组织与联系召集，具有明显的利益集团代言人的色彩，表达的也是国家利益集团的意见而非社会意见。

如成立于 1986 年的"中国环境新闻工作者协会"，这是中国最大的环境记者团体，是由全国报刊、广播、电视、通讯社等新闻单位的环境新闻工作者自愿组成的非政府组织，是具有独立法人资格的全国性社会团体，也是亚太环境新闻工作者论坛的成员。它也属于相当典型的官方 NGO，环保部宣教司为它的管理部门，环保部对这个环境记者组织的工作业务有相当大的影响。环保行政部门的领导在环境宣教系统的会议中多次提到对环境新闻工作者协会的管理，如在 2000 年，当时的环保总局（后升格为环保部）副局长王玉庆在会议上的讲话就不难看出政府机关与它的紧密关系：

---

① 顾昕、王旭：《从国家主义到法团主义——中国市场转型过程中国家与专业团体关系的演变》，《社会学研究》2005 年第 2 期，第 155—175 页。

今年总局加强了中国环境新闻工作者协会的力量，把它作为一个直属社团组织来管理，也是希望加强对环境新闻报道的组织协调工作。我们的专业队伍和社会力量要结合起来，不可偏废。不能说环境保护宣传教育社会化了，就不要自己的队伍了，还需要有专业队伍对社会力量进行指导、引导、组织和推动。必要时还应起到以正视听的作用。①

官方 NGO 有合法的身份，它们可以利用政府的网络与资源来迅速地召集、吸纳相关的人才，也较为容易地获得资助，与政府的决策部门沟通也拥有着得天独厚的畅通渠道，能够方便快速的传递信息，影响决策。但是它们也有着与生俱来的缺陷，如 NGO 中的官僚作风严重，自主性弱，由于行动多由政府组织和发动，所以成员并不基于共同的理念参加，群众基础差，因此活力不足。与他们的身份背景相当，在与媒体的互动中，官方的 NGO 也主要采取的是自上而下的、行政式的媒体动员。

（二）国际 NGO

国际环保 NGO（International NGO）就是指在中国国土之外，其他国家特别是发达国家中成立的，以环保为主要宗旨和目标的非政府组织②。20 世纪 80 年代初，世界自然基金会（WWF）和国际鹤类基金会（ICF）来到中国，与中国进行大熊猫与鹤类的保护合作，成为较早来到中国的国际环保组织。从此之后，来到中国工作的国际环保 NGO 就逐渐增多，20 世纪 90 年代中期之后，在中国大陆从事或资助环境保护工作的国际 NGO 数量有了明显的增长。大部分的国际 NGO 只将环境保护中的某一个特定领域作为自己的工作重点，在中国开展深入且专业的工作，如国际鹤类基金会、国际雪豹基金会、国际湿地协会等。国际 NGO 在中国，不仅能够给中国带来大量的援助资金，为中国的政府官员提供环保管理培

---

① 王玉庆：《继往开来 扎实推进新时期宣传教育工作——在 2000 年全国环境保护系统环境宣传教育工作会上的讲话》，载《2001—2005 年环境宣传教育文献汇编》，中国环境科学出版社 2006 年版，第 20 页。

② 窦丽丽：《国际环保 NGO 在华发展综述》，载汪永晨、王爱军：《参与：中国环境记者调查报告（2008）》，三联书店 2009 年版，第 57 页。

训、决策建议，还能对中国国内的 NGO 进行培训，使国内的 NGO 能够加强与国际 NGO 的联系，加强国内 NGO 的能力建设。

（三）草根 NGO

草根 NGO（Grass roots NGO）主要指由民间人士发起并自主开展活动的民间组织，它是中国民间近二十年来公众有组织地参加政治经济和环境保护的结果。它们往往由少数有社会关怀、有威望的知识分子发起，魅力型的领导个人加上一些有理想的年轻人参加进来，内部文化有着很高的道德和理想追求，但往往缺少严格的组织、缺少资本、缺少专业能力。国内著名的草根 NGO 有"自然之友"、"绿家园志愿者"（简称"绿家园"）、"北京地球村环境教育中心"（简称"地球村"）等等。在中国，绝大多数的草根 NGO 规模较小，它们中的很大一部分没有在相关部门登记，但是它们与官方的 NGO 相比，人事制度相对自由和独立，它们的成员基本上是基于共同的理念组成，志愿者参与的热情比较高，群众基础好，能够发动民众参与环保的公益活动，也能够动员民众对政府或企业破坏环境的行为进行监督。

三　我国 NGO 运动的特点

（一）中国 NGO 运动的主要内容

我国的环保 NGO 所开展的活动主要有以下几个方面：

1. 环境意识的普及、宣传教育

我国很大一部分的环保组织都在进行环境宣传和教育工作。在 2014 年新修订的《环境保护法》第九条中也明确地规定："各级人民政府应当加强环境保护宣传和普及工作，鼓励基层群众性自治组织、社会组织、环境保护志愿者开展环境保护法律法规和环境保护知识的宣传，营造保护环境的良好风气。"NGO 在开展环境宣传、教育工作得到法律的保护和国家政策的扶持，他们主要通过各种演讲、开设环保图片展、发放宣传材料、对各种团体进行环境培训、组织开展各种形式的研讨会、交流会、座谈会等形式来开展社会服务工作。

2. 开展各种自然资源保护项目

开展此类工作的环保 NGO 多由一些掌握各类专业知识技能的专业志愿者构成，他们关注于环境保护的某个领域，利用自己的专业知识技能进行环境保护工作，如生态多样性保护、野生动物保护、沙漠化防治、资源再利用等等。

3. 进行环保科学技术研究、科普与推广

在中国，这些组织也占有不小的比重，它们的名字多以各种"学会""研究会"命名，这些组织发展时间一般较长，成员多是某个领域的科学精英。

4. 进行环保各领域的资助

这些工作多由各种环保基金会以及国外有在华资助项目的 NGO 完成，主要对环保各个领域开展资金筹募和发放，提供设备、技术等工作。

5. 为污染受害者提供援助

帮助弱势群体，是各种 NGO 都关注的领域，中国某些环保组织将自己的工作重心放在遭受环境污染的受害者身上，为他们提供法律咨询等援助。

6. 开展国际交流活动

环境保护是全世界共同关注的问题，各个国家的 NGO 早已越出自己地方和国家的界限，在世界范围内寻找合作的伙伴。当前，我国的 NGO 大多有与国外同行进行交流的经历，一方面进行各种互访、座谈，另一方面尽可能地争取国外的资金、技术、设备支持。

（二）中国民间环保团体的"温和性格"

1. 诞生条件使然：为政府需要而生

在我国长达两千多年的政治传统中，非政府的组织一直是封建政治统治者所极力防范的事物，特别是带有政治色彩的结社活动，经常成为政治镇压和打击的对象，因此，儒家的名言"君子群而不党"似乎成为中国古代士人参与政治工作的一条不变规则。

我国的环保民间组织与发达国家的发展轨迹并不一样，西方国家的民间组织是因为民间的环境诉求和运动的需要，自下而上生成并发展起来的，而从我国改革开放之后环保民间组织的成长经历来看，催生我国环保组织诞生的动力主要在于我国当时的国内环境管理压力以及外交方面的压力，我国环保民间组织的成长，主要来自我国政府的主动意愿与引导，而非社会力量或环境纠纷抗争的结果。

由于政府是有意识地通过培育环保的民间组织力量加入到国家的环境保护中去，承担一个协助政府治理的角色，所以很多的 NGO 也将自己的工作定位放在政府工作的拾遗补阙之上。这也是中国的环保 NGO 数量虽然已经不少，但是很少再介入到公民的环境集体抗争中去的原因。

2. 中西方 NGO 运动行动空间差异

虽说都是 NGO 组织，但是在中国的制度环境之下，中国的环境 NGO 与西方发达国家的环境组织在行动能力与运动方式上有着很大的差别。

西方的环保组织中，有三种比较具有代表性，第一种为公益性游说集团，如美国的山岳会（Sierra Club）、英国的皇家鸟类保护协会（Royal Society for the Protection of Bird）等，这些集团往往是大型的全国性团体，人数众多且名流云集并有充足的资金后盾，主要是通过依靠选举、院外游说、环境公益诉讼等西方代议制民主的体制内形式进行活动，他们基本上都有和政党、政府、议会、法院等沟通渠道，有足够的能力将特定的组织诉求纳入到国家的政治议程之中。在西方，当前最能体现西方环境运动对政府压力的方式是选举，在多党制的选举中，在这些环保意识已经深入人心的西方国家里，已有超过 80% 的美国人、三分之一的欧洲人认为自己是环境主义者，政党及其候选人如果不"绿化"自己的政治平台的话，几乎就不能当选。[1] 如在 1992 年美国总统竞选中，竞选者阿尔·戈尔就凭借其《濒临失衡的地球》和《难以忽视的真相》两本环保科普作品成名，并以高调倡导环保而获得国内外支持，成功当选了副总统。第二种 NGO 是专业的抗争性组织，他们所拥有的政治资源不多，主要通过组织动员静坐、示威，或者采取激烈的、破坏性的手段来引起社会和政府的注意，如绿色和平（Green Peace）就是其中代表。第三种是绿党，他们通过进行议会选举，在议会或者内阁中获得席位或者担任环境部长等策略，来实践自己的环保主张，自 1972 年世界第一个绿党——

---

① ［美］曼纽尔·卡斯特：《认同的力量》，曹荣湘译，社会科学文献出版社 2006 年版，第 171 页。

新西兰价值党成立之后，绿党成为欧洲一支重要的政治力量，截至 2000 年，欧洲已经有 17 个国家拥有绿党，并有 12 个国家的绿党获取了议会席位。①

另外，因为环境运动在西方已经持续了半个世纪，它们的环保 NGO 规模也比中国的 NGO 要大得多，光在 20 世纪 90 年代初期，如美国的荒野学会和杜邦协会成员都超过了 60 万②。

但这些在中国的政治体制环境之下并不适用，在中国，中国共产党是唯一的合法执政党，环保组织组建政党或者依靠选举、院外游说等形式进行环境运动并不可行，虽然在中国游行示威等活动也是中国公民的法定权利，但是这并不是中国公民参与政治的一个常用方式。

有学者将我国环保民间组织运动的性格进行过这样的概括：

1. 理性性格：中国的民间团体不像国外的一些激进的环保团体，他们并不采取极端、激进的方式，而是持理性的环保立场。

2. 合作性格：在对待政府、企业和其他政府组织的态度上，通常采取的是合作而非冲突的态度，致力于谋求彼此间的协调关系。我国很多新兴的环保团体不像外国站在政府的对立面，而是将自己定位为"政府的帮忙人"、"合作伙伴"，他们几乎不涉及政府不支持的领域。

3. 体制内运作：一般而言，社会运动主要依赖非体制的方式促进社会变迁，运动的前提是对现有体制有不满意甚至反对之处。但是，当代中国民间环保团体的转型在很大程度上延续了以前政府动员型环境运动的特征，民间环保团体主要是在体制内运作，这突出表现在民间环保团体认同政府的环保目标、借助于正规体制获取资源并开展行动。……它们往往通过政府的行政干预，或是借助政府的力量自上而下开展活动，同时通过政府的某个系统或机构来发展会员。③

①　洪大用：《中国民间环保力量的成长》，中国人民大学出版社 2007 年版，第 230 页。

②　侯文蕙：《20 世纪 90 年代的美国环境保护运动和环境保护主义》，《世界历史》2000 年第 6 期。

③　洪大用：《中国民间环保力量的成长》，中国人民大学出版社 2007 年版，第 87—91 页。

在 2006 年的环保 NGO 调查中，95% 的环保 NGO 遵循"帮忙不添乱、参与不干预、监督不替代、办事不违法"的原则，在与政府的关系上，表示与政府非常合作的有 41%，合作的为 23.6%，选择既非合作亦非对抗的有 32.1%，选择有时对抗的为 2.8%，认为与政府关系是对抗关系的仅为 0.5%。①

因此，大部分的中国环保 NGO 组织与西方环保 NGO 组织的功能不同，外国的学者认为中国的环保 NGO 组织并不会挑战政府的权威，是一种不喜制造冲突的团体。② 多数中国学者认为中国的环保 NGO 将自己定位为政府的"合作伙伴"，在笔者看来，在很多的 NGO 组织者心理定位中，可能连"合作伙伴"都算不上，关系更像政府的"孩子"。这与很多国外的环境运动中的环境团体具有非理性和与政府强烈对抗的精神气质很不一样。正如一位民间的组织负责人对调查者所说："国外的记者经常问我，你们是如何和政府斗的？我说，我们不斗，斗什么？如果斗，我们就死了，我们的策略是往上靠，使劲贴政府。我们要让政府知道我们和它们是一致的，只有这样才能得到政府的支持，也只有这样才能取得活动成效，才能实现我们的组织目标。"③ 绝大部分的环保组织在进行活动的领域，也尽可能地主动避开政治的敏感地带，多进行一些环境教育、动植物保护、美化环境等一系列活动。在《中国环保民间组织发展状况报告》中有一个对中国 NGO 的比喻与笔者的观点相合：

> 与国际上发达国家环境保护的发展历程不同，我国的环境保护首先是由政府推动而不是源于公众的。早期多数由政府部门发起成立的环保民间组织缺乏活力，是"听话的乖孩子"而不是"能干的好孩子"。这些民间组织对政府的依赖性强，独立活动能力弱。④

---

① 中华环保联合会：《中国环保民间组织发展状况报告》，《环境保护》2006 年第 5B 期。
② Peter Ho, "Greening Without Conflict? Environmentalism, NGOs and Civil Society in China", Development and Change, Vol. 32, pp. 893-921.
③ 赵秀梅：《中国 NGO 对政府的策略：一个初步的考察》，《开放时代》2004 年第 6 期。
④ 中华环保联合会：《中国环保民间组织发展状况报告》，《环境保护》2006 年第 10 期。

这样一个评论也许略微尖刻但是却很好地描述了在中国的传统文化与政治管理环境之下中国 NGO 的性格，在中国传统的教育文化中，对于孩子培养的标准往往首先是"听话"，其次才是"能干"，如《弟子规》中所言，"亲所好，力为具。亲所恶，谨为去"，这些标准有时候在 NGO 与政府的关系上也能体现，在政府的这位"严父"面前，作为"孩子"的社会组织也许太过于听话而未必能够很有出息。

本章小结

我国的环境运动与西方的环境运动在兴起原因与发展的土壤上都有着明显的不同。在中国这种现有国家体制中，不管是由上至下的环境治理运动还是由下至上的环境群体抗争或环保 NGO 运动，都打上了社会变迁的印记，虽然国家对环境治理运动有着越来越清醒的认识，但是当面临严重污染困境的时候，仍然摆脱不了这种原总体性社会中的路线依赖。调动各种资源以运动式的治理形式来解决紧急、重大环境问题的依赖，虽说能够较为"高效"地解决燃眉之急，但是无法避免大量的资源浪费、遗留问题以及"环保靠政府"的环境保护模式。在自下而上的环境群体抗争和 NGO 运动，充分说明了中国国家与社会之间力量的消长，社会力量在缓慢地增长。但是在现有的体制之下，"强国家、弱社会"的情况还一时无法得到改变。因为环境保护是国家和公民共同面临的一个严峻问题，环境议题拥有很高的道德优先性，国家更为积极地回应环境抗争，给予政策扶持环保民间组织，扩大对这些运动的宽容度与容忍度，既能较好地推进国家职能的转变，也能逐渐地动员社会的力量参与到环境保护中来。民间的环境力量也在国家的这种控制与互动之中，自下而上的民间抗争运动与 NGO 运动分别形成了争利不争权、积极配合政府工作的这种朴素而温和的性格。

第 三 章

环境治理运动中的媒体角色
——政府主导下的社会动员

在中国，在政府面对公共问题的时候，偏爱选择"运动式"的治理手段，在环境保护领域也不例外，特别是在中国环境保护工作刚刚起步的阶段尤为明显，即使在今天，我国的环境保护工作仍然未能完全摆脱这种"运动式"惯习，因此，中国的环境运动给外国人留下的是一种"政府主导式"的印象。在这种自上而下的、由政府主导的环境运动中，中国的大众传媒到底担负什么样的角色？它为何会承担起这个角色的功能？在这样的角色中媒体又是如何运作的？政府的控制与媒体的反应如何互动？这是本章需要探讨的问题。

由于治理型的环境运动在中国的环境保护工作诞生时期就大量地进行，在中国的环境运动中占有着巨大的比重，时间跨度较长，因此本章选择了有关"绿色大跃进""中华环保世纪行""环评风暴"等在转型时期不同阶段的典型案例的各种文献，对它们进行分析，探讨媒体在其中的角色特征。

第一节 由"红"转"绿"——"绿色大跃进"
中的媒体转变

一 "绿色大跃进"简述

从 20 世纪 70 年代开始，全国各地曾经多次广泛地号召群众，利用"土洋结合""土法上马"的方法治理城市中"三废"（废气、废水、废渣）问题及在北方城市大搞消烟除尘的运动，其间投入了大量的人力、物力，但是缺乏科学的方法和常规的管理，单纯依靠发动人民群众积极性的环境治理运动，只能说在某些地区和某些层面上稍微减轻了环境污染对生产生活带来的危害，在大部分地区不但效果不明显，还有可能会弄巧成拙，不仅平添新的污染，还大量浪费各种资源。直到改革开放之前，我国的环境问题非但没有得到改善，反而严重的恶化，出现"不进反退"的局面。改革开放之后，国务院面对此种形势，认为"环境污染问题已经到了非下决心解决不可的时候了"。

在1978年10月国务院发布的《环境保护工作汇报》要点中指出：我国的社会主义建设已经进入到一个新的时期，消除污染、保护环境，是经济建设、实现四个现代化的一个重要组成部分，环境治理"不是额外的负担，也不是可抓可不抓的小事情，而是非抓不可的大事情"。在这个社会主义建设的新时期里，"各项事业正在大规模、高速度展开，环境保护工作也要大干快上，以适应这个新的大跃进形势"[1]。要求各级政府尽快地将环境保护工作搞上去，设立了"在1980年年底控制住污染，到1985年底基本解决环境问题"[2] 的治理目标。从此，一项新时期的"绿色大跃进"运动拉开了帷幕。这次"绿色大跃进"运动涉及的范围很大，要求我国在工业污染、城市环境、水域污染、食品污染几个重点领域实现"五年内控制，八年内基本解决"的要求。

可以看出，当时领导人对改善中国环境污染状况的愿望是非常强烈的，但是显然太过低估了我国环境污染的艰巨性和复杂性，后来随着运动的推进，中央发现环境问题的严重和复杂程度远远超过了原来的估计，环境问题的解决需要一个长期且工农业不断协调的过程，这种"大跃进"形式的环境运动在新的经济环境中与各方面建设越来越不协调，到1981年的时候，国务院不得不放弃这个"绿色大跃进"的目标，转而对环境加强管理和指导。

---

[1]　国务院环境保护领导小组：《环境保护工作汇报要点》，国家环境保护总局、中央文献研究室编：《新时期环境保护重要文献选编》，中央文献出版社、中国环境科学出版社2001年版，第8页。

[2]　国家环境保护总局、中共中央文献研究所编：《新时期环境保护重要文献选编》，中央文献出版社、中国环境科学出版社2001年版，第4—5页。

二　"文革"后的环境状况与治理思路的转变

十一届三中全会之后，随着国家工作重心从原来的"以阶级斗争为纲"向"以经济建设为中心"的转变，国家治理环境问题的思路也从单纯地依靠政治运动向科学化、制度化的方式转变。

（一）从政治动员向科学管理的过渡

在改革开放之后，中国的领导人开始对大范围、高频率的政治动员方式进行反思，并努力将短期的、人治型的治理运动向长期的、法制型的管理工作转化。

1978 年 12 月 18 日至 22 日，十一届三中全会在北京召开，会议决定停止使用"以阶级斗争为纲"的口号，作出了把工作重点转移到社会主义现代化建设上来的战略决策。标志着国家开始将公共治理的各项措施从单纯的政治动员转向政府的科学管理上来。在 1981 年国务院作出的《国务院关于在国民经济调整时期加强环境保护工作的决定》中，开宗明义地指出："环境和自然资源，是人民赖以生存的基本条件，是发展生产、繁荣经济的物质资源，管理好我国的环境，合理开发和利用自然资源，是现代化建设的一项基本任务。"[①] 该文件认为，解决我国的环境问题并不是一个路线的问题，而是"缺乏认识以及经济工作中的失误，造成的生产建设和环境保护的比例失调问题"，在 1982 年之后，国务院就再也没有提及"绿色大跃进"、"五年控制，八年解决"中的目标，"这表明政府环境保护新的模式已经形成，与计划经济相适应，它以全方位的管制主义取代了此前命令经济下全面的动员主义"[②]。也就是说，从 20 世纪 80 年代初开始，中央放弃了此前"绿色大跃进"的运动思路，环境保护的重心转向在经济建设中加强计划与指导，加强科学管理、科技教育与监督。

---

① 国务院：《国务院关于在国民经济调整时期加强环境保护工作的决定》，载国家环境保护总局、中央文献研究室编：《新时期环境保护重要文献选编》，中央文献出版社、中国环境科学出版社 2001 年版，第 20 页。

② 颜敏：《红与绿——当代中国环保运动考察报告》，博士学位论文，上海大学，2010 年。

（二）法律与经济杠杆在政府管理中的运用

在粉碎"四人帮"之后，我国的领导人意识到加强法制对保障社会民主的重要作用，因此，1978年12月邓小平在中共中央工作会议闭幕会上做的《解放思想，实事求是，团结一致向前看》的讲话中提到，"为了保障人民民主，必须加强法制，必须使民主制度化、法制化，使这种制度和法律不因领导人的改变而改变，不因领导人的看法和注意力的改变而改变"，标志着国家对公共事务的管理逐渐从"人治"转向"法治"的轨道上来。并且他还在会上专门指出，国家在集中力量制定刑法、民法、诉讼法等重要法律的时候，也需要将《森林法》《草原法》《环境保护法》等有关环境的法律制定提上议程①，说明当时领导人对环境保护的法制建设意识已经相当强了。在1978年修改宪法的时候，环境保护的内容第一次入宪，在1978年宪法第十一条中规定："国家保护环境和自然资源，防治污染和其他公害。"

十一届三中全会召开之后，国家集中力量制定各项法律，《森林法》《草原法》等法律得以出台，1979年9月，中央政府颁布了《中华人民共和国环境保护法（试行)》，环境领域各种法律的出台，为环境保护提供了法律方面的保障。

在《环境保护法》出台之前，保护环境、消除污染和改善生态等"环境治理"行为都是环保行政机构的工作和任务，不管是从制度上还是从资金技术上，都由国家的环境行政管理部门负责提供，企业只管生产，不管环保，而且还普遍认为企业进行生产，排污是理所当然的事，工厂参与环保，顶多也就是响应一下中央的号召，少排一点污而已。这种"国家管环保，企业管排污"的模式，给国家的财政背上了很重的包袱，因此出现了一方面是国家投入大量的资金，千方百计地治理环境，另一方面工矿企业及社会毫无顾忌地破坏生态。这种体制下对于环境遭破坏的局面不但使政府防不胜防，而且在大量产生的污染面前，国家承担治理的经济包袱越背越重，对于刚刚走出"文革"、百废待兴的国家，政府根本没有足够的资金来应对源源不断产生的污染问题。因此，在《环境

---

① 邓小平：《解放思想，实事求是，团结一致向前看》，《人民日报》1978年12月14日。

保护法》起草期间，代表们借用西方市场经济国家的环保治理经验，提出"谁污染，谁治理"的原则，强调"对环境有污染的企业、事业、机关、团体，都负有防治和补偿的义务"①，环保机构担负的是管理与监督的责任。这样一来，不但划分了"管理"与"治理"之间的责任主体，划清了环境污染治理的责任，也明确了环境管理部门的职责②，还把大量的环境治理费用"化整为零"，减轻了国家财政的负担，这一举措对推动污染治理有着重要的意义。

三 警示与科普——"解禁"后的媒体角色

"文化大革命"结束之后，我国的环境保护领域，不但在治理思路上发生了重大的改变，在环境报道理念上，也很快丢掉了原来的思想枷锁和写作模式，媒体的自主意识和环境新闻的警示意识得以体现，媒体上的环境新闻面貌出现了一个近乎翻天覆地变化。媒体上的解放，为全国范围的环境治理运动，提供了大量前所未有的客观、科学、警示、鼓劲的信息。

（一）正视现实、加强警示

1. 破除"文革"期间的"抹黑论"

在"文化大革命"以及之前的时期，中国认为，在高度计划的经济制度之中，中央政府可以掌握社会化大生产的比例关系，可以克服资本主义生产过程中的盲目性，因此，计划经济模式对生态破坏及环境污染有着天然的免疫力。基于这个逻辑，新中国的新闻媒体，不管是对内还是对外宣传，都一直强调环境污染是资本主义的不治之症，在中国社会主义计划经济的生产模式中，不会有环境污染存在，中国政府更不愿意在媒体上公开承认中国存在着严重的污染问题。即使涉及相关的污染物排放内容，也是换成另外一种叙事思路，套用一个在任何生产战线上都可使用的"万能模式"，避开问题，强调中国人民群策群力，排除万难，

---

① 曲格平：《我们需要一场变革》，吉林人民出版社1997年版，第43页。

② 同上书，第8页。

与污染做斗争的干劲与智慧，作为论证社会主义优越性、表现路线正确的一个"注脚"。

从 1973 年《人民日报》的一篇有关"三废"（废气、废水、废渣）治理的报道中我们可窥见一斑：

据新华社长春一九七三年十月十九日电　吉林造纸厂以路线斗争为纲，放手发动群众，大搞"三废"的综合利用。目前，这个厂每年从制浆废液中回收碱、脂肪酸、树脂酸、二甲基亚砜和粗塔罗油等化工产品两万多吨，……价值共达一千一百多万元。"三废"的综合利用不仅为国家创造了宝贵财富，还大大减轻了"三废"对江河、大气的污染，保护和改善了环境。

……由于受刘少奇修正主义路线的影响，这个厂综合利用工作，没有很好开展，……无产阶级文化大革命中，特别是革委会和新党委成立以后，"三废"综合利用问题被列入了议事日程。……厂党委和革委会组织领导班子成员反复学习了毛主席的有关教导，狠批了刘少奇的修正主义路线，提高了思想认识。大家认为，"三废"综合利用问题是关系到国家社会主义建设，关系到人民身体健康和子孙后代幸福的大问题。作为社会主义企业的领导者，对"三废"绝不能消极处理，任其泛滥，必须积极利用，化害为利，为广大人民造福。

认识提高后，厂党委和革委会很快建立、健全了主管"三废"综合利用工作的专门机构。同时，坚持放手发动群众，发挥群众的智慧和创造力，使综合利用工作进展快，收效大。……在缺乏技术经验的情况下，职工们勤学苦练，艰苦奋战，只用了二十六个昼夜，就制造安装了大小设备四十多台，成功地生产了脂肪酸。①

以上这种文章是我国"文革"时期的环境报道典型的一个样式，有关环境改造中真正有新闻价值的信息并不多，新闻的"万能文本"其实只是各种政治话语的一个载体，在当时那个"以阶级斗争为纲"一元化

---

① 《吉林造纸厂治理"三废"成绩显著》，《人民日报》1973 年 10 月第 20 期。

的时代，媒体的角色只是一种单纯的"阶级斗争的工具"，僵化地承担着意识形态的宣教主体，文风僵化、空洞，媒体的主体性也几近为零。于是乎，在改革开放之前，广大受众并不能感觉到中国环境污染的严重性，媒体上工农业的生产如火如荼，土洋结合的"环保科学技术"日新月异。在媒体文本的呈现中，向受众传递一个不容置疑的信条：只有资本主义国家才存在严重的环境问题，在中国即使出现了污染，也是局部问题，在"依靠群众、大家动手、群策群力"的国家治理方针下，污染很快就能够解决。

这种简单的归因逻辑，在生产建设以及污染治理中出现的问题就容易受到掩盖。使得我国错失了很多规划和治理的时机，我国的环境生态问题日益突出。正如我国环境保护工作的元老、国家环保局首任局长曲格平所发的感慨一样：

> 当一个人患了重病，自己没有察觉，反而讥笑其他患病的人，这是很可悲的。对我国环境污染和破坏的认识，也有着类似的情形。60 年代末、70 年代初，在我们颇有些自负地评论西方世界环境公害是不治之症的时候，环境污染和破坏正在我国急剧地发展和蔓延着，但我们并无觉察，抑或有点觉察，也认为是微不足道的，是与西方的公害完全不同的。因为，按照当时"极左"路线的理论，社会主义制度是不可能产生污染的。谁要说有污染、有公害，谁就给社会主义抹黑。在只准颂扬、不准批评的气氛下，环境清洁优美的颂歌，吹得人们醺醺欲醉。在闭关锁国的状态下，自然可以心安理得。①

"文化大革命"结束之后，中央对我国以前的环境治理工作进行了反思，中央认为，环境污染治理效果欠佳，除了政治方面的原因之外，环境治理走群众路线并没有错，而是在宣传和发布方面工作没有做到位，以前片面地强调动员鼓劲、报喜不报忧的媒体宣传，群众缺乏对环境污染情况最起码的了解，无法了解当前环境治理的压力，也就很难激发起群众参与环保运动，改变当前环境恶化困境的积极性。因此，在《环境

① 曲格平：《我们需要一场变革》，吉林人民出版社 1997 年版，前言 2—3 页。

保护工作汇报要点》中要求今后的环境保护工作要搞上去，就必须"把环境污染情况如实告诉群众，发动群众出主意，想办法，决不能搞愚民政策"。积极关注群众的来信来访，"要广泛宣传环境保护的内容，使群众都知道保护环境的重要性，污染的危害性。人民群众、人民团体、街道组织有权对企业排放有害物质和造成的公害进行监督和检举"。①

另外，国务院环境保护领导小组认为，环境污染问题虽然任务艰巨，困难很多，如果媒体曝光当前存在的各种环境问题，做好宣传工作，不仅可以更好地唤起人民群众的积极性和创造力，还能动员大众对各种排污单位进行监督，曲格平当时就撰文写道：

> 为了做好环境保护工作，必须大力开展宣传教育工作，使各级领导干部和广大群众都了解其重要意义，人人献计，个个动手，同污染作斗争，广大群众，处在生产第一线的工人，深受其害，有消除污染、改善环境的强烈愿望，有解决污染的积极性，只要把群众发动起来，污染问题就容易解决。……（环境宣教工作）还要发动群众对环境进行监督，对那些群众反映强烈，污染危害严重的企业，要限期治理，污染严重的，要停止生产，直到解决了污染问题再生产。②

在这样的思想下，作为该次"绿色大跃进"领导机构的国务院环境保护领导小组开始放松对环境信息的控制力度，1978 年 5 月，国务院环境保护领导小组成员在接受新华社记者采访时就将当时我国环境所面临的严峻情况向记者进行坦诚的通报，公开承认"由于'四人帮'的干扰破坏，我国环境保护工作受到了严重的摧残。当前，许多城市、江河湖海、土壤，以及职工劳动环境的污染，不仅没有控制住，而且有所发展，

---

① 国务院环境保护领导小组：《环境保护工作汇报要点》，国家环境保护总局、中央文献研究室编：《新时期环境保护重要文献选编》，中央文献出版社、中国环境科学出版社 2001 年版，第 14—15 页。

② 曲格平：《环境保护在国民经济中的地位与作用》，《红旗》1978 年第 9 期。

有的已达到相当严重的程度"①。很快，在新华社通稿中也详细地登载了环境保护领导小组所反映的严重情况：

> 先说空气的污染。由于大量向大气中排放烟尘，许多大中城市、特别是工矿区烟雾弥漫，空气污浊，降尘量和空气中二氧化硫的浓度，超过国家允许排放标准的几倍、几十倍，甚至几百倍。个别城市整日烟雾腾腾，能见度很低，甚至汽车白天行驶有时也要开车灯……

> 再说水的污染。由于大量工业污水未经处理就直接或间接排进江河湖海，使主要水系和湖海，以及城市地下水，都不同程度地遭受了污染。……

> 再说工业废渣的污染。全国每年排放各种工业废渣达二亿吨以上，除少量利用外，大部分丢弃未用。全国火力发电厂每年有几百万吨粉煤灰直接排入江河，淤塞航道。……

> 此外我国许多城市和工矿区的噪声危害也十分严重。

> 环境污染与公害，对工农业建设和人民的健康危害极大。……我国由于没有很好地治理工业"三废"，每天都要浪费大量的财富。许多污染严重的地区，现在已经危害到人民的健康，给人民群众带来很多痛苦。

> 我国面临着工业的大发展，如果还不引起对环境污染的高度重视，那么污染就会对人体的健康带来更大的危害。②

到了这个时候，原来牢牢掌握在政府手中的信息资源开始得以向社会有限地进行流动。

1978 年，《人民日报》发表评论员文章《环境保护要引起高度重视》，文章指出，我国在"文革"期间也曾发动过多次环境治理的群众运动，但是这些运动不但没有解决环境污染，反而使得我国的环境污染加

---

① 《把千百万群众动员起来，同环境污染作斗争——新华社记者访问国务院环境保护领导小组办公室》，《人民日报》1978 年 5 月 22 日第 2 版。

② 同上。

深，这些问题主要是"四人帮"造成的，"谁提治理'三废'，解决污染问题，就给谁扣上'给社会主义抹黑'、'否定文化大革命'的大帽子"，严重地干扰破坏了毛主席、周总理制定的环境保护工作路线、方针、政策的贯彻落实，因此，在今后，"少说漂亮话，多干实际事，扎扎实实的治理环境污染"①。中央对环境负面信息管制的放开，给环境新闻工作创造了一个近乎全新的空间，也为今后的环境意识教育、宣传工作打下了基础。

2. 各种环境专项治理运动的"发令枪"

改革开放之后，随着对"文革"时期"极左"新闻思想的批判，使得新闻工作回到按照新闻规律运行的状态上来。新闻工作者的自主意识得到了逐渐的解放和确立。与此同时，新闻从业者自己也认识到了片面报道对国家造成的危害，如胡绩伟1978年在全国新闻工作座谈会上就指出："要改变这种报喜不报忧的做法。农业受灾我们要适当报道，工业减产也要适当报道，重大的事故要选择有教育意义的进行报道……现在，新闻报道的面很窄，对人民保密的东西太多，对于国内的一些重大事情，我们的人民不知道，需要从外国的新闻中来了解我们本国的情况。"②

在相对宽松的舆论环境中，国家和公众对环境信息的渴求也在日益增长，不少记者开始放下"给社会主义抹黑"的思想包袱，在"文化大革命"期间难匿踪迹的批评揭露性报道也越来越多地出现在媒体之上。他们通过深入的采访，不但描绘了中国环境领域内某些严重的现象，并深挖造成环境污染、生态破坏的根源，给全社会都提出了振聋发聩的警示，如《风沙紧逼北京城》③《包头市"三废"污染何时了?》④《烟尘漫天啼鸟少　噪声震耳开会难　北京环境污染使各国专家吃惊》⑤《救救桂林风景区》⑥等都是如此。这些报道，引起了很大的反响，引起了中央领

①　《人民日报》评论员：《环境保护要引起高度重视》，《人民日报》1978年7月11日第2版。

②　胡绩伟：《新闻工作论说集》，工人出版社1989年版，第201页。

③　李一功：《风沙紧逼北京城》，《人民日报》1979年3月6日第2版。

④　刘云山：《包头市"三废"污染何时了?》，《人民日报》1979年9月19日第3版。

⑤　黄炳钧：《烟尘漫天啼鸟少　噪声震耳开会难　北京环境污染使各国专家吃惊》，《人民日报》1979年11月9日第2版。

⑥　周秀文：《救救桂林风景区》，《人民日报》1979年2月12日第2版。

导人的重视，为今后很多政府发起的转向环境治理的运动做了很大的铺垫和舆论准备。如《风沙紧逼北京城》就是其中的典型：

1979 年，新华社记者黄正根、傅上伦等人，从大家都习以为常的北京春天大风沙写起，开门见山地指出了来自国际权威的信息："以联合国秘书长名义在肯尼亚首都内罗毕召开的世界沙漠化会议，已经把北京划入受沙漠化威胁的范围之内。"随后又指出根源：中国的西北部，由于大面积滥垦牧区草场，乱砍树木，大面积的草原和森林植被遭到严重破坏，沙漠戈壁面积不断扩大，生态平衡严重失调，反映了建国三十年由于不合理的资源利用方式给中国北方地区造成的严重生态灾难，之后，通过对大量来自气象局、农业局、林业部等部门的专业数据，指出我国北方土地沙漠化的严重性，并在文中提出号召，我国的植树造林工作"时间紧迫，必须立即着手进行"，文章很快被《人民日报》《光明日报》《北京日报》刊登，在读者中震动巨大，为此，北京市与中央相关主管部门还召开工作会议进一步研究"三北防护林"工作。[①] 与此相关的事例还有很多，如 1979 年对桂林漓江的治理运动，也是在新闻媒体的关注下，国家开始进行整治工作的。

（二）普及科学、构筑意识

要动员公众对恶化了的环境进行改造，单纯地向他们提供环境污染的现实信息是远远不够的，在改革开放前封闭且自满的气氛中，环境治理一味地强调"自力更生""土法上马""群策群力"，而对西方的环境科学，弃之一旁，不屑一顾。在相关的信息管制力度放宽之后，之前环境知识积累几近空白的普通老百姓渴望消费一些环境科学和环境管理方面信息，这时的大众媒体承担起了环境科普和环境意识启蒙的作用。

1. 介绍西方先进的治理经验

在"文化大革命"中，在经济建设以及在运动治理中的新闻报道已经渐渐固化形成了一种模式，那就是在我国取得的任何一种成就，其推动力都完全归功于政治思想或指导路线的正确，个人和集体只要遵循这

---

① 牛炳文、刘绍本主编：《现代写作学新稿》，学苑出版社 2002 年版，第 191 页。

一路线展开工作，一定能够取得巨大的成绩，而这种成就又反过来验证了路线的伟大和领袖的英明。① 在环境治理领域所进行的运动也是如此，不管是在工业污染防治还是在城市治理，也不管是污染防治、植树造林、还是"三废"回收利用方面所取得的成绩都可以往这个模式上套，完全缺乏调查分析，也根本没有科学理性。并且为了体现社会主义的优越性，一概地把西方先进的环境保护科技与管理经验作为异端进行批判，成为"对非理性的政治运动的非理性应声虫"②。

随着改革开放政策的提出，中央开始意识到了环境保护中科学技术和管理手段的重要性，之前在内罗毕担任联合国环境署中国代表的曲格平，回到北京进入国务院环境保护工作办公室工作，将西方的环境治理政策以及很多先进经验带回中国。我国的环境保护工作开始抛弃以往政治制度之间的人为区隔，正视西方环境治理工作的成果，并着力吸收和介绍西方的环境经验。

在改革开放的最初几年，中央媒体派了多批记者赴日本、英国、西德等西方国家进行实地采访，真实记录了这些国家在政府科学有序的治理中，环境和生态方面所取得的成绩以及各种先进的环境治理、管理经验。在媒体上，开始大量地报道发达资本主义国家环境治理工作的情况。仅1978年和1979年两年时间，《人民日报》就刊登了诸如《伦敦的环境保护》③《日本环境保护的成就是怎样取得的?》④ 《消除公害　保护环境——西德治理污染效果显著》⑤ 等多篇介绍西方环境治理工作经验及其成果的文章，这些文章采访深入，对西方的治理成果和经验做了较为客观的评价。在此，转印一段《人民日报》记者于1979年7月赴日本采访的"游记体"文章为例：

> 轮船徐徐开入关门海峡，两岸工厂区内，高大的烟囱林立，一

---

① 王辰瑶：《嬗变的新闻》，中国传媒大学出版社2009年版，第302页。

② 同上。

③ 许庆美：《伦敦的环境保护》，《人民日报》1978年10月7日第5版。

④ 《日本环境保护的成就是怎样取得的?》，《人民日报》1979年1月4日第6版。

⑤ 《消除公害　保护环境——西德治理污染效果显著》，《人民日报》1978年12月7日第6版。

条条白色的浓烟，在轻风吹拂下飘向远方。身旁一位同志说："你看，这么多烟囱，没有一个是冒黑烟的。"在晨曦中，我望着彩虹般的烟云，想起日本报刊多年来关于工业污染的报道。日本是世界上屈指可数的经济大国，同时也得来一个公害严重的名声。现在，它是怎样治理公害，保护它那秀丽多姿的自然环境呢？

进入长门市境，看到路旁一块巨大的标语牌上写着"蓝海、绿地、阳光之城"几个醒目的大字。车中一位日本朋友说，"这是长门市一九七零年发表的宣言，在日本经济高度发展的时代，要特别保护适合于人类生存的自然环境。"……他们从工业城市的发展中吸取了教训，提前准备，防患于未然。

……造纸厂南面是出光炼油厂。这家工厂提出这样一个口号："与当地共荣，与当地共进。"……厂内绿草如茵，新栽的树苗成行，花坛里盛开着鲜花，宽阔的体育场上，职工们正在练球。厂区的东部是新辟的灌木林。树苗也是新栽的，枝叶虽不繁茂，可是他们已在这里放养了一批野生动物，其中有野兔和田鼠。日本朋友说："我们要把这里建设成为使人心旷神怡的绿色的炼油厂。"这种愿望是非常美好的。几年以前，日本是以公害严重闻名世界的。但是，在这次访问中，我们亲眼看到日本在治理公害方面取得了值得赞叹的成就。这种成就，正是日本人民多年认真努力的结果。我们预祝他们不断取得新的成就。①

这篇文章文笔清新优美，在介绍日本各城市环境保护经验的同时，对日本优美的环境、和谐的生态以及日本人民不断提高的环境意识给予由衷的称赞。"文革"中那种为片面强调自身制度优越性而简单否定资本主义国家正面信息的僵化文风荡然无存。

2. 传播环境知识、树立环境意识

面对严峻的环境污染与生态破坏现状，开展治理行动是重要的，什么才是解决问题的根本策略？中央认识到，那就是必须提高全体公民的环境意识，进行环境宣传与教育，转变全体人民包括领导决策层的思想

---

① 象光：《蓝海·绿地·阳光——访日散记》，《人民日报》1979 年 7 月 1 日第 6 版。

观念和行为方式，正确地处理人与自然之间的关系。1981 年，国务院环境保护领导小组办公室在天津召开了环境教育工作座谈会，会上，提出了环境教育必须纳入国家教育计划之中，并开展环境保护宣传活动。以提高公民环境意识为目的的大范围环境宣教工作拉开了帷幕。

在介绍西方环境管理知识的基础上，我国开始重视媒体在环境科普知识上的作用。中国的媒体开始选择与人民群众生活切实相关的切入点，向读者提供有关环境科学的科普信息。如在《人民日报》上出现了《癌症与环境》①《绿色植物与人体健康》等科普短文，增加了读者环境与健康方面的常识。在电视领域，第一档环境科普类节目《动物世界》也于1981 年开始问世。

根据很多国家环境运动的经验，一部证据翔实、观点新颖且包含忧患之情的环境调查著作在社会上的畅销和流行，往往是一场大规模环境运动的开端，也是感召全国乃至全世界环保运动者投入到运动中的"集结号"。如在文章开头讲到的科普作家蕾切尔·卡逊（Rachel Carson）发表的《寂静的春天》一样，畅销书与相关的报道，唤起了美国人反省自己的自然观念，让越来越多的人踏上了卡逊指出的"一条很少有人走过，却又为我们提供了让我们保住地球的唯一机会的岔路"②，美国人也将卡逊看成"环境运动之母"，环境运动中的"斯托夫人"③，将《寂静的春天》与托马斯·潘恩的《常识》、斯托夫人的《汤姆叔叔的小屋》相提并论，称它"创造出了一股永不退落环境意识的潮流"④。

虽然中国的环境意识引入与美国不太一样，中国的环境知识与环境意识的引入主要以官方的宣传渠道为主，但不可否定，在中国环境意识开始树立的时期，除了一般的环境报道之外，一些著名的环境类深入调查的作品一样会对中国人的环境观念产生巨大的影响，记者所写作的报告文学也给中国人民心中的环境忧患意识加上了重重的砝码。如徐刚的

---

① 尚晴葵：《癌症与环境》，《人民日报》1977 年 10 月 30 日第 6 版。

② ［美］蕾切尔·卡逊：《寂静的春天》，吉林人民出版社 1997 年版，吕瑞兰、李长生译，第 244 页。

③ 斯托夫人，即哈丽叶特·比切·斯托夫人（Harriet Beecher Stowe），著名小说《汤姆叔叔的小屋》的作者，该书掀起了北美废奴运动的高潮。

④ 余凤高：《一封信，一本书，一场运动》，《书屋》2007 年第 9 期。

《伐木者，醒来》以及沙青的《北京失去平衡》等作品以全方位的视角揭示了中国环境污染触目惊心的事实与严峻的现状，文章数据确凿，分析严密透彻，在探讨人与自然问题的同时又对官僚主义与管理体制进行反思与批评，比起一般新闻作品，这些文章文笔优美，篇幅较长，感情色彩浓烈，具有更为强烈的感染力。

有学者称这种改革开放早期的环境信息传播为一场"环境启蒙运动"[1]，这些大众媒体的工作，除了增加人们的环境意识之外，更重要的是给中国人敲响了环境意识的警钟，让中国人从一种盲目的乐观中警醒过来，传播了一种保护环境，与自然和谐相处的环境意识。唯有这些信息与理念的传播，才能引起全国亿万公众行为、观念的转变，也才能进一步地促进制度、政策的变革。

第二节　中华环保世纪行——以媒体监督促治理

在改革开放初期，中国媒体对国家环境治理运动的报道是相对零散的，有时候还会带着一些计划经济的色彩。在 1992 年之后，我国的市场经济地位得到确立，中国与世界的交流更加密切，经济体制改革开始往深层次挺进，在这种背景下，中国环境治理运动所面临的问题也与改革开放初期不一样了，媒体与运动的关系也产生了变化，这一节以中国最为有名的环境保护宣传运动"中华环保世纪行"为样本，分析媒体在运动中的角色。

一　中华环保世纪行简述

（一）中华环保世纪行的基本情况

"中华环保世纪行"是从 1993 年开始，由全国人大环境与资源保护委员会牵头，中宣部与财政部、国土资源部、水利部、农业部、国家环保总局、国家广电总局、国家林业局、国家海洋局、全国总工会、共青

---

① 张玉林：《中国的环境运动》，《绿叶》2009 年第 11 期，第 24—29 页。

团中央、全国妇联、中国科协共 14 个部委联合组织的一年一度的大型环保宣传活动。参加的媒体主要有《人民日报》、新华社、中央电视台、中央人民广播电台、《经济日报》、《光明日报》、《中国环境报》等主流媒体。这一年一度的环保宣传活动，每年都围绕着一个与资源环保相关的主题，将参与记者分成若干个采访团，分赴各地进行采访。在各地人大的配合下，充分把人大监督、舆论监督和群众监督三种监督形式有机结合起来，推动许多重大问题的解决和有关政策措施的出台，是一场宣传、调研、监督相互结合的环境运动。

（二）中华环保世纪行的发起

时任国家环保总局局长的曲格平在其回忆录中写到了发起"中华环保世纪行"的一些原委：

> 还是在任国家环保局局长的时候，我就有这样的想法：通过新闻媒体，用舆论工具向破坏环境、破坏生态、浪费资源的行为宣战，让环境意识深入到各级领导和全体人民的心中，1993 年，我调任全国人大资源与环境委员会主任，着手实施这一酝酿已久的想法。这"中华环保世纪行"的想法一出台，立即得到中央领导的支持和各新闻媒体的响应。……我们的监督除了法律的、行政的，还应该有舆论监督，这也是我们整个人大监督的一个方面，听取群众的意见，来敦促政府开展工作……以后到国务院去征求意见，李鹏、朱镕基都站出来支持了，都有批示。①

1993 年，恰逢中国的环境事业开创 20 周年，也是中国将环境保护确定为国家的基本国策 10 周年，利用这个契机，全国人大环资委发起每年一次的大型环境保护宣传活动，由中央多个相关部委组成，组织著名媒体，进行一次宣传与监督并进的"运动"。

曲格平的提议，得到了众多中央领导人的支持和很多媒体的响应，

---

① 曲格平：《给我一把种子，我把整个地球染绿》，载王莉丽《绿媒体》，清华大学出版社 2005 年版，第 207 页。

很快，在全国人大环资委的倡议下，"中华环保世纪行"组委会成立，由环资委、中宣部、国土部等14部委参加，邀请《人民日报》等28家媒体参加，并在当年获得了财政部100万元的拨款，专门用于资助环保世纪行的采访活动。

仅至2003年，"中华环保世纪行"在全国展开的十年中，参加记者15 000多人，在报纸、广播、电视等各级新闻媒体上发稿数量逾110 000篇，中央电视台《新闻联播》曾连续开辟20多天的专栏对此进行报道[1]，同时也促使政府及有关部门解决了2万个环境问题，可称得上以新闻媒体担任主角的持续时间最长、范围最广、产生报道最多的一场环境运动。

（三）各单位的组织分工

1. 组委会成员组成

"中华环保世纪行"是一场由多个部门、多个媒体联合参加的，活动范围遍及全国的运动，各部门的配合与协调很重要，必须有一个由多部门领导组成的组委会进行协调。这个挂靠在全国人大环保委办公室下的组委会，主要负责把握活动方向，审批行动方案，协调各记者团的采访报道，以及对每年的"中华环保世纪行好新闻"进行评比。首次环保世纪行的组委会主任由人大环保委主任委员曲格平担任，组委会多个副主任除了环保委、环保局、中宣部、广电部、林业局的领导之外，还有《人民日报》、《光明日报》、中央电视台、《经济日报》、《科技日报》等单位的总编辑。

每年的环保世纪行都有十几个部委，几十个新闻单位参加，加上地方政府与地方媒体的联动配合，参与人数都在几万以上，除了由组委会领导协调之外，参与的每个部门在开展活动之前都有明确的分工，根据相关部门的文件，各部门分工情况摘录如下：

1. 全国人大环保委的工作主要是：组织实施，协调经费，筹集经费。

2. 中宣部的工作是：动员各级宣传部门支持此项活动，掌握宣

---

① 程少华：《论环境新闻的舆论功能》，《新闻采编》2005年第1期。

传口径，把握舆论导向。

3. 广电部的工作主要是：负责广播电视采访、安排播出时间。

4. 国家环保局、农业部、林业部、水利部的工作主要是：提供典型材料，组织现场采访。

5. 共青团中央的主要工作是：负责组织青少年参与"中华环保世纪行"活动。

6. 中华环保基金会的主要工作是：负责组织大型文艺晚会、青年环境论坛活动及其资金的筹措。

7. 参加活动的各新闻单位的工作主要是：制定各新闻单位采访报道计划，及时采访报道新闻和好坏典型，在报道版面上和时间上予以保证。[①]

2. 采访的组织与安排

"中华环保世纪行"活动到2014年已开展了21个年头，它是一种由政府多个部门联合组织的，主题明确的宣传活动，也是一场有组织（有组委会），有计划（有采访计划、路线与正反典型）、有时效（规定了采访与报道时段）的媒介监督检查。具有"自上而下"的运动式风格，其活动的组织与报道形式也具有明显的中国运动治理的特征。

在全国性的"中华环保世纪行"开展之后，全国各省、自治区、直辖市的人大以及很多个地级市的人大都纷纷开展了地区性的环保世纪行，形成了一场全国范围的多层次的环境运动。

每年环保世纪行都有一次启程仪式，在开始的两年，活动报道期仅为两个月，之后的行动大多是从每年6月前后开始启程，到年底结束。在启程的当天举行各种启程仪式，参与的记者分为若干个小组，有中央领导到场讲话，媒体多对启动仪式进行大张旗鼓的报道。在活动的过程中，除了新闻报道，还有较多环境公益广告配合宣传，在每年的活动结束之后，会在来年春季召开总结和表彰大会，并对"中华环保世纪行好

① 《中国环境年鉴》（1994），中国环境年鉴社1994年版，第11页。另注：每年活动的组织分工都会有细微的调整，但其中几个主要的组成部门的分工基本未变，因此，笔者仅摘录1993年第一次"中华环保世纪行"组委会的工作安排。

新闻"进行评奖，这些都体现了明显的"运动式"报道特征。

3. 开设群众举报热线，吸引群众进行监督

在1989年的《环境保护法》中，有"一切单位和个人都有保护环境的义务，并有权对污染和破坏环境的单位和个人进行检举和控告"的条款，从法律上赋予了公众对环境破坏进行监督的权利。2014年4月新修订的《环境保护法》中，明确写道"新闻媒体应当开展环境保护法律法规和环境保护知识的宣传，对环境违法行为进行舆论监督"。更为明确地强调了媒体在环境违法监督中的地位。从1994年开始，环保世纪行引入群众监督的机制，在环保世纪行启动的时候，各大媒体就开始在各自的版面或时段上公布"中华环保世纪行"的热线电话，组委会也设立专门机构处理群众的来信与来电，接受公众的环境投诉。事后证明，这些来自热线投诉，给媒介的采访活动提供了很多有价值的线索和素材。

二　政府环境管理与媒体监督

（一）政府管理与媒体宣传

在1986年2月的国务院环境保护委员会的会议上，当时分管环保的副总理李鹏提出了"防治污染一靠政策，二靠管理，三靠技术"的观点，指出"环境管理很重要。大量的环境问题都与我们对环境缺乏管理或管理不善有关。在目前我国财力有限、技术条件比较落后的情况下，更要通过加强管理来解决许多环境问题，而且，有许多环境问题，不一定需要花很多钱，通过加强管理就能够解决"。要推行"有中国特色的社会主义环境保护"，就必须"狠抓一个管字，要严字当头"[1]。

到了1989年12月，经过了十年试行的《中华人民共和国环境保护法》得到人大常委会的通过，中国的环保领域有了专门法的保护。但要加强管理，要让法制产生应有的约束效应，离不开各类环境管理制度以及各项环境法规的普及与教育。建立起环境保护的法律法规体系，落实各项环境管理措施，还必须让国民先了解我国环保国情、认识环境管理的工作意义，并"实现思想认识和工作方式转变"。因此，在这个时候，

---

[1]　李鹏：《论有中国特色的环境保护》，中国环境科学出版社1992年版，第7页。

有关环境保护的宣传教育工作就在全国范围内展开了，报纸、广播、电视等大众媒体由于覆盖面广、形式灵活、老少皆宜等优势，成为环境宣传教育的一个重要渠道，也是影响面最宽的一个渠道。

（二）舆论监督风潮的兴起

改革开放之后，在80年代早期和中期，中央曾希望将舆论监督作为推进国家社会主义政治体制改革发展的一个重要的工具。1987年，在党的十三大报告中曾指出："要通过各种现代化宣传工具，增进对政务和党务活动的报道，发挥舆论监督的作用，支持群众批评工作中的缺点错误，反对官僚主义，同各种不正之风作斗争。"这是"舆论监督"这个概念在中国的第一次正式出现，这次党的大会为它赋予了重要的意义。在此之后，几乎历次党代会都将舆论监督写入政治报告，"舆论监督"概念的提出，大大拓宽了原先"媒介批评"的内涵，媒介的批评监督，"升格"成为权力制约和监督体系中一个重要的组成部分[①]。在这个时期，舆论监督也进入到了一个高歌猛进的时代，取得了不少成果。在1992年之后，政治体制改革的步伐慢了下来，而经济体制改革的速度加快，1992年之后，随着邓小平南方谈话的发表以及十四大的召开，市场经济作为经济目标得到了确立。舆论监督也走到了与党政管理相结合的路径上来。

在政治体制改革脚步放慢的同时，经济体制改革方面取得了巨大的成就，中国的各种产业特别是制造业得到了长足的发展，为我国经济的高速发展提供了强有力的保障，中国作为"世界工厂"的地位也越来越明显。各种制造业给中国带来了巨大财富，同时各种污染和资源的大量消耗问题也随之而来。另外，中国的工业生产，企业不管是出口产品标准还是环境管理的做法，都逐渐地与国际接轨，我国的环境状况越来越受到来自国际市场和国际环保舆论的压力。作为制造业大国，随着国际上对商品环保的要求的提高，中国的工业产品受到限制的压力随之增大，更为明显的是，除了单个商品的环保标准之外，工业生产中总体消耗的能源与排放的污染总量也受到国际社会的关注。在国内外压力面前，如何让散布于整个国家范围内如此众多的企业重视环保，成为摆在中央经

---

① 肖燕雄：《微观新闻制度论》，中国传媒大学出版社2008年版，第85页。

济工作中的一项重要问题。在监管体系中，行政力量的监管固然重要，但在市场经济的环境下，买方与信誉等市场因素对于企业来说会更有"杀伤力"，发达国家的买家一般来说对产业链的环保要求较高，在国内，企业的污染行为遭到曝光之后，也有可能影响其市场业绩，有时会出现企业"不怕监督部门，不怕政府部门，就怕曝光"① 的现象。因此，环境治理运动中加入媒体的监督力量，会给整个治理工作起到更好的作用。

（三）推进中央政策的地方落实

中央制定的政策要得到有效的贯彻，建立在基层政府的落实上，中央出台的环境治理政策，通常是从经济可持续发展以及社会整体利益等全局性的层面出发，而地方政府为了自己地方的发展，考虑的大多是GDP、地方财政收入等地方利益，与此同时，在中国的经济改革之中，中央将政府自主权逐渐下放，这就出现了相应的负面效果，那就是常常会出现"上有政策、下有对策"的局面。而且，有关研究机构在 2006 年对"中国的环境执政能力"所做的研究指出：计划、实施政策和协调相关机构的行政权限和能力不够充分，是摆在中国环境治理工作面前的第一个挑战，很多政策的执行力不足而且由上至下不断递减，并且与其他部委、地方的纠纷中又不断损失②。

执行能力弱，并不是说地方的环保行政机构没有监管和执行的机制与力量，但根据我国的财政分权的经济体制，我国地方官员的生活条件和工资水平还是与地方的财政收入直接相关的。因此，我国环保在地方上的监管力度低下，一直是制约我国环保各项治理政策的一个重要的症结。因此，每隔一段时间，中央就需要通过发起各部门"联合行动"的形式，通过减少执行的层级、引入如媒体等行政之外的力量，以促进政策执行的贯彻力度，提高中央政府的权威，处理在改革过程中积累的一些问题。

2002 年环保总局副局长王玉庆在谈及环保世纪行以及环境"警示教

---

① 艾丰：《万里行与经济报道——答〈中国记者〉记者问》，《中国记者》1992 年第 7 期，第 8 页。

② 环境执政能力课题组：《中国环境执政能力研究》，中国网，2006 年 11 月 12 日，http：www. china. com. cn/tech/zhuanti/wyh/2008 – 01/11/content_ 9518780. htm。

育"的问题时，所做的一个叙述就非常好地佐证了以上的一些问题：

> （对于舆论监督），朱总理（朱镕基，笔者注）有明确的指示，正因如此，我们就能联合中宣部和广电总局一块来做……有几位（地方）同志在小组讨论中提到，很多警示教育的片子领导不让在本地电视台放，环境保护局有很大压力，这件事还需要我们来做工作。首先要有所选择，这有个策略问题，国家可以曝省里的光，省里面可以曝市里的光，而且要选择那些应该解决而没有解决、经过努力能够解决的问题。通过曝光能够引起省里领导、市里领导的重视，从而推动问题的解决。这样你不但没有得罪领导，反而还立了功，给领导办了好事了。我希望各级环保局长都要正确处理好这个问题……①

　　改革开放之后，地方上的自主性增强，中央政府督促下级政府贯彻政策，或者上级政府保证其行政意志在下级政府中能够实施的时候，引入媒体的力量，往往比起科层制的、由上至下的行政命令推行更为有效。

　　在历届分管治理环境污染的副总理中，李鹏对媒体在环境管理中的作用强调得最多，他多次在公共场合指出："每年我们把改善环境方面为群众办的几件实事公布于众，让群众看着我们，对我们的领导来说也是一种督促"②，"有不少造成环境污染单位的领导，既不怕环境保护部门和领导的批评，也不怕违反国家的法律规定，就怕群众起来反对他，怕舆论"③。他曾建议《中国环境报》和其他新闻单位，把在环境综合治理中比较有效的做法和取得的成果在报纸上加以宣传。媒体表扬先进，鞭策后进的作用在治理中也很重要。"《中国环境报》作为国务院环境保护委员会的机关报，要和《人民日报》、《经济日报》等在这些方面用舆论的

---

① 王玉庆：《与时俱进，扎实推进环境宣传教育工作（2002）》，中国环保总局宣教教育司：《环境宣传教育文献汇编（2001—2005）》，环境科学出版社2006年版，第35页。

② 李鹏：《在国务院环境保护委员会第二次会议上的讲话》（1984年11月19日），《新时期环境保护重要文献选编》，中央文献出版社、中国环境科学出版社2001年版，第58页。

③ 李鹏：《环境管理是政府的一项重要职能——李鹏在国务院环境保护委员会第二次会议上的讲话》，《新时期环境保护重要文献选编》，中央文献出版社、中国环境科学出版社联合出版2001年版，第58页。

力量加以监督、宣传，对做得好的进行表扬，对做得差的要进行批评，让群众给以监督。"① 环保部原副部长潘岳认为媒体的舆论监督对环保运动有很大的推动作用："推动环保事业，媒体的舆论监督功不可没，曲格平同志讲过，中国的环境保护是靠宣传起家的。媒体的新闻报道和批评监督，是推动中国环境事业发展的重要动力。毫不夸张地说，新闻媒体是中国环保运动的真正推手。"②

三　围绕政府工作设置议题

"中华环保世纪行"发起 20 余年来，每年均围绕一个或几个与资源生态保护相关的主题，组织若干记者团体分赴需要重点报道的领域进行采访，这些主题，大多围绕当年国家环境与资源工作的重点政策设置，有的就直接为相关国家的政策或法规出台或推广服务。

正如前面所论述的，在改革开放和经济建设的过程中，中央逐渐放开对地方政府的自主权，以提高地方经济建设的灵活性和创造性，但是随着地方权力的增大，就容易产生"上有政策，下有对策"的局面，这个局面在环境保护领域尤为明显。为解决这种权力对抗的僵局，中央每年通过有主题地宣传、监督、执法，有重点地改变环保政策执行难的状况。其实，中央每年对环保世纪行主题的制定过程，就是一个较为典型的"议程设置"过程：中央政府有意识地确定每年环境资源领域的管理、调查或整顿的重点领域，然后制定环保世纪行的主题，在开展行动的时候，媒体对上配合着中央各部门进行对相应的环境执法工作进行高密度报道，对下进行着环境宣传，通过媒体对某个议题的强调，提升大众对这个问题重要性、显著性的认识，并动员群众参与到与某类污染行为作斗争的活动中来。

---

① 李鹏：《环境保护必须适合中国国情——在国务院环境保护委员会第一次会议上的讲话》，《新时期环境保护重要文献选编》，中央文献出版社、中国环境科学出版社联合出版 2001 年版，第 49—51 页。

② 中国环保总局宣教教育司：《"十一五"时期环境宣传教育文件汇编（2006—2010）》，环境科学出版社 2011 年版，第 30 页。

表 3 - 1   中华环保世纪行的历年议题

年份	主题
1993 年	向环境污染宣战
1994 年	维护生态平衡
1995 年	珍惜自然资源
1996 年	保护生命之水
1997 年	保护资源永续利用
1998 年	建设万里文明海疆
1999 年	爱我黄河
2000 年	西部开发生态行
2001 年	保护长江生命河
2002 年	节约资源，保护环境
2003 年	推进林业建设，再造秀美山川
2004 年	珍惜每一寸土地
2005 年	让人民群众喝上干净的水
2006 年	推进节约型社会建设
2007 年	推动节能减排，促进人与自然和谐
2008 年	节约资源、保护环境
2009 年	让人民呼吸清新的空气
2010 年	推动节能减排，发展绿色经济
2011 年	保护环境，促进发展
2012 年	科技支撑、依法治理、节约资源、高效利用
2013 年	治理大气污染，改善空气质量；保护饮用水源地，保障饮用水安全；大力推进可再生能源产业健康发展
2014 年	节能减排，绿色发展；综合治理，防控雾霾
2015 年	治理水污染，保护水环境

　　"中华环保世纪行"在治理效果方面最为显著的一个特点就是通过媒体的曝光与监督，在中央与地方统一行动下解决了很多以前地方上因各方利益纠结而出现的"老大难"问题。

　　如 1993 年，第一次"中华环保世纪行"的主题是"向环境污染宣战"，在这次活动中，组委会将久拖未决、中央相当头疼的"能源黑三角"作为批评报道的一个重点对象。"能源黑三角"处于晋、陕、蒙三省区的交界处，这里是中国最重要的产煤区，储量达两千亿吨以上，占全国储量的三分之一，且煤质优良，便于开采。自从国家将这里定为能源开发区以来，各地的开发大军蜂拥到此，国营、集体、私营等采煤企业一拥而上，管理混乱，乱采乱挖现象非常普遍，生态恶化，而当地政府的管理却很难到位。在"中华环保世纪行"活动中，这个现象被《人民日报》、中央电视台、《经济日报》等媒体披露之后，立即引起了各级政府的重视，所属三省专门对此事进行了研究，并向国务院进行了汇报，国务院的常务会议也专门就此事进行了讨论，并召集监管部门赴该地进行监督检查，最终使得这个久拖不决的煤炭开发乱象得到了较为妥善的解决。"中华环保世纪行"这场在中国大地上开展了近20年的执法与宣传的运动，与中国多项环保领域内短期的、区域性的，亦是政府主导的环境治理运动相伴而行，如治理淮河、治理三湖三河、"关停十五小企业"等。① 这些环保的专项行动，不但与环保世纪行叠加，而且密切呼应与配合。

四 配合相关法律宣传

在1989年第三次全国环境保护大会之后，中国加大了环境保护的法制建设，各种环境法律法规出台速度加快，政府方面制定的环境政策也有很大的变化，到了1992年年底，中国形成了一个比较完善的法律体系，这其中就包括宪法、环境保护基本法、12部环境保护单行法、23个国务院发布或批准的环境保护行政法规和法律性文件、26项国家环保行政部门发布的部门规章制度、千余件地方环境保护法规和地方政府规章、263项国家级环境标准（主要为污染物排放标准和方法标准）、中国承认和参加的29项环境保护国际公约等②，逐渐形成一套系统的法律、法规、政

---

① "关停十五小企业"是指1996年《国务院关于加强环境保护若干问题的决定》中明令取缔关停的十五种重污染小企业，主要包括小造纸、小制革、小染料、小电镀、土炼焦、土炼油、土炼砷等破坏资源、污染环境、产品质量低劣、技术装备落后、不符合安全生产条件企业。

② 段昌群、杨雪清、张文逸：《生态环境问题对新中国政治生活之影响——从政治生态学的角度分析》，《思想战线》2000年第26卷第4期，第44—47页。

策、标准环保管理体系和管理制度。法律要发生作用，必须以普法、守法为前提。在 2014 年新修订的《环境保护法》第九条中也明确规定："新闻媒体应当开展环境保护法律法规和环境保护知识的宣传，对环境违法行为进行舆论监督。"可以看出，在这些自上而下的环境运动中，媒体的工作重点也在发生着转变，从原来单纯地传播环境知识、强调环保重要性，指出环境问题，到普及各种相关的环境法律原则与常识，动员公众配合好运动中的执法监督，保证运动最终的治理效果。

1993 年有关"中华环保世纪行"的通知第一句就指出："为了大张旗鼓地宣传环境保护法律、法规，表扬严格遵守环境法律的典型事例，批评造成严重污染的违法行为，在全社会形成守法光荣、违法必究的强大舆论力量，全国人大环境保护委员会、中共中央宣传部、广播电影电视部、国家环境保护局拟于 10 月至 11 月在全国范围内举办一次环境保护宣传活动。"[1] 开门见山地将宣传法律作为该次行动的主要目的之一。

基本上来说，每一次的环保世纪行，都以一个或几个环保法律法规作为宣传重点，如 1993 年环保世纪行"向污染宣战"主要配合宣传的法律有《环境保护法》、《水污染防治法》、《大气污染防治法》、《海洋环境保护法》、《野生动物保护法》等[2]；1994 年环保世纪行"维护生态平衡"主要配合宣传《环境保护法》《水法》《水土保持法》《野生动物保护法》《海洋环境保护法》[3] 等。虽然历年宣传的法律存在交叉，但也各有重点。

除了对新公布的法律进行普及宣传之外，有时候还会对一些施行中的法律进行调研。如 1998 年主题为"建设万里文明海疆"的环保世纪行，它组织媒体考察采访了我国处于海岸线上的 12 个省、市、自治区，既调查了我国海洋的环境保护现状、《海洋环境保护法》的执行情况，也为 1999 年人大常委会对该法的修改做了一些调研工作。

正如当时的国务委员、国务院环保委主任宋健所说的那样："环境法制建设是环境保护工作的基础和保障，在立法方面我们已经逐步建立起了一个较为完整的环保法律体系，……我们现在正面临着一个重大转折，

---

① 《全国人大环境保护委员会、中共中央宣传部、广播电影电视部、国家环保局关于举办环境保护宣传活动的通知》，人环委字（02 号），1993 年 8 月 17 日。

② 《中国环境年鉴（1994）》，中国环境年鉴社 1995 年版，第 12 页。

③ 《中国环境年鉴（1995）》，中国环境年鉴社 1996 年版，第 21 页。

就是从呼号、教育和说服转变到依靠法制。'九五'期间，我们要采取更为严厉的措施全面地推进环境保护法制建设。法制是共和国的基础。只有法律才能驱除旧的习俗，才能塑造一个新的社会规范。没有法律的规范，就不能形成新的、文明的、科学的社会风尚。"[①] 批评监督不是目的，市场经济是法制经济，在环境治理运动中，宣传法制是大众媒体的一项重要工作，只有公民的法制意识得到提高，环境保护才能长效化。

五 为决策高层提供信息

党和国家领导人在进行国家管理和决策的时候，必须以真实且全面的信息作为依据，在这些信息供给渠道中，国家行政体系内部的信息传送方式是最为日常也是最为主要的方式，科层式、纵向传递是它的主要特征，它的优点是信息指向性强，传播效率较高，但缺点就是难免因各级官员有意过滤对自己不利的信息而使信息出现减量且歪曲，这种情况在国家对地方问题进行声势浩大的治理行动时会表现得更为突出，而相对独立于中国行政系统之外的新闻媒体就成了可以为中央的决策高层提供有关信息的重要管道。

（一）公开报道

在 20 世纪 90 年代以后，《焦点访谈》等主流媒体所进行的专项调查行动，成为中央政治精英了解地方情况并对地方官员进行监督的一个重要渠道。随着市场经济体制下中央对地方直接管理力量的减弱，中央对地方政府管理的主要考核指标集中在经济发展速度和社会稳定两方面，因此，地方在对中央的汇报中往往会夸大这两方面的成绩，而对地方上的缺点和问题避而不谈，这种形式的行政信息流动失衡会对中央的决策带来很大影响，因此，中央需要新闻媒体这个行政系统之外的监督渠道，从不同侧面反映地方信息，以便调整政策，弥补决策失误所产生的危害。

---

① 宋健：《跨世纪行动——1995 年 1 月 7 日在全国环境保护工作会议上的讲话》，载宋健《向环境污染宣战》，中国环境科学出版社 2010 年版，第 167—169 页。

朱镕基在任总理时曾经提到："中国这么大，各地干部都在干什么，想什么，怎么干，我们在上边的眼力不够，无法有力监督。"① 他在任时，对《焦点访谈》展开的批评报道相当重视，可以看得出，这个中央媒体就是他了解基层情况的一条重要渠道。

在"中华环保世纪行"中，中央的媒体，特别是《焦点访谈》表现确是如此。在"中华环保世纪行"开展的前面几年，媒体上的信息，得到了如朱镕基、宋健等中央领导人的高度重视，1993 年，时任国务院副总理、政治局常委的朱镕基就曾经在治理污染的会议上指出："最近，中央电视台播放的'中华环保世纪行'，拍得很好，可以给全国人民一个很好的教育。从电视片里，大家都看到了铜川市工业污染的情况，我去过铜川市，确实是电视片中的那个样子。同志们想想看，生活在那样的环境里，怎么能够很好的工作、学习和生活？"② 环保世纪行的媒体报道，既能为我国决策高层提供基层贯彻中央政策的信息，也是了解收集舆情民意的渠道，这种报道方式，建立起监督地方政府执行中央政策并获取政策调整反馈的一个重要机制。

（二）内参

内参制度是中国共产党新闻事业中的特有产物，也是中国的领导干部获取基层信息的一项重要渠道，内参主要指"新闻传播机构向上级领导机关或有关部门反映采编过程中了解到的新情况、新动向、新经验、新问题的一种文体，又称为'情况反映'，内部发表，印量很少。它为党政或社会团体、经济部门的决策提供依据，为指导工作提供经验和典型，为发现和解决问题、检验和完善政策提供各种动态"③。内参的内容涉及的范围相当广泛，且每个时期的标准都不一样，当涉及负面、敏感，争议问题等"可能引起社会恐慌或不利社会稳定"的新闻时，记者可以通

---

① 王丹：《焦点访谈——社会变革后中国新闻传播的适应性转变》，载喻国明《新世纪中国大学生（文学学士）毕业论文精选精评》和《新闻学卷》，西苑出版社 2002 年版，第 1 页。

② 朱镕基：《在第二次全国工业污染防治工作会议闭幕式上的讲话》（1993 年 10 月 25 日），载《新时期环境保护重要文献选编》，中央文献出版社、中国环境科学出版社联合出版 2001 年版，第 215—216 页。

③ 甘惜分：《新闻学大辞典》，河南人民出版社 1993 年版，第 73 页。

过内参形式进行通报。内参虽然不如公开报道那样能够产生强大的舆论效应，但它却具有着一个优势，那就是可以通过很快的速度，将记者判断不便公开的信息直接传递到有关领导人的手中，而且还可以获得领导的重视及批示，加速事情的解决。在改革开放之后相当长的一段时期内，有关我国的环境污染的信息很大程度上还属于较为"敏感"的信息，因此，很多的污染问题依赖于内参的解决。

早在1988年，党的老干部、中共中央顾问委员会主任、常委陈云在看到新华社记者刊登在新华社内参上的文章《"卫星看不见的城市"——本溪市环境污染情况调查》（1988年8月27日）和《人民日报》记者采写的《四川排放污染物总量约占全国十分之一》（1988年8月22日），当即将这两份材料转给李鹏和姚依林（时任国务院副总理、政治局常委）等当时国家的领导人，并在上面写道："治理污染、保护环境，是我国的一项大的国策，要当作一件非常重要的事情来抓。这件事，一是要经常宣传，大声疾呼，引起人们的重视；二是要花点钱，增加投资比例；三是要反复督促检查，并层层落实责任。"[1] 在中央领导的重视之下，两地的污染得到了控制，该次事件，也成为中国环境史上一个重要的案例。

在"中华环保世纪行"中，虽说舆论监督是该运动的显著特征，但是，媒体在对各次执法行动中"反面典型"曝光的尺度和角度也是一个需要斟酌的问题，虽然这些"反面典型"都是组委会及媒体慎重选择的，但组委会仍认为：我国的环境污染问题，从一定程度上来说，多是因为其在执行中央政策和法规上的"主观重视不够"，而非客观条件限制，因此，在公开进行批评报道的时候还是相当的慎重，在当时的文件中指出"对那些污染破坏严重，但一时受资金和技术制约，难以解决的问题，做内参处理，不予公开报道"。[2]

在环保世纪行中，记者们采写了各种级别的内参、简报。内容主要涉及上级决策、省际关系、国际关系、海域归属等问题，如1998年以"建设万里文明海疆"为主题的采访活动中，在丹东采访时，记者团了解

---

[1] 中共中央文献研究室：《陈云画传》，浙江人民美术出版社2011年版，第342页。

[2] 《中国环境年鉴（1994）》，中国环境年鉴社1995年版，第12页。

到，我国与朝鲜分界的鸭绿江边，由于对方不断修堤固坝，导致江水不断冲击我方堤岸，造成了国土流失，新华社记者李斌就通过内参《我国应加快实施鸭绿江国土整治工程》上报了有关部门。另外，在这次世纪行中，对于涉及冀鲁两省的南运河污水改道问题、苏鲁两省因"前三岛"归属引起的争端、防城港因红树林破坏引起我国和越南国土争端问题，有关媒体也都通过内参及时进行了反映。①

　　媒体记者采写的公开报道和内参，为各级政府提供了大量的一手资料，使一些地方上多年未能得到解决的环保"老大难问题"得到了根治。从这个意义上来说，中国环保世纪行的采访活动，不但反映了民众的呼声，也为党和政府提供了重要的决策依据。

六　正反典型，促进整改

（一）"正反配合"的报道方针

　　在 1993 年"中华环保世纪行"组委会下发的通知中我们可以看到，环保世纪行的目的在于"充分运用法律武器和舆论工具，宣传环境保护法律、法规，表扬那些严格遵守环保法律的典型事例，批评那些造成严重污染、破坏生态环境的违法行为，力争在全社会形成守法光荣、违法必究的强大舆论力量"。②

　　在参看历年环保世纪行活动的指导思想时，组织新闻报道都有一个原则，那就是采取正反典型对比的手法，本着"表扬好人好事是主要的，批评坏人坏事是必要的"原则，发挥新闻单位的能动作用，鼓励先进，鞭笞落后。

　　在对正反典型的选择方面，也是有相当严格的选择标准的，在当时的文件中有这样一段论述：（80 年代以来，环保工作取得了不小的成绩）"各新闻单位要多从正面报道，要注重发现和宣传认真执行环保法律法

---

　　① 中华环保世纪行执委会：《98 中华环保世纪行"建设万里文明海疆"宣传工作总结》，人民网，2004 年 5 月 9 日，http://www.people.com.cn/GB/14576/33320/33331/33335/2485736.html。

　　② 《全国人大环境保护委员会、中共中央宣传部、广播电影电视部、国家环保局关于举办环境保护宣传活动的通知》（人环委字［1993］02 号），1993 年 8 月 17 日。

规，促进经济持续发展的正面典型，引导人们正确处理环境与发展的关系"，而对于反面典型的选择，就要比较慎重得多，"（要看到当前环境恶化的严峻局面），要慎重选择典型，要深入调查和研究，取得一手材料，实事求是，准确掌握政策，通过典型剖析起到振聋发聩的作用，推动和正确引导广大人民对环保事业的关注和参与。"①

曲格平将这种"环保世纪行"的报道方式总结为"典型引路，正反结合"，他认为，这种正反典型相互配合的方式，既能够充分肯定成绩，"以先进的事迹教育人，以成功的事例鼓舞人"，② 发挥舆论的引导与示范作用，又敢于指出问题，解释矛盾，对违法现象起到震慑作用。还有一个作用就是将长期得不到解决的复杂问题推向国家议题，为它们问诊把脉、找出症结，寻找解决之道。

（二）表扬为主、批评为辅

1. 表扬与批评的比例

在这种治理运动中，媒体的"监督"、"批评"并不是其基本目的，"批评后进"是与"表扬先进"、"树立典型"相结合的。在第一次"中华环保世纪行"的总结中写道：

> 坚持以正面宣传为主，重视发挥批评报道的作用，在这次的活动中，各单位报道了防止污染取得的成绩的典型报道，如天津的"四条龙"，深圳的"四美"工厂等，同时，也选择了一批违反环保法的典型事例进行批评报道，如河南省小造纸厂污染问题、国外废物越境转移问题、长期久拖不决的老大难污染问题，以及掠夺性盲目开采破坏生态和资源的问题等。通过这些报道，引起了领导的重视，促进了问题的解决。③

---

① 《中共中央宣传部、国务院环委会关于认真做好环境保护宣传工作的通知》（国环〔1993〕第 013 号），1993 年 6 月 25 日。

② 曲格平：《依法保护环境与资源》，载曲格平《我们需要一场变革》，吉林人民出版社1997 年版，第 299 页。

③ 《中国环境年鉴（1994）》，中国环境年鉴社 1995 年版，第 201 页。

虽然在"中华环保世纪行"中，大量的批评报道让广大受众心头大快，也对各种污染行为产生了明显的震慑力。在中国以往自上而下的运动中，如此大数量的批评报道是不多见的，这些批评报道在受众心目中也留下了深刻的印象。但是，批评报道在运动报道中依然是"叫好而不叫座"。根据笔者对《人民日报》上 1993 年至 2003 年十年时间"中华环保世纪行"有关典型报道的文章进行统计，发现涉及典型报道的案例共有 85 篇，其中负面典型报道的文章 32 篇，正负典型共同存在于一篇报道中进行对比的报道有 3 篇，正面典型报道占 50 篇。正面报道的比例占 58.82%，仍然占据报道的大多数。（详见表 3 - 2）

表 3 - 2　　　　1993—2003 年《人民日报》上"中华环保世纪行"
的正负典型报道数量

	1993	1994	1995	1996	1997	1998	1999	2000	2001	2002	2003
正面报道	3	4	5	4	0	7	1	7	1	4	10
负面报道	1	2	0	1	2	4	8	7	4	3	4
正负对比	0	0	0	0	0	2	0	0	0	1	0

2. "治病救人"的报道方式

"中华环保世纪行"的宣传工作以"抓准典型、剖析原因、深层挖掘、褒优贬劣、注重实效"，"推出一批正面典型……宣传中央工作目标的意义"作为中心，另外，还要"选择对达标工作认识不高、动作迟缓、措施不力的政府或企业中的反面典型，开展较大声势的新闻报道，予以鞭策监督"①。我们可以看出，在曝光落后单位的时候，其实监督和批评并不是最终目的，这种行政批评的方式，发扬的仍然是"惩前毖后，治病救人"的精神，在惩戒落后单位的时候，重要的还是"通过新闻媒体公开报道一些环境执法典型案例，以实际案例教育群众，普及环境法律

————————

① 《关于印发〈世纪承诺——控双达标新闻宣传方案〉的通知》（环发 ［2000］ 138 号）（2000 年 6 月 28 日），载国家环保总局办公厅：《中国环境文件选编（2000）》，中国环境科学出版社 2001 年版，第 265 页。

知识，提高法制观念和知法、守法的自觉性"①，其中，教育的作用还是很明显的。

有时候，中国的批评报道，或者说舆论监督，批评不是目的，而让其重视错误，积极整改，达到国家治理的效果才是根本目的。因此，有些负面典型，经过整改之后，很快又成为媒体之上"勇于承认错误并改正错误"的正面典型。

在《1994 年"中华环保世纪行"活动的指导思想》中就有一条：

> 对于上年揭露的问题加以跟踪，促使问题的解决，对那些认识和行动上解决问题的，给予表扬；对一些正在解决问题的单位，给予鼓励，对那些无动于衷的、有能力解决但拒不解决问题的单位，则予以批评和监督。②

在 1994 年的采访中，福州市内河严重污染、陕西潼关金矿无序开采造成的污染等成为当年两个重要的反面典型，在《人民日报》上，刊发了题为《福州市内河污染严重人民　盼望抓紧治理》③、《别再干贻害子孙的蠢事——潼关采金区域环境污染调查》④ 等批评文章，其他媒体也同时跟进，在全国媒体中大面积曝光，很快引起了中央和地方的注意，处于风波中心的福州市和潼关市，自然也认识到了问题的严重性，很快制定了相关的治理措施。在经过一两年的整治之后，这两个城市以及相关的部门，很快摘掉了"反面典型"的帽子，重新以"正面典型"的身份出现在了主流媒体的版面上，1995 年 4 月，也就是上次批评报道的半年之后，《人民日报》刊发文章《一则建设性批评报道引起领导高度重

---

① 国家环境保护局、中共中央宣传部、国家教育委员会：《全国环境宣传教育行动纲要（1996—2010），载中国环保总局宣教教育司：《环境宣传教育文献汇编（2001—2005）》，环境科学出版社 2006 年版，第 292 页。

② 《中国环境年鉴（1995）》，中国环境年鉴社 1996 年版，第 23 页。

③ 何黄彪：《福州市内河污染严重　人民盼望抓紧治理》，《人民日报》1994 年 11 月 14 日第 3 版。

④ 徐国柱：《别再干贻害子孙的蠢事——潼关采金区域环境污染调查》，《人民日报》1994 年 7 月 16 日第 3 版。

视　福州大力整治城区内河污染》①，报道了福州市有关部门在时任福州市委书记习近平的领导下，重视问题，积极整改的决心。一年之后，潼关市也得到了一篇刊于《人民日报》的正面报道《再看潼关小秦岭》，报道在编者按中指出"这里已是山静水清"②。

可见，媒体在很多时候，不是反面典型的"耻辱柱"，而是他们"改过自新"的见证者，充分说明了这种舆论监督方式中"惩前毖后，治病救人"的传统。我们也不难看到，在这种运动中所谓的"舆论监督"其实与单纯的"批评报道"是不同的，在运动中"鞭策"后进、怠惰对象的同时，更重要的还是要"推出一批正面典型"，以促进运动目标的实现。

因此，我们可以看出，其实，在这种以舆论监督为主要形式的环境运动中，媒体担负的角色是正面引导也好，还是负面监督也罢，其实起的作用是一致的，如一位研究者所总结的："引导，是为了集中力量，团结一致，共渡难关；监督，是为了保证党的方针政策的贯彻执行，消除现实生活中的腐败现象。无论是引导还是监督，都是为了一个目标：安定团结，共同发展"③

第三节　环评风暴——媒体围观中的　　环保部门扩权

和"中华环保世纪行"不同的是，开始于2005年的一系列"环评风暴"，政府不再像以前那样集合多个部委进行联合执法或检查，而是邀请有限的主流媒体"配合"进行一场有明确议程设置的大型宣传活动。在"科学发展观"提出之后，国家通过环保总局执行对未通过环评审批的高耗能、重复建设企业进行"叫停"的风暴，通过部门的博

①　吴诚、李良：《一则建设性批评报道引起领导高度重视　福州大力整治城区内河污染》，《人民日报》1995年4月1日第5版。

②　白剑峰：《再看潼关小秦岭》，《人民日报》1996年11月27日第5版。

③　侯海涛：《转型期中国电视新闻媒介生态剖析》，博士学位论文，中国传媒大学，2008年。

弈，吸引众多大众媒体进行报道，有意识地将环保行政部门推上了由媒体搭建的舞台，充当了主角，以媒体的正面曝光率和对其环保执法权威的塑造，慢慢地扩大环保部门的权力，为国家经济发展的转型铺平道路。

"环评风暴"不只是环保行政部门利用媒体资源对自身进行宣传，因为"环保风暴"的媒体围观远远超过了发布信息、提高本系统美誉度与知名度的功能，它更是中央在转变经济增长方式的政策考虑中，不直接出面，而借用媒体与舆论的力量在政府各部门的博弈中有意识地扩大环保权力、提高其执法权威以及推进相关环保系统制度建设的一种策略。此做法不仅借机塑造国家共识，还较为"柔性"地调整了央地关系，制约高污染的企业、强势部门的非理性扩张，还能很好地引入环保组织与公众的参与，使得中央的宏观调控政策得以落实，并提高社会参与环境保护的积极性，达到促进社会和谐与可持续发展的目的。

一　环评风暴简述

（一）环评风暴的由来

从 2005 年 1 月开始，当时还是国务院直属机构的国家环保总局为了维护《环境影响评价法》的严肃性，叫停了 30 家未经过环评审批就违法开工的大型企业，其中包括著名的由中国长江三峡工程开发总公司承建的金沙江溪洛渡水电站、三峡地下电站、三峡工程电源电站，这也是当时的环保总局在《环境影响评价法》出台之后，第一次在媒体的聚焦之下高调地对外公布违反环评程序的企业，特别是电力等大型企业，这些企业投资巨大，动辄几亿甚至上百亿人民币。环保局的高调举动，也得到了媒体、公众直至国务院的积极响应，参与报道的媒体中，不但有《南方周末》《21 世纪经济报道》《第一财经日报》《新京报》《北京青年报》等专业类或地方性报纸，还有新华社、中央电视台、《人民日报》《光明日报》《工人日报》《中国青年报》等中央级媒体，最后新浪、搜狐等网络媒体也不甘落后，加入到了报道行列之中。在众多媒体的集中报道之下，掀起了强大的舆论风暴，使得电力部门等违规业主不得不停下工程，重新补办相关手续。自 2005 年之后，环保部门连续数年对国内未通过环评而开工的重大的工程企业进行处罚。2006 年，环评审查工作以整治水源地污染为主，推动规划环评政策①，涉及投资额 290 亿元的 10 个违法建设项目被查处，11 家江河岸边的排污企业被挂牌督办，该次查处的企业主要是化工企业。第三次环评风暴在 2007 年年初，为了遏制高耗能、高污染产业的迅速扩张，环保总局第一次启动了行政处罚手段——区域限批政策②，对严重违规的行政区域、行业和大型企业进行处罚，波及 22 个省市的 82 个项目，主要整治钢铁、电力、冶金三大行业。③ 第四次环评风暴开始于 2007 年 7 月，国家环保总局对长江、黄河、淮河、海河四大流域内 6 个城市 5 个工业园区实行"流域限批"并对流域内 32 家重污染企业进行挂牌督办。这四次环评风暴都得到媒体的广泛关注，在媒体的聚焦之下，环保总局的措施一年比一年严厉，叫停对象也从单个建设项目扩展到对整个区域、流域以及行业建设的众多项目。这是继审计部发起的"审计风暴"之后国内由某个行政部门发起的，影响范围大、作风严厉，且广受媒体和民众关注的国家整治行动，被舆论界称之为"环评风暴"。

（二）环保部门的权力增大的过程与背景

一个部门从不受重视到受到重视，影响力和权威性的增长，并不是一夜之间就能完成的事情，需要一个不断提升、成长的过程，中国环保系统就是一个典型的例子。

1. 环保部门逐渐升格的历程

在讨论"政府主导的环境运动"时，我们也必须看到，政府内部的各个部门并不是高度一致、铁板一块，正如公共管理学者所说的，国家"是一个庞大的、多样的、复杂的组织……国家内部的这些单位本身就是

---

① 规划环评指将环境因素置于重大宏观经济决策链的前端，通过对环境资源承载能力的分析，对各类重大开发、生产力布局、资源配置等提出更为合理的战略安排，从而达到在开发建设活动源头预防环境问题的目的。即在政策法规制定之后，项目实施之前，对有关规划的资源环境的可承载能力进行科学评价。

② 所谓的区域限批，是指如果一家企业或一个地区出现违反环评法的事件，环保部门有权暂停审批其境内或所属的除循环经济类项目外的所有项目，直到它们的违规项目彻底整改为止。

③ 扎西：《环保总局再掀环评风暴，首次动用"区域限批"》，人民网，2007 年 1 月 11 日，http：//envl.people.com.cn/GB/8220/77106/77107/5276153.html。

分离的、自治的组织。这些组织受到更高层单位的有效领导和监督，并且相互之间展开竞争，或者互相之间结成联盟是为避免和抵制更高单位对它们实施的领导和监督活动"①。所以，我们在看待一场由上至下，政府为主导的运动时，既要认识到国家的一致性，即国家意向的内容，也要看到国家中不同部门之间、利益团体之间及其与社会之间的联盟和冲突关系。

相对于其他国家来说，我国的环保机构建立时间不算晚，也曾得到过历届领导人的关心与重视，但是，从"文革"中的环境群众大运动，到改革开放之初的"绿色大跃进"以及90年代初开始的席卷全国的"中华环保世纪行"，虽说每次都轰轰烈烈、"家喻户晓"，但是，在国家政府部门中，环保部行政部门的权威性还比较低，一直给人以"冷衙门"的感觉。在西方人眼中，中国环境管理的低效率与环保机构缺乏权威以及权力分散有着直接的关系，如美国政治学者李侃如在评论中国的环境问题的时候说道："国家环保局最初的级别即低于管理生产的中央各部，后来，它被提升为部级，但这依然不够，因为它不能对属于同一级别的部或省发布有约束力的命令。尽管环保总局可以提出议题并草拟法规，但它缺乏强迫遵守的权力。此外，许多其他的部实际上控制着环保机构的某些部分，导致了政策重点上的冲突，以及纪律和协调上的缺乏。如水利部、农业部和各城市建设局，都控制着环保机构的某些部分。"② 而在2005年之后，环保部门一改以往甘当"配角"的面貌，强势推出诸如"环评风暴"之类的环境运动和政策倡议，连续挑战素来在政府中处于强势地位的水利、铁路、电力等部门。中国的政治专家认为这是环保在国家的综合治理能力强化之后的一种扩权的结果，这种结果是"视为政策理念、权力政治与官僚部门利益三者互动之下的产物"③。

仔细地梳理一下中国环保部门发展的轨迹，我们可以清楚地了解中

---

① ［美］贾恩·弗朗哥·波齐：《国家：本质、发展与前景》，陈尧译，上海人民出版社2007年版，第186页。

② ［美］李侃如：《治理中国——从革命到改革》，胡国成、赵梅译，中国社会科学出版社2010年版，第294页。

③ 潘永强：《被治理的社会运动：中国环境社会运动的政治分析》，博士学位论文，复旦大学，2008年。

国的环保部门不断成长且从边缘渐渐走向核心的一个脉络：在 1973 年第一次全国环境保护会议之后，1974 年，国务院设立了环保领导小组，其下设立办公室具体负责执行，这个单位在当时只是一个临时性的工作机构，负责协调政府中各个部门的工作。1982 年，在国务院机构改革中，新组建"城乡建设环境保护部"，在该部中，"环保局"成为一个厅司级单位，地方上也有了长期性的分支机构。到 1983 年环境保护被确立为"一项需长期坚持的基本国策"后，1984 年年底，国家环保局成立，它是城乡建设环境保护部归口代管的管理国家局，曲格平为首任局长。1988年，国家环保局得以独立，成为一个副部级单位。在 1992 年邓小平南方谈话之后，地方经济迅猛发展，GDP 的增长速度也就成为衡量地方政府政绩的一个重要标准，环保机构及其执法机构并没有足够的权威能够对地方政府以及电力、冶金等能大力推动地方经济发展的强势部门抗衡，执法效果很差。1996 年，第四次全国环境会议召开，环境不断恶化的趋势日益凸显，引起了中央的重视，当时的国家主席江泽民和总理李鹏参加了会议，1998 年，中央部委大改革，原来的 41 个部委精简为 29 个，但环保局不降反升，升格为国家环保总局，以正部级直属机构身份居于国务院中。环保部门的日益升格，体现了国家对环保工作的重视。环保总局行政级别虽为正部级，但毕竟是直属机构，并不是国务院组成部门，一般规定，只有国务院组成部门才能拥有重大的决策权力。2002 年，在胡锦涛同志上台之后，在施政论述上以"生态文明"、"和谐社会"来对之前的粗放型增长模式进行修正。在这样的政策环境之下，环保部门希望能够通过进一步地借用来自各方面的力量、制度内与制度外的资源，进一步增强自身权威，吸引外力支持，以帮助自己进一步晋升为国务院组成部门的行列。2005 年及之后几年进行的环评风暴，也成了环保部门于 2008 年终于升格为环保部，进入国务院决策中心的阶梯。

　　环保部门权力的提升，也必然会与一些在粗放型经济发展时期获得重视的高耗能、高污染企业以及与之相关的政府部门的利益出现碰撞，如果根据马克斯·韦伯（Max Weber）的理论，现代经济的发展必然会导致社会的高度分化，社会的分化其利益也会走向多元。在以前高速的经济建设过程中，造成了如现在的（水利、电力、石油、铁路等）生产部门、生产利益集团以及部分政府尾大不掉，各自为政的状态。如果任其发展，不但无法保证国家的可持续发展，还有可能产生日益分化、离心的社会趋势，"现代政治的基本任务就是在与怎么样创造一种政治过程以使多元分散的社会利益仍然能够为民族整体的政治意识以及向心力，不然，将出现地方和集团利益压倒全体利益和民族利益的危险局面，最终导致民族集体的内在撕裂甚至政治共同体的最终瓦解"①。为了避免在行政系统中由于刚性的权力重新分配引起的离心力，中央希望通过媒体或舆论等外部力量，由外向内"柔性"地对权力进行一次调整。

2. 中央对环境部门的支持

其实环保总局高调的"环评风暴"离不开中央政府的默许，长年以来中国粗放型的经济增长方式和环保部门处于弱势的地位，使得我国政府在国内面临着巨大的可持续发展压力，随着中国综合国力的增强，国际影响力的提升，在环保方面所要担负的责任也越来越大，粗放型经济发展所带来的污染也受到国际舆论的日益关注和诟病。在中央提出"科学发展观"的理念之后，中央领导层对环境部门的执法权力逐渐重视，希望通过借助媒体的力量，扩大环保部门的能见度和权威性，为它们的行动吸引更多的舆论支持。这个契机在2004年到来，进入21世纪的前几年，中国出现了大面积的电荒，中国的电力企业也趁这个时期，大量兴建大型的电力项目，电力企业出现了无序建设的情况，不管是水电企业还是火电企业，对当地的环境容量都是一个很严峻的挑战。2004年年底，在《国务院转发发改委关于坚决制止电站项目无序建设意见的紧急通知》中就提到，虽然在当时电力紧张，但就2004年发改委所批所建的电力项目，预计已经可以满足未来市场需求。然而仍有大量电力项目没有完成各项核准手续就擅自开工上马，如果允许所有的项目全部上马，将有可能导致在几年之后电站的在建规模远远超出电力规划确定的目标，同时也超出了我国的资源和环境的承受能力，极易再次形成高耗能工业无序发展的恶性循环。不仅给我国的气候变化谈判造成巨大压力，也造成不可逆转的环境污染以及大量的银行不良信贷。② 因此，需要通过环保总

① 王锡锌：《公共参与和中国新公共运动的兴起》，中国法制出版社2008年版，第95页。

② 《国务院批转发展改革委关于坚决制止电站项目无序建设意见的紧急通知》（国发〔2004〕32号），中华人民共和国中央人民政府门户网站，2005年8月12日，http：//www. gov. cn/zwgk/2005. 08/12/content_ 22172. htm。

局，利用环境影响评价为理由叫停这些高耗能、高污染产业。当时有学者对新闻媒体指出："跟其他手段相比，环保执法更容易在社会和民间达成共识，并且环保方面法律法规相对比较健全，对付违规的大型项目投资极为有效。"① 由于媒体已经明确了解中央的意图，为他们的报道工作的合法性提升了底气，这也是为什么在长达数年的"风暴"中出现全部倒向环保部门的局面的原因。

二　打造环保部门的明星

在以前政府主导的环保运动过程中，媒体在很大程度上是一种运动的附庸，如在"中华环保世纪行"中，中央 14 个部委组成的组委会，在制定好每年的活动主题、行动路线，正、反面典型，报道的日期之后，得到点名邀请的几十个主流媒体派记者随团进行采访，其采写活动很多时候成为"例行公事""命题作文"。媒体的主体意识很弱，发挥的空间与工作积极性必然受到影响。因此，"环保世纪行"在经历了近 20 年之后，媒体对其报道的兴趣也渐渐减弱。

在多次运动的过程中，政府部门也渐渐意识到，即使是政府主导的环境运动，光靠行政式的命令来调动媒体并不是一个非常完善的做法，政府部门也必须要有多元的媒体动员能力，提高媒体的积极性与参与意识，当好一个"宣传家"与一个"运动经理人"（movement manager），给予媒体更多的自由空间，通过自身议题的吸引力和领导者的人格魅力来"引导"媒体报道以达到运动目标。

到了新世纪之后，中国环保部门的高层领导对新闻媒体的关系越来越重视，在环保部门的会议上，常常强调环保局局长都要做一个宣传家，会做"社会工作"，并"在建立联系的基础上，多交朋友，和记者们、编辑们、文化界的人士多交朋友，建立感情"。如原环保总局局长解振华每年都与中央各大媒体的总编聚会，互相通报情况。②

---

① 欧阳斌：《国家部委扩权进行时》，《凤凰周刊》（香港）2006 年第 215 卷第 10 期。

② 中国环保总局宣教教育司：《环境宣传教育文献汇编（2001—2005）》，环境科学出版社 2006 年版，第 51 页。

　　2005 年，周生贤接替解振华担任国家环保总局局长，他对于影响舆论以及与媒体的把握更为重视，而且，他所说的搞好宣教工作并不局限于以往的搞好与媒体的关系、积极向记者提供信息、组织策划新闻报道等活动，而且要求更为精准且深入地"加强对环境工作'新闻点'的研究，加强政策解读，加强舆情收集和研判，扩大报道深度，引导环保热点，回应群众关切，大力营造全社会关心、支持环保的良好氛围"；"对群众普遍关注的热点问题主动设置议题，组织有关部门、专家撰写文章，接受访谈，澄清事实，疏通民情，有效引导社会舆论。要重视网络舆论的正面引导，探索网络媒体与传统媒体互动配合机制，使正面舆论聚集放大，唱响主旋律，打好主动仗，进一步凸显宣传工作在全局中的地位和作用"。[①] 可以看出，这个时候的环保系统领导人对媒体以及舆论的重视和认识已经不再是以前领导人那种"把握方向"，对媒体的研究更为深入且专业，也说明了环境工作，特别是环保运动的关系与媒体的共生关系日益明显。

　　媒体对周生贤的态度也相当的友善，周生贤任环保总局局长不久，在"两会"上就受到媒体追捧，有外国媒体这样描述周生贤与广大媒体的互动："'案头没有放一张纸'，'眼睛从未躲避台下记者的目光'，'发言时经常打出各种手势'，大陆媒体在描写出席新闻发布会的周生贤时，试图通过这样的细节塑造这位局长的'正面形象'"。[②]

　　环保部的原副部长潘岳更是如此，他历任《经济日报》社资料员，《中国环境报》记者组组长，《中国技术监督报》副总编辑，《中国青年报》副总编辑，担任过首都青年编辑记者协会主席，也担任过团中央中国青年研究中心主任，国家国有资产管理局副局长，国家质量技术监督局副局长，2003 年从国家经济体制改革办公室副主任任上调到国家环保总局。[③] 丰富的媒体经历使他对媒体的掌控更为驾轻就熟，他在环境系统内部的会议上多次谈到"环保是靠宣传起家的，更要善于利用新闻话语

　　① 周生贤：《在 2010 年环保系统新闻发言人培训班上的讲话》（2010 年 7 月 29 日），载中国环保总局宣教教育司：《"十一五"时期环境宣传教育文件汇编（2006—2010）》，环境科学出版社 2011 年版，第 22 页。
　　② 转引自欧阳斌《国家部委扩权进行时》，《凤凰周刊》（香港）2006 年第 215 卷第 10 期。
　　③ 吴志菲：《"环保铁腕"潘岳："绿色长城"永不倒》，《华人世界》2006 年第 4 期。

权,要善加利导。我们要求所有的环保部门都要懂得新闻,善于与媒介打交道"①。

潘岳虽为原环保总局的副局长,排行第二的环保行政系统领导人,但不管是在媒体上的曝光率、发表言论的激烈程度以及其论述的创意程度,则都在部长周生贤之上。他在中央提出科学发展观之际,提出生态社会主义、绿色 GDP 等新观点,主动营造各种有利于本部门扩权的话题,正如媒体的评价:"在中国知识界闻名多年的潘岳,在全民环保意识逐步加强及环境严重恶化之际,直言不讳会让他成为一个被全国关注的人物。"② 他在民众中的知名度也颇高。特别在一连四次的"环评风暴"之中,在国内掀起了继李金华领导的"审计风暴"之后的一场风潮,引起了媒体的广泛关注,在这风暴中心,他也如李金华一样,受到广大媒体的追踪。③ 被媒体称为"环保铁腕"、"环保急先锋"。在运动中,媒体成为他展现自己的舞台,他并不避讳别人说他作秀,"这位新生代副部级高官,自踏入政坛的那一天起,便一次次成为舆论的焦点——是是非非的传言中,他义无反顾,'政治秀多演一些好,而且希望它好戏连台'"。④

媒体是这种高调的、有政治抱负的官员的一个表现的舞台,虽说通过这种"风暴式"的环境监督运动来实现新一轮的政治博弈,是政治的需要,是国家宏观管理上的需要,但从另一个方面来说,对于追求冲突性的媒体来说,个性鲜明、敢于制造"冲突",敢于碰硬的政治新星也是媒体不会轻易放过的报道对象。在这个各种力量博弈的媒体舞台上,总需要一个演技优秀的主角。加上环境报道在道德上所占有的先天优势,以及其"重要性"、与民众利益之间的"接近性"等新闻价值评判标准,这些报道刊发出去,是实实在在的"硬新闻",而记者的职业声望多源于此,因此,作为媒体,对这些事情会投放更多的精力。

---

① 潘岳:《贯彻全国依法行政会议精神,深化环境信息公开制度》,见中国环保总局宣教教育司:《"十一五"时期环境宣传教育文件汇编(2006—2010)》,环境科学出版社 2011 年版,第 31 页。

② 《环保总局副局长潘岳:我是一个可持续论者》,《周末报》2005 年 2 月 2 日。

③ 同上。

④ 吴志菲:《"环保铁腕"潘岳:"绿色长城"永不倒》,《华人世界》2006 年第 4 期。

三　塑造权威挑战者

　　虽然中国的环境保护在媒体上宣传多年，发起过不少大型的"治理运动"，环保部门在大众媒体上和公众视野中并不陌生，但是，多次大型的治理运动多是由政府多部门联合发起，环保局只是参与者之一。不管在媒体眼中还是在公众的心目中并不认为环保部门在政府部门中居于中心的地位，环保的议题也不见得被认为是政府的核心话题。在"环评风暴"中，上至中央台、新华社、《人民日报》，下至一般网络媒体，近乎一致地将环保部门塑造成为一个英勇无畏挑战强势部门的挑战者，也将它"架到"了这个媒体聚光灯照射的舞台之上，不断地为它加注勇气，保证风暴目标的最后落实。

　　2005 年第一次环评风暴发起之初，环保总局首批叫停的 30 家企业总投资额达 1 129.4 亿元，其中电力企业就占了 23 个，首当其冲的就是中国三峡总公司承建的金沙江溪洛渡水电站，该水电站总装机容量为 1260 万千瓦，仅次于三峡电站。① 而且三峡总公司与环保总局一样，在行政级别上属于正部级单位。被称为"电老虎"的有钱有势的能源企业一向受到国家的重视。面对这些硬骨头，在环评风暴刮起之初，媒体最先关注的就是环保局是否能够将众多的电力企业给"啃"下来。这种政府两大系统中的冲突，给媒体送来了极为有价值的材料。

　　在 2005 年 1 月 18 日，环保总局副局长、新闻发言人潘岳在新闻发布会上公布了这 30 个违反环境法律法规的建设项目名单，并责令立即停建。引得媒体关注，并对潘岳在会上所说的"查处违法违规项目，国家环保总局决不手软！"一语竞相报道。随后，《三个重要项目被叫停　环保风暴冲击三峡总公司》（《21 世纪经济报道》2005 年 1 月 21 日）、《环评风暴留给我们的期待与思考》（《工人日报》2005 年 1 月 30 日）、《"环评风暴"是"玩火之举"？》（人民网，2005 年 1 月 25 日）、《看环保局如何收场》（红网，2005 年 2 月 3 日）等文章不断引发广泛关注。在"红

---

　　① 《8 千人苦干一年被称违法 环保风暴包围溪洛渡》，《南方周末》2005 年 1 月 27 日 C15 版。

网"的评论中直接写道：

> 如果三峡工程开发总公司真的决心与国家环保总局"角力"，环保总局确实有点进退两难，退后意味着向违规者屈服，将失去执行者的权威，向前走又裹足难行。之所以会造成这种局面，就是因为国家环保总局没有"撒手锏"，现有的职权打打"小项目"什么的还行，真遇上"大项目"时，还真难办。依法办不了时，最后最大的可能性还要回到请"上级"协调解决的老路。果真如此的话，不仅国家环保总局威风扫地，更重要的是法律的权威将受到严重戕害，这无疑是法治的悲哀。①

"叫停令"下发后一周，30 个违法违规企业中有 22 家停止了项目的施工建设，但仍然有 8 家企业未作理会，这一行动除了受到《中国青年报》、中央电视台等媒体追踪报道之外，不断有媒体征询环保总局负责人的意见，很快，在《人民日报·海外版》、《中国青年报》等主流媒体刊发了《绝不是"橡皮图章""环评风暴"将更猛烈》（《人民日报·海外版》2005 年 2 月 3 日）、《8 个违规项目尚未停工 解振华：环评风暴将更猛烈》（《中国青年报》1 月 25 日）等文章，《中国经济时报》还以《环评风暴"不会不了了之》为题刊发了对潘岳的专访，既指出了环保部门面临的压力，也表达了对建设项目严格执行环境管理的决心。在媒体的集中曝光之下，媒体既大力地支持了环保总局坚决执行停建政策的行为，同时在信息高度公开之下，也断了环保总局与其他部门"协商解决"的后路，避免了政策在执行中暗箱操作、"虎头蛇尾"的结局。

四　聚拢民间力量，获取道义支持

在"中华环保世纪行"刚刚发起的时候，中国公众的环保意识还比较差，中国的环保 NGO 组织也还处于诞生期，直接参与环境运动的能力

---

① 刘吉涛：《"环保风暴"发威尚需一把"撒手锏"》，红网，2005 年 2 月 4 日，http://news. sina. com. cn/C/2005－02－04/004750374625. shtml。

也较弱，民间的环保力量还没有在环境保护上发挥重要的力量。经过30年的环保宣传，中国公众的环境意识已经得到了显著的提高。随着国家对环保NGO组织的一些鼓励政策，NGO组织不管是在数量上还是在行动能力上都有了长足的发展，NGO已经开始在中国的环境保护工作中发挥了自己的作用。这次的环评风暴中，环保局在媒体前显示出的强硬态度，提振了中国公众对环保部门行为能力的信心，引来公众对环保部门的好评。

　　2005年1月18日，中央电视台开始对事件进行策划报道的时候，在网上专门开设了民意调查，在三小时内就有5 986人参与，在问及"您对此次'环保风暴'的第一反应是什么?"时，36%的观众选择了"为环保总局的举动叫好"、52%的人选择了"为何项目开工才叫停，风暴应该早点刮"、仅有12%的参与者选择了"手下留情，经济利益第一"。中央台在调查之后，在2月2日《东方时空》中对调查结果做了突出报道①，这种媒体"双向传播"的形式，为公众参与环保提供了一个渠道。另外，在"环评风暴"中，媒体不但向公众介绍了《环境影响评价》的执行程序，而且专门强调了环境影响评价中公众参与评价、听证会的意义，如《三峡地下电站停建　重大环境敏感项目要开听证会》②，可以看到，环保部门通过大众媒体，突出宣传在重大项目建设环评审批过程中公民知情权与公众意见的重要性。有的媒体在对案例进行分析的时候提出了诸如"谁有权提交环评报告"、"公众调查做多少算够"等相当具体的问题③，媒体在普法的同时，也对公众作为制衡地方或"两高一资"④ 企业非理性扩张冲动的重要力量进行培养，保证国家的发展模式转型得以顺利推进。

　　在2005年1月的环保部记者招待会中，新闻发言人潘岳指出民间组织是环保行政部门的同盟军："（这些违规）建设项目数量庞大，仅靠政

---

　　① 《迟来的环保风暴》，《东方时空》，中央电视台网站，2005年2月2日，http://www.cctv.com/news/china/20050202/102495.shtml。

　　② 陈琳：《三峡地下电站停建　重大环境敏感项目要开听证会》，《竞报》2005年2月3日。

　　③ 刘世昕：《公众能否掀起"环评风暴"制度缺陷凸显参与漏洞》，《中国青年报》2005年2月3日第4版。

　　④ "两高一资行业"，指的是在生产和贸易的过程中，涉及高耗能、高污染和资源性产品的产业。

府去监管显然力不从心。"所以，"要通过环评和'三同时'制度建立一个平台，作为联系和团结媒体、学者、人大、政协、NGO、民众等同盟军的手段，发挥同盟军的作用"①。

环保总局的此种"宣言"，通过媒体传播出去之后，让公众的视野扩展到了环保民间组织，民间组织也抓紧这一机遇通过媒体向环保总局表态，支持环保局的举动。2005年1月下旬，在"环评风暴"发起不久，全国数百家民间环保组织联合通报，表示支持环保总局的决定，如《环保总局叫停违法项目　56家民间组织集体支持》、《四川民间组织力挺环保风暴》，通过媒介，环保NGO表示"愿意以更加积极的态度介入环评，成为政府环境保护和可持续发展的更紧密的合作伙伴"②。媒体的报道，不仅在舆论上使环保总局赢得了民间组织的支持，民间组织也可以通过在这些媒体上的表态或倡议获得能见度，促进自身的发展。

五　强调执法，树立环保权威

在这之前的20多年里，我国制定的环境和资源保护法规并不少，林林总总也有20多部，几乎占据了国家立法机关立法的10%，除此之外还有数百项国家和地方的环境标准。这在世界环境立法中都是相当罕见的，但是，执行情况却并不令人满意。在很多地方仍然存在着大量"有法不依"的尴尬状态，导致了很多法律法规并没有对环境保护工作起到明显的促进作用。

特别是环境影响评价制度，早在刚刚改革开放的时候，环境影响评价就已经成为项目建设的一个重要依据，在项目开工之前必须进行环境评价。2003年《环境影响评价法》正式实施，法律规定：建设项目未经环境评价，项目审批部门不得批准其建设；建设单位未经环评审批即开工建设的，环保行政主管部门有权责令其停止，并处以罚款。③ 照理说，这是国家授予环保部门"一票否决"的尚方宝剑，建设单位更应该给予

① 邓瑾：《中国环保新力量登场的台前幕后》，《南方周末》2005年1月27日。

② 《环保总局叫停违法项目　56家民间组织集体支持》，《公益时报》2005年1月26日第3版。

③ 《中华人民共和国环境影响评价法》，第二十五条与第三十一条。

重视，但是执行效果还是不理想，据潘岳自己说，在2004年以前，环评执行率也只有50%~60%。即使项目单位编写了环评报告，其落实情况也缺乏监督机制。① 法规虽然已经制定，但在很多强势部门眼中，环保局是"花瓶"，"保护环境"是漂亮的口号，环保法是"豆腐法"，环评是"橡皮图章"。② 在环评的时候大多抱着走过场的心态，很少真正顾忌环评程序，采取"先上车后补票"的做法更是无往不利——先开工再说，工程已经展开，资金已经投入，到时候环保部门不会不批准环评报告。

面对这种情况，环保部门引入了媒体的力量，在媒体高强度的聚焦之下，大量的媒体将精力集中在环保执法部门的弱势和项目单位对环评法规的漠视上，这样的报道框架将这些项目单位放在了"违法者"的位置上，而给环保法律的权威注入了很强的舆论力量。

除了大量的事实报道之外，各大报纸的评论的作用也是功不可没，《工人日报》《新京报》《科技日报》《文汇报》等报纸在那个时段配发的评论很多，刊发了如《环保法律法规不能成为摆设》《惟有责任明晰 环保方能硬起来》《环评不是橡皮图章》《环保总局赢定了》等评论，在评论中，并未过多的批评环保部门的软弱，而更多地批评建设部门的强权，各种媒体的评论，给环保执法部门增加了不少底气。如一篇评论说道：

> 在一些人眼里，环保部门及环保法律法规不过是"稻草人"、"橡皮图章"、"软柿子"，似乎没多少人真正当回事。
> ……环保不是摆设，不是点缀，更不是"没事找事"。但愿此次环保总局的强硬"叫停"能让更多的人警醒，从而让更多的人能够意识到，环保法律法规绝不是可有可无的。③

除了媒体树立起环保部对单个项目的权威之外，环保部还继续获得了对规划环评权力的突破。潘岳自己对媒体说，"媒体的有效监督，相关

---

① 熊志红：《2005年的环评风暴》，载梁从诚《环境绿皮书（2005）》，《中国的环境危局与突围》，社会科学文献出版社2006年版，第37页。

② 王冬梅：《强硬环评风暴职责所在 显露现实寻常执法的软肋》，《工人日报》2005年2月17日第3版。

③ 刘文宁：《环保法律法规不能成为摆设》，《工人时报》2005年1月21日第3版。

信息的大量披露，以及公众的积极参与，都成为大大促进环境保护的力量。这些力量的汇聚，使我们这些环境监管机构的执法更加有效。例如，2005 年的圆明园防渗听证会，今年年初的'区域限批'和'行业限批'。在新闻媒体和公众舆论的强大压力下，一些违规的项目和企业很快进行了整改。"① 媒体的围观与推动，在高层默许的情况下，环保部不断地增加自己的执法权威，树立公共威信和拓展部门的权力。

六　媒体归因，推进环保法制建设

为什么要搞环保风暴？潘岳说如是："'风暴'是必需的，因为它的强势，才能够在错综复杂的利益格局中重新建立环保的权威；但'风暴'再强，也还是传统的行政手段，没有改变现有的游戏规则，而且过于依赖各级执行者的个人意志。……我们需要的，是更长久、更富全局性的解决方案。"② 风暴能够为部门扩权清扫掉障碍，风暴也能让部门的权威得到树立，但"风暴式"的运动永远都只能是短暂而且临时的，要想该部门在权力扩大后进一步的企稳，必须要抓住机遇做好制度建设。

环保部门以及中央也知道，这种"风暴式"的行政运动难以真正遏制环境污染的趋势，长期使用"猫捉老鼠"或"杀鸡儆猴"的手段，效果很难持续，而进行与经济可持续发展相配合的制度建设和利用经济杠杆可能更为有效，而且也不会遭致来自各部门的反作用力。因此，从 2007 年开始，环保部门与国家相关部门开始探索资源环境与经济发展协调发展的各种政策以及各种鼓励公众参与环境保护的具体措施。环保总局在环保风暴之后提出了如绿色信贷、绿色保险和绿色证券、生态补偿、排污权交易等一系列的环保经济建设，并利用媒体进行广泛的讨论与宣传。

西方的学者给中国的媒体概括了一个明显的特点，"中国的记者几乎

① 潘岳：《舆论监督推动社会进步 官员要有点承受力》，新华网，2007 年 4 月 27 日，http://news.xinhuanet.com/politics/2007-04/27/content_6033582.htm。

② 潘岳：《环保制度建设比风暴更艰辛》，新华网，2007 年 12 月 18 日。

全是天生的社会学家——对于社会上出现的任何问题，他们都有着很强的从社会结构和社会深层原因来分析的倾向"①。特别是碰到突发事件或各种运动之时，在一系列信息报道之后，包括记者在内的各路（或者自认为是）知识精英都会有一个"反思"和提出建设性意见的习惯，因此，环保部门所提出来的意见和建议，又恰恰成为媒体记者们跟进报道和进行广泛讨论的材料，环保部门提出制度和法制建设动议的大面积曝光，也就大大减轻了制度建设立法的阻力，使其能够较快地得到推行。

在针对环评执法软弱的问题，媒体做了大量的探讨，大部分的媒体文章主要论及我国当前的"唯 GDP 论"、利益部门违反环评的等原因，但也有媒体将问题引向环保系统内部，如环保部门"执法不严、违法不究，一些环评单位不规范"等，这也是环评管理建设的一个契机。

另外，媒体对环评风暴的关注与聚焦，在这场环保总局带起的风暴中，我国的公民环境意识还是得到了较大的提升，"信息公开""环境评价""规划环评""公民环境知情权"等词语成了社会公众在今后环境参与以及环境维权中的武器，在公众的瞩目中，《推进公众参与环境影响评价办法（征求意见稿）》也在 2005 年得以出台，同样在媒体的关注中，环保总局启动了《规划环境影响评价条例》起草工作，并在之后的几年中，"规划环评"一直是舆论探讨的热点，2009 年 8 月，《规划环评条例》终于获得国务院常务会议的通过，于当年的 10 月实施。这些法案在较短的时间内得以出炉，与媒体的广泛关注不能说没有关系。

本章小结

随着国家与社会关系的日益变化，以及新闻改革进程的推进，媒体虽然是这个政府发起运动的整体机器中的一部分，或者是它们进行治理或部门扩权的工具，但是媒体的自主权力也越来越大。新闻媒体在通过宣传典型、印证路线、科学普及、舆论监督、议程设置等形式试图帮助

① 赵鼎新：《社会与政治运动讲义》，社会科学文献出版社 2006 年版，第 282—283 页。

政府部门实现治理目标，在治理运动的过程中，也大范围地传播了环境治理信息及环境的相关知识，对于提高公民的环境意识起到了较重要的作用。

但是，自上而下"运动式"的治理活动，最终无法克服它自身的弱点，那就是公众对政府的依赖，政府的治理运动在媒体大张旗鼓的放大与宣传之下，更加强化了公众心中政府在环境治理中的力量与角色，从而使得"环保靠政府"的观念广泛地植根于公众的意识之中。

另外，这种治理型的环境运动，由于每一次运动的主题明确，出于达到环境治理目标的考虑，报道的主题和框架都受到国家或多或少、或强或弱的控制和影响，在每一次的这类运动中，媒体对环境问题的归因过于简单、绝对，批评的声音一面倒，缺乏对于制度内部的理性反思，也缺乏对公众的生活方式和环境参与意识的精神引导，这样，既容易导致被治理对象的抵触情绪，难以改进环境保护工作的深层次问题，也很难激发起公众参与环境保护的意愿和责任感，进一步强化了公众对政府环境治理工作的依赖，造成了运动中治理声势虽强，公众真正的有效动员却不足的问题。这对于大众媒体在这种政府主导的治理运动中报道的目的——从根本上提升民众的环境意识，动员公众参与环境保护——是背道而驰的。

第 四 章

环境群体抗争——媒体搭建的协商平台

本章主要以自下而上，没有特定组织进行动员的民间污染抗争运动为研究对象，分析在中国社会转型过程中，在多元的利益博弈背景下，在宏观层面，媒体如何成为政府与公众最有效的对话平台，在中观层面，媒体在这个对话平台上发挥哪些具体作用以及在微观层面上不同媒体在环境群体抗争运动中表现出来的具体角色。

第一节　转型期多元声音的表达与平衡

在改革开放前的一元化社会中，国家和社会是高度叠加的，新闻媒体的功能基本上被固化为宣传党和政府的路线方针，是进行"阶级斗争的工具"，其表达口径也是相对单一的。而改革开放之后，随着社会利益的分化，带来了阶级阶层的分化，社会上的多元利益也渐渐得到承认。另外，在新闻改革中媒体对自身功能定位的再认识，使媒体的新闻生产活动从原来完全的政治控制中部分地脱离出来，这让社会上某些群体的声音通过媒体的表达和呈现成为可能。

一　媒体的分化与多元声音的出现

改革开放之后，从计划经济向市场经济的转变，从总体社会向多元社会的转型过程，造就了多元的群体与多元的意见。新闻媒体双轨制的提出，使媒体顺应了这种多元的社会环境，媒体也出现了分化，为多元信息的公开表达创造了环境。

（一）市场经济对多元利益的承认

在改革开放之初，要让原有的计划经济体制向市场经济实现过渡，在思想上对多元利益群体和多元权利的承认是一个重要的前提，以此实现不同利益主体能够在市场经济的环境中通过竞争获得利益的最大化。市场经济社会本身就是一个多元化的社会，在市场竞争中，不同利益主体的进入导致了各方利益的制衡，在这种社会中，建构民主与法制意识，让不同的利益群体在竞争与合作中"以法律机制自决，使其权利得到制度的平等保障"①。这些都构成了中国新闻改革的基础。

既然承认在市场经济体制中，不同的阶层和群体从公共事务中获得的利益是不同的，那就代表着对于公共事务的意见也必然是多元的。新闻事业作为党和政府以及人民的喉舌，作为党和政府沟通人民群众的"桥梁和纽带"，那也就代表着反映不同利益群体的需求成为改革开放之后新闻事业工作中的应有之义。

（二）新闻媒体"双重属性"的提出

1978 年之后，中国新闻媒体的改革与其他领域的改革几乎是同步进行的。从中国共产党建党开始到改革开放之前，党的新闻理论一直认为：中国共产党领导的新闻事业是上层建筑的一个组成部分，它的属性是相对单一的，即党的宣传工具。② 从 1978 开始，新闻工作者与学者对于媒体的属性问题进行了广泛的讨论，最后形成了一个共识：新闻事业具有"双重属性"，即新闻事业的生产是带有明显意识形态色彩的精神生产，属于上层建筑领域，而它同时又是一支强大的经济力量，给社会提供了必不可少的信息、服务、知识和娱乐，属于第三产业性质。基于这个"双重属性"的认识，改革开放之初为中国媒体确立了"事业单位，企业化管理"的原则。

---

① 单波于：《〈反思与展望：中国传媒改革开放三十周年笔谈〉上的观点》，见《传播与社会学刊》（香港）2008 年总第 6 期。

② 李良荣：《新闻学概论》，复旦大学出版社 2008 年版，第 104 页。

在改革开放之前，新闻媒体是承担着政策宣传、政治运动动员以及意识形态控制等重要功能的"特殊的事业单位"，对媒体生产的影响力量是相对单一的，这些力量基本来自于国家政治领域。而在实行了"事业单位、企业化管理"的经营管理模式之后，市场竞争的因素开始进入媒体生产领域，新闻媒体成为市场竞争主体，它们在面对市场竞争压力的时候，不得不开始分析受众的喜好，注重经营管理。这个时候，它们除了宣传功能之外，还担负着信息传播、提供服务、提供娱乐、进行舆论监督等社会功能。媒体功能的增多，说明媒体渐渐从原来以宣传党的路线方针政策和进行政治动员等单一的任务中解脱出来，为多元意见的表达和讨论提供了更为宽阔的操作空间。

（三）媒体的分化

1. 社会人群的分化与社会阶层的重新划分

1956 年之后，原有的剥削阶级被消灭或者接受改造，国内剩下的阶级阶层相当简单，即"两阶级一阶层"（工人阶级、农民阶级、知识分子阶层）。在高度计划经济的环境之中，生产资源由国家按照计划进行调控，人们在国家分配的岗位上工作，根据工时的长短和行政级别的高低分配各种生活物资。这三个群体之间都保持着较高的封闭性，彼此之间的流动性较小，他们之间的收入差距也是较低的，阶级阶层之间利益的矛盾也自然较小。

在改革开放之后，随着市场经济的逐渐确立，"先富带动后富"等政策的推行，中国的经济体制、产业结构、所有制结构和分配结构都发生了重大而深刻的变化，社会分工日渐细化，收入差距日益拉大，社会上的新生阶层开始不断出现。1999 年年初，中国社会科学院社会学研究所成立了"当代中国社会结构变迁研究"课题组，经过三年的研究，以职业分类为基础、以组织资源、经济资源和文化资源的占有状况为标准将中国的社会成员划分为十个阶层，即：国家与社会管理者阶层、经理人员阶层、私营企业主阶层、专业技术人员阶层、办事人员阶层、个体工商户阶层、商业服务业员工阶层、产业工人阶层、农业劳动者阶层和城乡无业失业半失业者阶层。① 成为我国当前较为广泛认可的社会阶层划分标准。

在人群出现区分的时候，不同的利益和诉求也会出现，在出现公共事务争议的时候，各种相关群体的成员就会投入到其中来，保证自己利益的最大化。如西德尼·塔罗所说："正如利益群体和其他群体越来越多地加入到斗争政治中一样，运动领袖也越来越善于在公共体制之内把斗争与合作相结合。"②

2. 媒体对不同群体的代言

在改革开放之前的一元化社会中，受众分化与信息需求都未大量出现，媒体的发行范围以及受众范围具有明显的条块分割特征，各地综合性日报的发行范围均以行政区域为基础，行业报以系统垂直发行为主，与社会人群的互动作用并不明显。

社会阶层的分化，自然带动了受众人群的日渐分化，也带动了媒体定位的日益多元。新闻媒体进入市场之后，在日益激烈的市场竞争环境之中，对自身经营的思路，从原来笼而统之的"满足受众需求"，到研究分化了的市场，追求目标人群的满意。传媒经营从原来的"大众化"转向"分众化"、"小众化"，寻找自身的定位，生产符合某个受众群体需要的媒介产品，在分化后的市场中获取利润。根据媒体经营的理论，找好自己的定位是搞好媒体经营的首要课题。媒体的定位主要分受众定位和功能定位，"担当党和政府的耳目喉舌"、"提供服务类信息"属于功能定位，而"选择什么人群作为自己的主要受众"属于受众定位，功能定位受制于受众定位。受众的需要成为判断一个媒体产品好坏的重要标准。

当不同的利益群体对公共事务的意见出现冲突时，以不同利益群体为主要受众对象的媒体必然会有不同的倾向，对于受众定位的划分越为细致，媒体与利益群体的立场越为明确与一致。从另一个角度上说，由于某方面的受众平时多与某种媒体相接触，在其利益受到损害的时候，也更多地通过与这些媒体进行接触，试图对其进行动员，使其成为自己

---

① 陆学艺：《当代中国社会阶层研究报告》，社科文献出版社2002年版，第8页。

② ［美］西德尼·塔罗：《运动中的力量——社会运动与斗争政治》，吴庆宏译，译林出版社2005年版，第7页。

的表达平台。

决定媒体定位的因素绝非受众一个方面，媒体的控制者，如为媒体的产业运作提供资金支持的组织，以及重要的广告客户都是影响媒体定位的客观因素。他们的需求、意见也是媒体产品从设计到实施时的重要参照因素。

除了媒体经营管理层面上因素之外，具体进行新闻生产的记者与编辑个人，他们也不是整齐划一的，由于个人价值观念、生活方式以及物质利益的不一致，也影响了媒体产品的最终样貌。在针对相关事件中，不同的新闻工作者根据自己的价值观念生产了有相对倾向的报道。因此，在改革开放之后，多方面力量在媒体生产领域的交叉与互动，使得公共事务的媒体呈现变得越发丰富。

3. 大众化报纸和精英报纸的出现

到 20 世纪 80 年代之后，随着市场化运作规则的进入，大众化媒体的兴起，党报长期垄断报业的格局被打破，在 20 世纪 80 年代初，中国开始出现"大众化报纸"（如《解放日报》旗下的《报刊文摘》），这种报纸的出现不仅在现实层面上使原来党报一统天下的格局发生变化，也使办报理念相应产生改变：以前被当成资产阶级新闻观念的"以受众为中心"得到平反昭雪，重新获得合法性。大众化的媒体一方面强调以事实、新闻为主体，放弃单纯的新闻指导，另一方面强调其商品属性，强调让读者的满意。① 使得原来强大的政治控制被迫削弱。媒体开始拥有了相对的自主性，"使得媒介在体现国家意志之外，也可能回应社会的诉求"②。到 20 世纪 90 年代，都市报成为大众化报纸的中坚力量，它们强调其硬新闻要及时、客观，强调对受众的信息服务功能而不是党报的宣教功能。"在普通大众的意识中，都市报是人们了解真相并据此理解世界的最有效工具之一。"③ 都市报讲求市民的独立意识，不依赖精英宣教，讲求市民拥有知情与健康等"市民"权利。

大众化媒体繁荣了十年之后，精英媒体开始登上了中国的文化舞台。

---

① 孙玮：《媒介话语空间的重构：中国大陆大众化报纸媒介话语的三十年演变》，《传播与社会学刊》（香港），2008 年总第 6 期。

② 同上。

③ 同上。

这是由于社会人群与媒体的进一步细分，中产阶层人数的扩大，在20世纪90年代中期到21世纪初，《南方周末》《财经》《三联生活周刊》等这一类面向社会精英阶层的媒体开始崛起并慢慢成熟。在西方发达国家，优秀的财经或时政类周刊，被看成为媒体的塔尖形式，它们以还原和分析复杂的新闻事件见长，文章具有很高的信息质量和思想含量，西方传播学者认为，精英媒体除了直接影响受众之外，还能够对其他媒体起到设置议程的作用，被称为"媒体间议程设置"（intermedia agenda setting）①。这些精英媒体的发稿周期虽然较长，但其读者都是掌握着大量组织资本、经济资本或文化资本的精英，更容易成为舆论领袖。它们在进行报道策划的时候会更加精细，花费更多的时间进行调查，更擅长通过新闻事件去探讨背后的社会和制度原因，且讲求话题的"锐利"程度，善于提出新的话题和新的理念，吸引别的媒体跟风。

4. 各大媒体对环境新闻的偏好

在改革开放之后的前20多年时间里国家以发展绩效为主，也就是说，国家通过实现GDP的高速发展来证明政权合法化，对经济增长的迫切需求，导致了大量的资源密集型与劳动密集型产业的投入，加速了生态环境的恶化和资源的消耗，成为我国可持续发展战略的一个最重要挑战，对于环境保护，也引起了国家越来越多的关注与重视。

环境新闻，特别是有关环境议题的社会运动新闻，在中央发展社会主义民主和科学发展观的总体政策环境中，更能引起媒体的注意。从微观的新闻生产流程上来说，女权运动、同性恋运动等社会运动信息与环境运动相比，显得"偏软"、偏私人，显得"小众"化，难以引起大众的关注，很难登上媒体重要的版面或者时段。而有关环境方面的信息，与每个人的健康及生活质量都有着密切的关系，城市中的环境群体抗争，多与当地政府的重大政策或公共设施有着重要关联，具备重要性、冲突性、接近性等新闻价值，更容易成为"硬新闻"，更具有登上重要版面的潜力，也更能符合各个阶层受众对信息的需求。大部分媒体的市场竞争力与新闻从业人员的职业声望多来源于这种硬新闻，因此，记者更愿意

---

① ［美］沃纳·赛福林、小詹姆斯·坦卡德：《传播理论起源方法与应用》，郭镇之、徐培喜等译，华夏出版社2000年版，第263页。

在环境运动方面投放精力。① 从 20 世纪 90 年代初开始，各大传统媒体都纷纷开设了与环境新闻相关的条口和记者。

而对于不同性质的媒体，对于环境议题报道的取向也是差异很大的，媒体的定位以及政治对其管控的力度直接影响了媒体对环境议题的热情和报道方式。我国著名的环保非政府组织"自然之友"对 1994 年至 1999 年全国的报纸做了一次环境报道的调查。调查发现，以报道深度为指标的"报纸绿色度"排名从高到低的顺序是：全国类报纸、地方报纸、青年类报、沿海城市报、文摘类报纸、晚报，而以批评性报道为主要指标的"报纸绿色参与度"排名依次为：晚报、青年类报、沿海城市报、全国类报纸、地方报纸、文摘类报纸。② 媒体不同的受众定位，不同的级别，自身风格甚至身处的地域，都会对环境新闻有不同的喜好，对环境新闻也会有不同的呈现角度。

二　不同媒体在抗争运动中的表现

（一）地方党报，放大官方声音

在现行的干部选拔和人事制度中，一些政府官员只对上级负责，某些干部头脑中还存在着以 GDP 为考量指标的政绩观念，在辖区内出现环境抗争事件之后，往往会以"保护社会稳定"、"保护投资环境"、"保护经济发展"为借口，对辖区内的媒体进行制约。地方党报作为当地党和政府的喉舌，积极宣传地方党委和政府的声音又是他们的职责所在，且有"党报不能批评同级党委"这一原则的限制，放大地方党政机关的声音成为他们新闻工作最明显的特点

如在广东番禺的垃圾焚烧厂选址事件之中，2009 年 11 月初，在政府宣布要开工建设垃圾焚烧厂遭到附近业主强烈反对时，政府部门委托广东省省情调查研究中心进行了一次《番禺区"生活垃圾焚烧发电厂"规划建设民意调查报告》，该报告显示，97.1% 的受访居民不赞成在番禺区

---

① 陈阳：《大众媒体、集体行动与当代的环境议题——以番禺垃圾焚烧发电厂事件为例》，《国际新闻界》2010 年第 7 期。

② 自然之友：《1999 中国报纸的环境意识暨 1994—1999 报纸环境意识调查的总结》，参见颜敏《红与绿——当代中国环保运动考察报告》，博士学位论文，上海大学，2010 年。

大石街会江村附近建设垃圾焚烧发电厂①，这个消息得到广州各大媒体的公开报道，但也在公布调查结果的同一天，番禺区党委机关报《番禺日报》在头版头条位置上刊登了题为《建垃圾焚烧发电厂是民心工程》的报道，报道中强调，区人大代表在视察垃圾焚烧厂址后表示，要"大力支持政府加快推进垃圾焚烧发电厂这项民心工程的建设"②。在 2009 年 11 月 24 日，官方宣布"番禺垃圾焚烧项目将展开半年的全民讨论"这一消息后，《广州日报》作为广州市委机关报，也是广东地区发行量最大的报纸，当天有 3 篇稿件，内容皆为传达官方讯息。在长达几个月的番禺反建垃圾焚烧厂风波中，《广州日报》消息源单一，以官方消息源为主，其比例高达 64.17%，其基本口径是强调此项目"合理合法"。③

　　即使是在媒体面前公开发表反对意见的专家，当地的党报也会想办法"代表"他们本人发表有关支持项目的声明，以"有效引导"舆论。如 2007 年 3 月 18 日，《中国经营报》首先发表了题为《厦门百亿化工项目安危争议》，报道指出，"两会"期间，105 个政协委员齐声呼吁，联名签署了"关于厦门海沧 PX 项目迁址建议的议案"，成为今年政协的头号重点议案，由此引发了 2007 年厦门反对 PX 项目的风波，2007 年 6 月 1 日，上万名厦门市民手捆黄丝带，在厦门市区"散步"，要求停建处于厦门市区的大型石化项目。而这个议案的牵头人是全国政协委员、中科院院士、厦门大学化学系教授赵玉芬。赵玉芬反对 PX 的意见得到媒介公开，立刻被反对 PX 项目的公众当成了救星，卷入了这场风波的中心。

　　6 月 2 日，也就是厦门市民大规模"散步"的第二天，在厦门网上出现了一篇名为《赵玉芬院士发表声明澄清不实报道》的文章，文章中说道：

　　　　近日，有个别媒体以采访中国科学院院士、厦门大学教授赵玉

　　①　阮剑华、辛捷恺、王娟：《番禺建垃圾发电厂民调报告出炉 九成七反对》，《羊城晚报》2009 年 11 月 5 日 A06 版。

　　②　丁山海：《建垃圾焚烧发电厂是民心工程》，《番禺日报》2009 年 11 月 5 日第 1 版。

　　③　莫雪芳：《关于番禺垃圾焚烧厂事件报道框架的比较——以广州日报和南方都市报的报道为例》，《青年记者》2010 年 14 月 5 日。

芬的名义发表了一些不实报道。对此，赵玉芬院士委托厦门大学新闻发言人发布如下声明：

　　1. 近日来，赵院士本人从未接受过媒体记者的采访，也未授权媒体发表有关厦门 PX 项目的意见。

　　2. 赵院士认为，厦门市政府作出缓建 PX 项目并进行区域规划环评的决定是实事求是的，充分表明了市委、市政府尊重科学、尊重民意，重视环保。

　　在这篇声明的下方还有赵玉芬的签名，第二天（6 月 3 日）这篇声明在当地党委机关报《厦门日报》上刊登，以反击"个别媒体"进行的"不实报道"。但是，这篇声明很快被公众看出了伪造的端倪，原因是在厦门网上的声明中写道"赵玉芬院士 6 月 2 日委托厦门大学新闻发言人发表声明"，而这篇声明在网上公布的时间为"六月二日凌晨五点零二分"。① 如此说来，厦门大学的发言人是在凌晨五点以前对外宣布的，这与常理相悖。

　　6 月 3 日，厦门市公安机关发出公告，将 6 月 1 日大规模的市民"散步"活动定性为非法活动，在同一天，《厦门日报》发布了名为《别搬起石头砸自己的脚》的评论文章，指出"6 月 1 日、2 日我市连续发生的非法集会游行，完全是由极个别人煽动造成的"，劝告那些参与集会游行的公众，"必须悬崖勒马"，不要把"政府的克制和忍耐看作是理亏"。② 到了 2007 年的 12 月，即使在市政府已经公开项目的环评报告书简本，启动公众参与程序，邀请媒体对摇号、座谈会等工作进行全程监督的时候，其时政府对停建 PX 项目的态度已经相对明朗，《厦门日报》和《厦门晚报》仍然以"维护稳定"为中心，在对座谈会的报道中，未能如实公布市民反建 PX 项目的具体比例，这一行为反被公众看成为"政府的刻意忽视"，帮了政府的倒忙。③

---

　　① 曾繁旭、蒋志高：《厦门市民 PX 的 PK 战》，《南方人物周刊》2008 年第 1 期。

　　② 夏仲平：《别搬起石头砸自己的脚》，《厦门日报》2007 年 6 月 3 日第 1 版。

　　③ 朱红军、苏永通：《民意与智慧改变厦门，多方利益博弈半年趋于多赢》，《南方周末》2007 年 12 月 20 日第 1 版。

（二）中央媒体，强调宏观管理

当前中国还处于政治改革的转型期，在经济、政治各方面的关系还未理顺，地方自主权在扩大，在追求地方经济发展业绩的冲动之下，常常会对中央的环境保护方针有所折扣，这就造成了国家的整体利益与地方的局部利益之间，国家的长远利益与地方的眼前利益之间的冲突。

纵观近十年来中国的环境抗争运动，公众不信任的基本上都是地方政府，而对中央的大政方针基本上都持支持态度，且自觉地利用中央政府的某些相关政策作为自己抗争的资源。在 2014 年 5 月杭州市民反对垃圾焚烧厂的风波中，居民说出的"我们不信余杭区政府，我们只会相信省政府或中央"话语就是一个例证。[①]

这些被地方公众所反对的项目，往往还可能包含一些地方政府与国家大政方针相左的局部利益，环境运动中民众的诉求与表达，往往符合国家的发展方向与长远利益。冲突的发生，使得中央有机会能够以调停人或仲裁者的身份出现，借助中央媒体的报道，妥善解决问题，提高政权的合法性。

中央媒体在管理权属上不受地方政府的制约，而且在地方环境集体抗争中，涉及的不但有环境保护、科学发展的议题，也有着公民权益与民主和谐等议题，这些新闻内容与国家意识形态高度相合，有着较高"政治正确"性。在地方的民间抗争中，中央级的媒体运用主流意识形态，对地方政府不但能"结合实际"地做一次中央政策宣讲，而且能够增加中央政府的权威与公信力。

从 2007 年、2014 年厦门、茂名两地反对 PX 项目的事件中，我们都可以看到，中央级的媒体，多以调停人的身份出现。如厦门 PX 事件中，《中华工商时报》的"PX 化工项目是一面镜子，它提醒其他地方，不能为了追逐 GDP 而不顾一切；在公共决策时要充分尊重公众意见，应尽可能地吸纳民意"[②]。《光明日报》的"中央对'人和'的日益重视及以人

---

① 《杭州建垃圾焚烧厂引不满 居民：只信省政府或中央》，中国广播网，2014 年 5 月 12 日，http://china.cnr.cn/yaowen/201405/t20140512-515484368_1.shtml。

② 王石川：《危害民生的项目停了 反思不能停》，《中华工商时报》2007 年 6 月 4 日第 3 版。

为本的决策思路，正对应着……时代需要。近年来中央领导人走近人民，获得民心，乃民族之幸"①。2014 年茂名 PX 事件后第三天，《人民日报》在评论中不忘再一次强调："在涉及群众利益的问题上，再细的群众工作也不为过。拿出谋发展的热情来认真做群众工作，就不难穿越隔阂、消除误解、赢得信任。"② 从这些话语中可以看出，中央政府在利用中央媒体宣传中央的大政方针，来限制地方上的 GDP 冲动，肯定市民的参与行为，既缓和了市民的情绪，也让当地政府在受到批评之后有一个台阶可下，以促进地方上政府信息公开，吸引公众参与公共决策等制度的整改。同样，在广州垃圾焚烧厂反建风波中，《法制日报》的报道《垃圾焚烧引争议　公众担忧源自信任缺失》③，中央电视台在《今日观察》中播发的评论《垃圾焚烧厂引发的风波：民心工程如何符合民意?》④ 等作品，既批评地方政府有违中央精神之处，也肯定了公众的自觉争取权益的精神，既要求群众保持理性的行动和表达，也表达出了地方政府积极改进工作，完善制度的诚意。"科学发展观"、"和谐社会"、"决策民主" 等主流意识形态的概念频繁出现，从中央的角度上说，中央媒体的报道，是一种利用主流意识形态进行的事件调停，也是一种理顺地方与中央关系，利用冲突契机完善国家制度设计的一个重要策略。

（三）本地都市媒体，充当市民代言人

　　一般来说，都市报对城市的公共讨论拥有着最高的热情，因为他们的经济利益往往与市民的公共利益有着直接且长久的联系。如张志安描述《南方都市报》的特点那样：它的追求 "既是利润指标的最大化也是公众利益的最大化，既有相当浓厚的商业性更有日渐明晰的公共性"。⑤ 因为各地的都市报都是以所在城市的市民作为自己的读者对象，可以说，

---

① 庄华毅：《厦门 PX 项目与中国强国思路》，《光明日报》2007 年 3 月 26 日第 4 版。
② 李拯：《以更细致工作化解 PX 焦虑》，《人民日报》2014 年 4 月 2 日第 5 版。
③ 《垃圾焚烧引争议　公众担忧源自信任缺失》，腾讯新闻，2011 年 6 月 20 日，http://news. qq. com/a/20110620/000760. htm。
④ 《垃圾焚烧厂引发的风波：民心工程如何符合民意?》央视网，2009 年 11 月 25 日。
⑤ 张志安：《编辑部场域中的新闻生产——南方都市报个案研究（1995—2005）》，博士学位论文，复旦大学，2006 年。

这些市民就是他们的"衣食父母"，在都市报日趋激烈的市场争夺中，必须重视市民的意见与诉求，赢取读者的信任，因此，都市报成为一个主要呈现公众意见的平台与渠道。

在厦门 PX 事件以及番禺垃圾焚烧建厂风波等环境邻避冲突中，其进行抗争的参与者多是附近小区的业主，这些居住于高档小区的业主，经济收入、教育水平都比较高，是都市报需要争取的读者对象。另外，在很多时候，媒体的从业人员本身也与运动参与者属于同一个阶层，在利益与价值观上传播者与受众有着较高的一致性，如在番禺的垃圾焚烧建厂风波中，根据笔者的调查，为数众多的媒体从业人员在拟建垃圾焚烧厂周边的华南板块如丽江花园、海龙湾、祈福新村、碧桂园等楼盘购房置业，其中有些业主还是媒体的中高层人员①。其双重身份，在构建议题的时候，这些媒体更是对运动本身有着明显的支持倾向。有的记者私底下还参加了抗争活动并积极在其中进行联络，积极地向运动的其他参与者提供运动动员的方法与策略。于是乎，有一些媒体为了"避嫌"，还专门组织未在番禺置业的记者对该事件进行采写②。这些信息，都证明了在广州番禺的这次运动中，拥有业主与记者双重身份的情况还不在少数。

都市报强调市民的权利作为新闻实践空间拓展的重要依据，对待各种敏感话题，对待政府或利益集团的压力，他们常常将"维护公众知情权"作为寻求"边缘突破"的合法武器，在媒介上也喜欢提供版面或时间组织对于热点话题的讨论，并以"维护公众表达权"作为庇护。

1. 关注公平正义

在现代的社会，涉及公众重大环境利益又存在着争议的环境议题时需要首先保证"程序正义"，城市公共事务的争议需要经过民主的程序解决，这是公众在进行抗争时候的最大诉求点，"尽管风险争议并不一定带来决策民主，但风险决策只有置于媒体监督之中，并尊重公众的知情权、

---

① 在垃圾焚烧事件中，到底有多少媒体从业人员在受到垃圾焚烧厂影响的华南板块购置房产，无法做出确切的统计，但在笔者于 2011 年 6 月至 11 月通过对 4 家媒体 6 名记者的访谈中，发现广州的都市报中的不少从业人员确实是这个地块小区的业主。

② 来源于笔者在 2011 年 8 月 3 日对于广州某媒体记者的访谈。

参与权、决策权与监督权，才可能会有决策的民主、公正与科学"①。都市报将此作为体现媒体独立意识、专业主义精神以及反映民意的重要依据，在一般的环境运动中，都会将程序的公平正义作为主要的关注点，以求获得突破。

如在广州番禺垃圾焚烧厂事件中，广州报纸中以《新快报》《南方都市报》为代表的都市报纸，更为关注的是强硬推行垃圾焚烧政策的政府官员与垃圾焚烧企业存在利益关系的问题。如2009年12月，微博上传闻力主垃圾焚烧的广州市政府副秘书长吕志毅，其弟弟吕志平在垃圾焚烧控股公司"广日集团"物流公司任总经理，这个信息被都市报紧盯不放。之后，又有市民报料广日集团给广州市环卫局领导提供车辆等传闻也被都市报高调爆出，随后一段时间里涉事官员和企业的言行在媒体上很快都成为被爆炒的"呈堂证供"，都市报因为这些新闻，获取了很高的关注率，且不断关注抗议业主的各种行动，以表明其诉求合理合法。

2. 关注决策民主

在番禺垃圾焚烧事件中，《新快报》和《南方都市报》等媒体基本上都站在市民的立场上，强调决策的民主，通过强调"公民权利"等话语，强调相关工程市民的参与与审议的权利，推进运动的向前开展。如2009年10月14日，《新快报》完成了一个较大的策划，对广东省政府参事、政协委员、社科院研究员等多名社会精英进行访谈，发表了《番禺垃圾发电厂争议不能只由官方说了算》②，对项目决策的各方面细节进行质疑，以及宣扬政府公共管理原则。不久之后，《南方都市报》发表评论，提出"实现科学的、民主的环境风险评估，彻底的信息公开就是题中应有之义"，强调决策民主，在文末还专门点出"压服不等于行政，愚弄不等于胜利"③。10月30日，《新快报》又发布评论员文章《权力霸道令公共决

---

① 郭小平：《风险沟通中环境 NGO 的媒介呈现及其民主意涵——以怒江建坝之争的报道为例》，《武汉理工大学学报》（社会科学版）2008 年第 5 期。

② 石勇：《番禺垃圾发电厂争议不能只由官方说了算》，《新快报》2009 年 10 月 14 日第 A2 版。

③ 社论：《番禺垃圾发电厂环评要民主公开》，《南方都市报》2009 年 10 月 25 日第 A2 版。

策骑虎难下》①，直言该事件"从一开始政府就没有以'程序正义'和'道德正当'来约束权力的行使，它已产生某种信任危机。另外，权力的不当行使还捆绑了公共资源，使其面临浪费的风险"。批评政府的一意孤行、我行我素以及不信任群众的"霸道"作风是造成这场信任危机的原因。

3. 将网络论坛作为主要的信息源

对于民间针对公共事务决策的抗议，都市报一向热衷于到抗议者的论坛中去寻找有价值的信息源。特别在广州垃圾焚烧事件中，不管是对政府官员与垃圾焚烧企业有利益牵连的质疑，还是抗议业主中的领袖人物被公安部门请去"喝茶"②等重磅新闻，都是《南方都市报》和《新快报》记者从业主的论坛或微博中寻找到的线索，并以"舆论监督"的名义将之放大，让这些话题具有更高的曝光率，进而促成了政府部门与抗议业主的进一步对话。

随着中国公众媒介素养的不断提高以及权利意识的不断加强，在环境的民间抗争运动中，一些教育水平、收入水平都较高且拥有着较多时间的个人能够更有效地投入自己的维权活动，在运动中慢慢成为"运动经理人"的角色，他们一般都具有较强的媒介动员能力。国家环保部一名官员也直言不讳地说道："现在一些业主手头的媒体资源较多，其动员能力也很强，在（运动中）掌握舆论的能力有时候比起我们来说要强，我们在工作中如何对舆论进行有效的引导，确实是我们需要加强的地方。"③

从厦门PX事件的"小鱼论坛"以及广州垃圾焚烧事件中的"江外江论坛"上的各种帖子分析，运动中的一些领袖人物，他们通过对这种信息的提供、评论，以及对自己抗议行为的描述，既能够很好地动员参

---

① 本报评论员：《权力霸道令公共决策骑虎难下》，《新快报》2009年10月30日第A2版。

② 2009年10月底，运动的领袖人物阿加西（网名）等人在网上号召周边小区的业主将写有反对建设番禺垃圾焚烧厂标语的车贴贴在自己的私家车上，统一到广州渔人码头"晒车贴"，表达自己的抗议。2009年10月30日晚10时许，警察约阿加西"喝茶"，遭到拒绝，一个小时后，警察带着传唤书将他带到派出所问话。与阿加西被传唤到派出所的还有周边小区的三位业主，这些业主当晚从派出所回家后，上网发帖，取消第二天的集体行动。

③ 资料来源于2011年6月23日环保部信息化处一官员在系统内部会议上的发言。

与者，也能很好地吸引媒体的注意力，其能力与西方的"运动经理人"越来越接近。

（四）多元声音的碰撞与平衡

改革开放之后，中国从计划经济体制转向市场经济体制的过程，也是一个从一元化社会转向多元化社会的过程。那些在社会分化过程中出现的新生阶层和利益集团，希望通过自己的行动和表达尽可能介入到政治过程之中，发出自己的声音，保护和扩大自己的经济政治利益。而那些如孙立平所说的，在改革的过程中被"甩出来"的弱势群体，他们则更为渴望创造机会让政府注意到自己的利益需求，保证其利益得到实现。民间的环境抗争运动为这些分化了的利益群体创造了一次难得的表达和博弈的机会，接近大众媒体，通过媒体上的辩论成为实现表达欲望和博弈行为的一个重要途径。通过开放的沟通、辩论，构建一个有机共处、互动直至共赢的多维立体社会结构，是现代民主社会公共管理的目标，也是我国实现和谐社会的目标。

近十年来环境群体抗争运动的媒体报道，破除了以往"一边倒"做法，在媒体上呈现出了多元化、多角度的图景。在这一过程中，大众媒体所表现出来的真正意义，是尊重多元利益与沟通，鼓励对公共事务平等讨论，多方协商的新的决策机制。

第二节　地方政府规制与媒体"临场发挥"的冲突与统一

改革开放之后，我国从高度的计划经济向市场经济进行艰难的转型，1978 年之后的改革缺乏目标体制的一种完整设计，正如邓小平所说，改革是前人没有做过的事情，没有现成的经验可以照搬，"看准了的，就大胆地试，大胆地闯……没有一点闯的精神，没有一点'冒'的精神……就干不出新的事业"[1]，因此，"摸着石头过河"成为中国改革开放的一

---

① 邓小平：《邓小平文选》（第三卷），《在武昌、深圳、珠海、上海等地的谈话要点》人民出版社 1993 年版，第 372 页。

个重要特征。相对模糊的改革大环境，给新闻改革在坚持基本前提之下发挥了能动性，为整个改革的发展提供了操作空间。同时，我们也应看到，"摸着石头过河"并不代表没有规范和边界，与"坚持改革开放"相并列的概念是"坚持四项基本原则"。"四项基本原则"为改革的各种探索和尝试提供基本的参数和边界。由此我们可以看出，包括新闻改革在内的中国各项改革，是在政治中心控制着改革方向的前提下的一种积极探索过程。

潘忠党教授阐释道："为处理这种不确定性……改革的主体采取上下'合作'的途径，以经营方式为驱动，以'临场发挥'为基本行为特征，创造性地运用改革话语中的市场经济与党的新闻事业的词汇，改造新闻生产中的社会关系，重构现存体制的内在活动空间。"[①]

一　地方政府对媒体的管理

在第三章中已经阐述过，从改革开放初期开始，为了提高地方政府的积极性和能动性，中央将原有的大量权力下放至地方，因此，中国当前的行政系统并不是如人们所认为的那样是一个单一的社会主体，完全铁板一块，中央与地方、地方政府之间是不同层次和不同系统的行动者，有着不同的利益与要求。在面对同一件事情上，拥有着不同的态度。在面对环境保护等与经济密切相关的问题上，经常会考虑自身的经济发展和政绩表现，某些地方的领导人，在面对环境群体抗争运动的时候，还经常以"维护社会稳定"为借口，对相关信息，特别是对地方不利信息的传播进行严格的控制和过滤。

（一）控制信息源

根据塔奇曼（Tuchman）有关"新闻生产"的分析视角，接近信息源是新闻生产的第一个环节，"新闻源的作用不只是提供新闻，更重要的是决定了新闻的可信度。新闻记者们是如何断定一个新闻源是

---

① 潘忠党：《有限创新与媒介变迁：改革中的中国新闻业》，载陶东风、周宪主编《文化研究》，广西师范大学出版社 2007 年版，第 7—25 页。

否可信呢？声望、权威、权力、专业等等，已经成为通常的标准"①。因此，在进行信息控制的时候，地方政府最先想到的还是对信息源进行控制。

1. 弱化公示信息

对于公共事务，来自政府信息源的信息无疑具有毋庸置疑的权威性，也是记者进行采写的时候首先想到的信息源。从 2008 年开始，对于环境信息公开的规定已经写入了《政府信息公开条例》和《环境信息公开办法》等法规之中，法规要求：各种建设项目必须公开环境影响评价的过程与结果，一些重大可能存在影响的项目还需要公示且听取群众意见（《环境信息公开办法》第十二条）。但是，在地方政府碰上一些可能出现严重争议的项目的时候，多以"影响稳定"为借口，尽可能缩小某些信息的传播范围，不但不情愿让某些邻避设施周边的居民知悉，更不愿意让媒体对此广为传播。如 2009 年北京阿苏卫垃圾焚烧厂项目，当地政府就选择了以下的方式对相关环境信息进行公开，尽量减少有关信息的传播：

> 最早知道将在阿苏卫建设垃圾焚烧发电厂的是保利垄上的一位陈姓女士。（2009 年）7 月底的一天，她去小汤山镇政府反映小区南边公路噪音的问题，偶然发现办事大厅角落的一个小黑板上贴着三页纸，她好奇地上前去看，才发现是一份《北京阿苏卫生活垃圾焚烧发电厂工程环境影响评价公示》，此时距离公告期结束已经不剩几天。
>
> "我当时还不相信，希望复印了拿回去确认，但镇里的工作人员不允许我复印。"于是她赶回保利垄上（阿苏卫垃圾填满场周边的小区——作者注），告诉了她的邻居们，另外两个邻居和她一起又回到镇上，用相机把环评公示拍摄下来……公告上有咨询电话，大家打了过去，却始终没有找到相关负责人。后来居民们才知道，当时环评公示只贴出了三份，另外两份贴在了百善镇政府和阿苏卫垃圾填

① 黄旦：《〈做新闻〉导读》，［美］盖伊·塔奇曼：《做新闻》，麻宁旗，刘笑盈等译，华夏出版社 2008 年版，第 4 页。

埋场的大门口。……一位官员称，除贴在镇政府的公示，《昌平周刊》上也有刊登，符合法律的规定。而此前居民们都没有听说过《昌平周刊》，很多人后来在附近的报刊亭也很难买到。①

从以上的描述可以看出，公开相关环境信息是政府与企业需要遵守的一项法律规定的义务，但是在规定中还存在着一些漏洞与缺陷，对于必须公开的信息，政府与企业多会尽可能地选择缩小信息的传播范围，抱着"多一事不如少一事"的心态，希望能在没有人提出异议的情况下安稳地渡过公示期，以这种"瞒天过海"的方法完成一项必须执行的法定程序。

2. 专家意见

在碰到如 PX 项目或垃圾焚烧等具有着重大争议的事件时，采访相关专家也是进行采写的一个必要环节。而在运动的前期，记者想要找到一个持相反意见的专家并非是一件容易的事情。一个长期从事科技新闻的记者说：

> 在做一般的科技报道的时候，遇到科普方面的问题，对专家进行采访的时候，专家都是比较平和且热心的，而到突发事件爆发之后，我需要动用长期积累下来的专家资源，试图找到相关的专家进行采访，他们多会找各种理由推脱。②

地方政府出于 GDP 或"维稳"的目的，多会与相关的专家"打招呼"，其实这种"打招呼"的渠道相当方便，直接通过科技或教育部门找到相关专家即可。

在当前的科研与人事制度控制下，相关专家一般会对自己的公开言论颇为谨慎，在政府未将事件定调的情况下，专家会担心自己言论的"政治正确性"，而尽量避免接触媒体。

---

① 王强、徐海涛：《博弈阿苏卫》，《商务周刊》2010 年第 7 期，第 28—40 页。
② 源自笔者 2011 年 7 月 27 日与上海某报科技记者的访谈。

3. 地方职能部门

地方的环保部门，作为职能部门，对地方的党政部门有着较强的依附性，因此在地方与中央出现分歧的时候，多会听命于地方的主要党政领导。这也是为什么在发生地方性环境群体抗争的时候，运动的参与者直接将地方的党政机关作为诉求对象而不去找职能部门的原因。

在出现环境抗争的时候，其实，地方性的环保局也是一个重要的信息源，但是，这个方面的信息源其实能够提供有效信息的并不多，且未必会得到公众的信任。一位地方环保局的宣传官员与笔者谈到处理突发事件的时候说道：

> 我们总体上还是倾向地方政府的。在碰到突发事件的时候，如果我们被记者问及意见或提供信息，因为我们并不是业务处室，我们并没有发言权，没有业务处室的签字，我们不能对外提供信息和材料，但是业务处室的官员一旦碰到这些敏感话题，避之唯恐不及，更不会现身表态。当环保部门需要对媒介或公众的质疑进行回应的时候，由厅里（省环保厅）受过发言人培训的领导对外表态或回应。①

环境部门只是地方政府的一个职能部门，在人、财、物等诸方面受到地方政府的节制，在这情况之下，环保部门也多选择沉默。

（二）低调行事、冷却话题

在当年 PX 项目落户厦门的时候，厦门政府方面曾将此作为一项能够拉动 GDP 的重大招商引资工程进行宣传，为打造"世界级石化巨人"而造势。未想到几年后这个"明星项目"的投产却引来了巨大的反对声浪。在厦门市民以大规模的"散步"活动来反对在市内建设的 PX 项目之后，2007 年年底，厦门市政府宣布将 PX 项目迁址福建漳州。虽然这个投资额巨大的项目能够给漳州市带来很大的经济效益，但是，鉴于有厦门市民"散步"的"榜样"力量，如果遇到市民同样的抵制，其引起的风波同样

---

① 源自笔者与 2011 年 7 月 8 日对某地环保宣教官员的访谈。

非同小可。于是，在 PX 项目尚未落户漳州的时候，漳州的政府部门已经充分吸取了之前厦门市民反对 PX 项目的"经验教训"，为 PX 项目进驻漳州进行"未雨绸缪"，进行了全面部署，以"统一思想、统一口径、统一行动，形成合力"。①

2007 年 6 月与 7 月，厦门 PX 事件受到全国媒体的聚焦热炒，PX 项目成了一个极为敏感的符号，因此，PX 项目要落户漳州，首先要做的就是在官方的文件或其他话语中，将"厦门的 PX 项目"这个词汇全部变成"古雷重大石化项目"。另外，与厦门的高调宣传不同，在厦门的 PX 项目迁址到漳州的时候，漳州市的党政各部门采取了极为低调的处理方法，遵循一种"只做不说"的原则。厦门的 PX 项目转到漳州，投资额从原来的 108 亿元上升为 137.8 亿元，是漳州有史以来获得的最大投资项目，这对于漳州政府来说无疑是一个好事，尽管如此，在漳州市委机关报《闽南日报》以及相关网站上却很难找到有关 PX 的只言片语。虽然必要的环境信息已经通过报纸公开，在那一两个月里，漳州市发改委、环保局、古雷开发区管委会等诸多部门，回答之辞仍多为"不知道"。漳州市漳浦县宣传部主管对外宣传的副部长洪振垣在接受《时代周报》记者采访时说："我必须说明两点，一是我们在宣传方面一定要统一口径，网上的违规炒作实在是不堪一击；二是如果有老百姓对这个项目不理解，新闻宣传部门要正面引导。"② 而当厦门的 PX 项目迁到漳州之后，当地政府尽可能地避免让有关 PX 项目的新闻在当地和附近媒体露面，以规避对当地反对公众的信息刺激，在动迁之初，福建某媒体驻漳州记者站的记者柯泽（化名）采写了一篇漳州 PX 通过环评的新闻，照理说这种新闻属于正面信息，而且所使用的信息源都是可谓"根正苗红"——"只不过是在整合其他媒体消息的基础上增加了漳州某些部门的说法而已"③。但是，即使这种"不敏感的"新闻也未能最终见报，在那段时间之内，福建全省的传统媒体都未出现 PX 的字样。

漳州市政府不但严格地控制信息的传播以确保项目平稳落地，还动

---

① 苏永通：《厦门 PX 后传，"隐姓埋名"进漳州》，《南方周末》2009 年 2 月 4 日。

② 黄昌成：《PX 项目从瘟神变成香饽饽，一夜拉动漳州经济飙升》，《时代周报》2009 年 1 月 22 日。

③ 同上。

员了周边的政府力量以帮助其冷却话题，其中最为默契的就是厦门市的政府部门，在 PX 项目迁到漳州之后，厦门市环保局的各类会议，再也未提及 PX 事件。在厦门市发改委，一位官员建议记者，报道 PX 项目时，再也不要涉及厦门。当年提出反建的专家赵玉芬院士在 PX 项目迁离厦门之后，也不再在媒体上过多地发表意见，而当年厦门 PX 项目的核心地带海沧区，对公开宣传持异常低调态度，2008 年年底，厦门一市属媒体曾联系市里各区作"2009 年展望"的正面宣传，唯有海沧区"不太愿意配合"。①

与漳州采取相似低调措施的还有大连的 PX 项目，因为有厦门市民抵制 PX 项目的"前车之鉴"，这个在 2009 年 6 月投产、总投资 600 余亿元、年产值约 260 亿元，被列为"大连市政府六大重点工程"之一的项目对于大连市民来说"鲜有耳闻"②。直到 2011 年 8 月，强台风掀起的巨浪冲垮化工厂的防波堤，央视记者前往采访时被围攻，这个巨大项目的详细情况才"意外"地呈现在了公众面前，继而引发了公众的抵制。

如李普曼的那句名言："它（媒介）就像探照灯的光束一样，不停地照来照去，把一件又一件事从黑暗处带到人们的视域内。"③ 这种在强力控制之下的集体噤声，有时候确实"效果显著"。在政府有意地冷却下，相关的信息始终无法进入媒体的报道范围之中，也就使这些信息慢慢地回到了"黑暗"之中离开人们的视野，没有全国受众的支持与声援，没有引起中央的重视，仅凭附近居民的反对斗争，实在难以改变相关的决策。

（三）控制传播渠道与信宿

在厦门 PX 项目迁址到漳州的时候，漳州东山县等地方也发生了类似"散步"的集体行动，但是并没有能够在国内媒体上产生如厦门反 PX 项目那场"散步"一样巨大的反响。在此之后，对于能够引起反建石化项

---

① 苏永通：《厦门 PX 后传，"隐姓埋名"进漳州》，《南方周末》2009 年 2 月 4 日。
② 邓益辉：《大连 PX 事件阴霾初散》，《民主与法制时报》2011 年 8 月 23 日。
③ 沃尔特·李普曼：《舆论学》，林珊译，华夏出版社 1989 年版，第 240 页。

目集体行动的传播渠道，政府部门都会"紧紧盯防"。由于在厦门反 PX "散步"运动中，短信和论坛发挥了很大的组织与动员作用，因此，漳州政府对网络传播的控制给予了极大的关注，从《南方周末》的一段描写中我们可以看出政府方面对于网络的防守紧张程度：

> 东山县"散步"事件发生后，该县教育局一度每周编发《维稳工作简报》，下派工作组挂点学校，2008 年暑假期间，教育系统一度组织"地毯式家访"。
>
> 网络舆论的引导被当作重点。古雷籍大学生均接到家长通知，要求不要上网发帖，不要议论 PX 项目。东山县教育系统的一份总结称："一阶段以来，我县教育系统各级网络阅评员一上班就上网，搜索关键词捕捉敏感信息、融入学生 QQ 群、跟踪网络热点研讨等方式，超负荷全天候监控网络舆情动态，付出了巨大的辛劳。"
>
> 2008 年 6 月，漳州市纪委专门出台《关于党员干部在重大经济建设活动中严明纪律的若干意见》，提出"八个不准"，譬如"不准擅自发表与省委、省政府和市委、市政府作出的关于推进重大项目建设的决策相悖的言论；不准通过网络、短信、小道消息等途径散布、阻碍重大项目引进落地建设的谣言"。①

在处置这种大规模的市民抗议活动过程中，屏蔽、删除网络上的一些敏感信息常常成为地方政府做好舆情监控、舆论引导处置的一个重要手段，2014 年 3 月 25 日，也就是茂名发生反 PX 冲突的前五天，在茂名市综治平安信息化建设管理平台上，刊登了一篇题为《市委宣传部积极做好茂名石化重点项目宣传工作》的文章，文中提到在此之前，茂名市的宣传部门在宣传石化项目的过程中"加强网络舆情监控"，具体做法如下：

> 一是市、县宣传部核心网评员 30 多人严阵以待，发帖 10 多条，顶帖跟帖 100 多条，引导网民理性看待 PX；

---

① 苏永通：《厦门 PX 后传，"隐姓埋名"进漳州》，《南方周末》2009 年 2 月 4 日。

　　二是督促网站对敏感负面信息、特别是虚假和煽动性信息进行坚决屏蔽，删除敏感信息 56 条（其中一条发于百度茂名吧）；

　　三是会同有关部门对发表过激言论的网民进行身份核查，进行教育训诫和稳控。①

可惜这一系列的"舆情监控处置"没有起到预期的效果，反而是这篇宣传部门撰写的文章很快被网友疯传，引起了外地媒体的关注，进而引发了当地民众负面情绪的大面积反弹，成了舆情进一步发酵的导火索。

从前面众多的政府应对环境集体抗争行动的案例中，可以印证托德·吉特林曾说过的一句话："所有的运动（或许是所有的政治）面临的一个决定性的因素便是对大众媒介的依赖。"② 不管是在西方还是在中国，新闻媒介在环境运动所产生的作用还是非常关键的，在各种媒体渠道都被堵塞的条件下，根本无法进行动员，即使动员，能够产生的影响效果也非常有限。

二　媒体的各种"临场发挥"

"对于中国现阶段的新闻生产环境而言，由于社会转型期的中国媒介正处在巨大的变动过程当中，媒介的双重性质和功能导致新闻生产中宣传导向与市场效益之间的矛盾突出，……种种因素造就了当前中国新闻生产过程中，宣传政策、媒介组织运作逻辑、消息来源及其他社会力量与新闻从业者自身的权力博弈。"③ 在中国改革的过程中，不断复苏的知识分子的历史使命感、传媒的职业责任感杂糅着外来的新闻专业主义，形成了新闻从业者意识中复杂的自主意识④，作为改革一部分的新闻改

---

① 《广东茂名 PX 项目事件舆情分析》，人民网，2014 年 6 月 5 日，http：//yuqing. people. com. cn/n/2014/0605/C210114 - 25108215. html。

② ［美］托德·吉特林：《新左派运动的媒介镜像》，胡正荣、张锐译，华夏出版社 2007 年版，第 6 页。

③ 陆晔：《权力与新闻生产过程》，《二十一世纪》网络版，2005 年 12 月 30 日，http：//www. cuhk. edu. hk/ics/21c/supplem/essay/0302037g. htm。

④ 陆晔、潘忠党：《成名的想象：中国社会转型过程中新闻从业者的专业主义话语建构》，《新闻学研究》（台北），2002 年第 71 期，第 17—59 页。

革，身在其中的新闻从业者希望通过这种主动"越界"的临场发挥，改变他们认为与国家改革、新闻改革不相符的政治环境，在报道实践中不断地适应政府的管理。

（一）寻找时机、信源

在转型的过程之中，管理与反管理一直是一对彼消此长的作用力，在面对重大的热点问题时，新闻从业者除了服从政治对其业务上的管理和控制之外，也在想尽办法将政府的各种规制要素吸纳到自己的实践过程中去，以增加自己行动的合法性和说服力，形成一种"反向收编"。对于一个公众普遍关注的社会问题，运动的抗争者或新闻媒体在地方的管理之下，在某一时段或某一地域之内很难使得相关的话题呈现到公众面前，但如果媒体认定其有价值，会千方百计地寻找体制中的机遇或政府权力方面的裂隙，巧妙地跳出"包围圈"，将事件纳入媒体议题中去。

在2004年国家批准年产800万吨的厦门PX项目，在立项之初就不乏反对的声音，厦门市政协委员以及厦门大学的专家等政治与知识精英不光在私下里议论PX项目的危险性，也曾在厦门市政协会议等场合提出过异议，但鉴于"统一思想的需要，一直无法形成提案"[1]。在2007年"两会"之前，厦门的PX项目也已经受到了厦门市民的反对，他们曾经拉过抗议横幅，联系过当地媒体，也"给总理写过信，给焦点访谈打过电话"[2]，但由于投资额巨大，且程序合法，这些反对"明星项目"的意见和信息都很难能够在媒体上得以呈现。

在2007年3月召开的全国"两会"上，厦门大学赵玉芬院士联合多位中科院院士，共105名全国政协委员联名提案，公开反对在厦门市区建设PX项目。这个提案为媒体提供了报道的契机。每年的两会报道，向来都是全国各大媒体一年中重要的工作安排，一百多名政协委员在两会上联名提交的提案，本身就是一个具有重要新闻价值的新闻，作

---

[1]　朱红军：《百亿化工项目引发剧毒传闻 厦门果断叫停应对公共危机》，《南方周末》2007年5月30日第1版。

[2]　同上。

为新闻从业者不予关注反而变得不合情理。况且在全国的两会之上，地方政府的信息规制已经鞭长莫及。在"两会"中报道代表们的提案，为媒体报道"敏感"事件提供了一条合法的途径，全国级别的会议，又给记者创造了一个更为高端和权威的接近信息源的平台。2007 年 3 月 19 日，《中国经营报》首次将这个提案见诸报端，转述了赵玉芬等政协委员对厦门 PX 的风险担忧，从而引发了全国媒体的跟进，最终将这个事件高调地带入了公众的视野，成功地建构了一个全国性的环保议题。

在争议的话题中能否找到有用的信息源，通常是衡量记者采访能力最重要的一条标杆。在事件当地的专家三缄其口无法提供记者想要的信息时，记者通常将全力寻找在国内持不同意见的专家，如在 2009 年广州反对垃圾焚烧事件中，身处北京的"反烧派"专家赵章元成了全国众多报纸追逐的对象，赵章元的言论出现在几乎所有媒体之上，只身一人挑战为数众多的"挺烧派"专家意见。很多媒体几乎将其塑造成为一个孤独的"科学英雄"。另外，在记者对涉事的公共设施或者企业进行调查的时候，寻找当地知情的"反对者"的手段更是五花八门，如通过寻找被该企业辞退的员工了解情况；通过研究知情者之间的人际关系寻找突破口；在不表明记者身份的情况下混入抗议公众与涉事部门的谈判中挖到"内幕消息"和"鲜活语言"等都是他们常用的手段①。这些做法是否会对新闻的客观性造成损害在此先不做讨论，但对拓展争议事件的社会能见度有很大的帮助。

(二) 跟风报道

政治对中国媒体实践的控制，除了明文规定的法律、纪律、长期的文件之外，还有着大量的口头的、临时的、具体的各种宣传通知，通过"统一口径"的形式来设置一个报道范围的边界。在地方政府已经传达了宣传口径之后，对于一些大众关心而无法发表的话题，媒体很少会将注意力"自觉"地转移开，反而时刻关注着事态的进展，寻找着突破的机会。很多时候，其他媒体的"违规"操作，给自己创造了跟风报道的机

---

① 源自笔者与 2011 年 7 月对广州、上海多位记者的访谈。

会。媒体在看到别的媒体已经"违规"报道之后，大多会第一时间跟进，加入到违规者的行列，"法不责众"这个古老的民间智慧似乎融入了他们的生存逻辑。对于公共环境危害这种公共性很强的话题，如果某个媒体表现得太过畏首畏尾，反应迟缓，失去的可能不但是受众的信任和市场竞争中的机遇，还可能会在同行中留下不好的印象：

> 即使"犯错误"，至少也不是第一个"犯错误"。而如果人家都报了，我们却没有报，那就太丢面子了①。

在 2009 年的广州反对建垃圾焚烧厂的风波中，广东媒体对该事件报道的热闹程度远远超乎了想象。广州向来是国内媒体控制环境最为宽松的地区之一，各种媒体的市场化程度很高，各种都市媒体竞争激烈。2009 年 9 月广州市民反对在番禺建设垃圾焚烧厂事件一经披露，广州市的各个媒体都加入到了报道的战团，如前面所述，市场化的媒体对这种新闻来源的挖掘更是乐此不疲，热烈讨论事件长达几个月之久。发生于2014 年 3 月的广东茂名反 PX 事件也引起了大量的媒体跟风潮，根据舆情机构统计，在茂名市民反建游行的第二天（3 月 31 日），各地媒体的报道量为188 篇，4 月 1 日就猛升至 784 篇②，使得对 PX 项目又一次地受到全国民众的密切关注。

很多时候，宣传部门并不希望国内舆论对这些事件过多的关注，如对于广州反建垃圾焚烧厂风波，广东地方政府也曾经多次对省内媒介下发"通知"，要求省内媒体退出已经热火朝天的"炒作"，但这些"禁令"一次次被"违规者"和大量的跟风者打破。广州市一家著名周刊的记者说道：

> 我记得当时宣传部下过四道禁令，不让各大报纸再炒作这个事情了，可是都没有禁住，还是很多记者热情地报……大家都在把它

---

① 田中初：《新闻实践与政治控制——以当代中国灾难新闻为视阈》，山东人民出版社2006 年版，第 226 页。

② 《广东茂名 PX 项目事件舆情分析》，人民网—舆情频道，2014 年 6 月 5 日，http：//yu-qing. people. com. cn/n/2014/0605/c210114 - 25108215. html。

作为一个热点来看待⋯⋯我们是周刊呀，一看日报们都报道出去了，那当然没有什么危险了，只求报道做得更扎实和丰富一些就好了。①

对管理突破手段不单纯是违反报道口径，播发自己媒体采写的独家新闻，还有很多对别的报纸或网上信息源的转引和转载，媒体之间相互成为信息源，大量的转载和转引造成了信息量迅速地重复叠加，也许媒体的大量信息中真正新鲜的东西不见得有太多，但是能够让话题保持着热度，不至于淡出公众视野而被遗忘。

（三）异地监督

异地监督，这种在业界被称为"隔山打牛"的监督形式是中国特有的媒体现象。从政治方面讲，在中国，新闻媒体是有着较为明确的地域与层级划分的，归属于某一层级的政府，媒体领导为某一级别的干部，媒体是根据科层制的行政制度进行安排其服务对象、媒体层级以及批评对象的。地方上的媒体基本以本地的新闻事件为报道对象，虽说有了解当地情况、与群众接触多、消息源广等优势，但这些媒体同时又肩负有服务于本地政府政治利益的职责，也成为国家意识形态的一部分。从媒体经营管理方面来讲，本地媒体主要的广告和发行市场基本都在当地，在经济往来上与当地的企业或单位有着千丝万缕的联系，开展起舆论监督来反而有诸多不便，容易造成"灯下黑"的舆论监督盲区。特别是在环保领域，受质疑的对象多是当地的一些知名企业，对当地的经济贡献很大，媒介一旦将矛头指向它们，会直接影响当地的经济收入。因此，当地政府在面对民众反对当地知名企业或邻避设施的时候，多会对本地媒体进行管制，以免影响本地的经济发展、官员的政绩以及形象声誉。而外地媒体不受地方政府的管制，在公共冲突中，当地政府虽然可以不接受外地媒体的采访，但是不能制止他们在本地的采访活动，在广告和发行市场方面，外地媒体需要顾忌的方面也明显要少一些。

虽然国家对媒体"擅自"进行异地监督曾经多次下令禁止，但是在

---

① 源自笔者 2011 年 8 月 3 日通过电话对广州某周刊记者的访谈。

市场经济社会中，媒体已经成为市场竞争中的一个主体，对于题材重大，能够引起全国关注的重大事件，多会不遗余力地先派记者前去采写，为自己争取更多的受众资源与社会声誉。最为重要的是，异地媒体以舆论监督为名义，在判断事件的相关信息已经无法掩盖且并不会明显违反新闻纪律的情况下，大胆地去报道和讨论这些在外地发生却能得到全国性热议的新闻题材，成为全国舆论的引导者，不管是对于新闻媒体还是记者个人，都是成功获取业内声誉以及经济利益的一条重要途径。正如一个经常涉及环境题材的调查记者说的："在当前中国的体制之中，地方政府对新闻管制的太多，一些外地媒体和记者很爱'冒险'冲破规制，在判断事情已到无法掩盖的情况下，主动的出击，对某些限制讨论的话题中偶尔违规，来争取在社会的关注度以及增加记者的成就感，宣传部看到之后也不会把你怎么样。"①

随着 30 多年的环保宣传与教育，中国人的环保意识得到了较大的提高，国家对环境保护的重视也与日俱增，因此，有关外地重要的环保议题，媒体更是将其视为"猛料"而争先恐后。政治主流话语资源的支持也让进行异地监督的媒体记者对采访任务的"政治正确性"更有把握，且环保本身就占据了较高的道德高度，能够更好地激发出记者"以天下为己任"的新闻主体意识。其实，这就应了陆晔与潘忠党教授所做的判断，在中国媒体改革的情况之下，媒体常常选择通过"临场发挥"，时不时地突破政府管制，实现其"成名的想象"。②

近几年，我国较为重大的环境抗争运动，外地媒体的报道和披露都发挥了极大的作用。2007 年 3 月《中国经营报》披露了厦门 PX 项目的风险，从而引发了《中国青年报》《南方都市报》《瞭望东方周刊》《凤凰周刊》等媒介的关注，进而引起舆论上的轩然大波。更为重要的是，在当地媒体根据本地政府意见，将民众的抗争行为进行负面"定性"的时候，异地媒体的介入，马上改变甚至颠覆当地媒体对该环境运动的话语建构。如在厦门 PX 事件中，在厦门人为反对 PX 项目而"散步"之

---

① 源自笔者 2011 年 7 月 26 日与上海某报记者的访谈。

② 陆晔、潘忠党：《成名的想象：中国社会转型过程中新闻从业者的专业主义话语建构》，《新闻学研究》（台北）2002 年第 71 期。

后，厦门的本地媒体根据公安局的定性，宣布该次集体行动为"非法行为"，是由极个别人煽动造成的，要求"违法分子"悬崖勒马，尽快自首。但是，《南方周末》《瞭望东方周刊》《凤凰周刊》等媒体对该事件的进行了"去政治化"的处理，将其定性为"公民有效参与的典型"，这些知名外地媒体对事件的重新定性，促使了舆论的走势产生了巨大的逆转，为该次环保运动的发展做出了决定性的作用。

对于异地监督的问题，广东省的媒体在面对 PX 事件中的表现也可见一斑，在面对厦门、漳州等地的 PX 项目反建风波，《南方周末》和《南方都市报》在其中都表现得异常的活跃。《南方周末》以其辛辣的深度报道见长，且往往不满足于个案的报道，经常能整合专家与公众的意见进行制度的反思，因此在很多时候能够成为舆论的领导者。虽然广东的舆论环境较内地要宽松很多，但 2008 年当一个投资额达 600 亿元的 PX 项目将要在广州落地的时候，广东的媒体没有能够如厦门当年那样做出迅速的反应，广东的媒体噤若寒蝉，这个时候《南方都市报》和《南方周末》转而成了本地媒体，这些当时在外地反对 PX 项目的媒体都受到了不小的压力，其报道力度和批评的锋芒也受到了影响。

综上所述，在以环境民间抗争活动为中心的媒体报道中，我们可以看到，在国家转型的历程之中，政治对媒体的管理与媒介利用"临场发挥"来实现不断突围始终是一对互为消长的矛盾，存在对抗性，也拥有统一性。在政治的限制之中，存在着很大的不确定性，给新闻媒体提供了介于"安全区"与"禁区"之间的"灰色地带"①，这为媒体发挥主动性和创造性提供了空间，大众媒体不断地从安全区向"灰色地带"挺近，一次次的"临场发挥"使得原来的"危险动作"渐渐变成"合法动作"，不断地压缩"禁区"，将"灰色地带"变成"安全区"，最终实现对旧有制度的侵蚀与破除，辅助改革在探索中前进。

---

① 景跃进：《如何扩大舆论监督的空间——〈焦点访谈〉的实践与新闻改革的思考》，《开放时代》2000 年第 5 期。

第三节　抗争过程中的稳定剂

由于制度内的沟通机制还未完善等原因，在一些重大的环境公共问题决策中，部分公众的权益无法通过制度内的渠道进行沟通与解决，因此通过游行、示威等制度外的渠道对政府的决策工作进行施压。抗争性的活动是发生了，但政府与公众面临的问题依然存在的，那就是，如何进行讨论？通过什么渠道进行讨论？公众如何很好的发表自己的意见？政府在面对公众的不满时如何重新且迅速的与公众建立起互信与权威？这个时候，大众媒体为政府和受众提供了一个渠道与平台。

其实，不管在中国还是在国外，在社会运动中，新闻媒体在其中都承担着传播思想和主张的最重要角色。在中国的民间力量尚未发育成熟与体制内的沟通制度还未完备的今天，政府在面对这些重大的环境抗争运动时，媒体的功能更是不容忽视。

一　释放民意气球，避免众议激烈反弹

何为"民意气球"（trial balloons）？孙旭培先生曾经给出一个定义："它是在某个公共问题已经形成并有一定的政策诉求后，有关部门在考虑相关政策制定与否、该如何制定时，尽可能广泛地听取舆情民意的一种试探性方法，具体做法是通过新闻媒体传播有关信息，以激发利益取向不同的公众参与讨论，各抒己见，建言献策。"[①]

"民意气球"也叫"试探气球"、"决策气球"，它最早是西方国家政党在制定政策时试探民众反应的一种方式。在西方国家，在政府或政党环境抗争或社会运动的决策与沟通中，新闻媒体起到了非常重要的作用。首先就是在制定有争议的环保政策（如开征新订的环保税、建立对周边市民有影响的公共设施），政府为了避免政策会受到民众的大面积反对，在正式公布方案之前一般都会通过"政府消息灵通人士"、"知情人士"

---

① 孙旭培：《决策气球与听取民意》，《新闻与写作》2005 年第 6 期。

向与政府接触紧密的新闻媒体或环境记者"吹风",预先测试民众的反应,以制定修改方案或跟进行动。由于有了这种前期的信息测试,在这种政府——新闻媒体——民间的沟通之中,新闻媒体扮演的是桥梁中介的角色,能够让政府和大众以及其他的压力集团(如环保组织或相关的利益代表团体)进行更有效、更深入的沟通。在这个过程中,"政策制定者希望了解公众在想什么、制定什么样的政策才是最合时宜的等等,而公众则希望知道政府在做什么、政府制定的公共政策对自己是利是弊"①。而在这样的沟通中,不管是政府还是民众的信息,都能为大众媒体提供良好的环境新闻素材。②

　　在20世纪90年代之后,随着政府改革的发展,国家对公民的政治参与利益表达功能日渐重视,以满足日益分化的利益与利益关系重组的社会公众需求,也开始改变原先政府的公共决策从"谋"到"断"一步到位的模式,政府部门开始通过大众媒体向社会释放相应的公共决策信息,让民众进行讨论,在由新闻媒体传递信息的过程中,公众能够较早地了解和体察决策部门的正确意图,政府部门也可以了解公众的不同想法,这样的沟通,能够缓解双方形成对立的紧张关系,也减轻了政府的压力。本来,"做好党和政府与群众的桥梁纽带"、"吃透两头"等原则就是中国新闻媒体的工作原则与方针,在计划经济时代,"桥梁与纽带"、"吃透两头"所强调的重点都是政府的政策信息从上至下的灌输与播报,而轻视由下到上的表达、讨论。到了现在,政府开始重视主动发布试探性的信息,并将公众的讨论意见公之于众,将公众的意见纳入政策的制定与修改之中,不断地提高决策的合理性,可以说是我国政治文明的一个进步,另外,在当前媒体日益发达的社会当中,政府也越来越适应在媒体的聚焦下应对危机,在媒体建构的舞台之上,政府也改变了以前被动的状态,通过主动地释放决策消息,让公众参与讨论,以此树立政府决策透明的形象,提高政府部门的执政公信力、执政形象和执政合法性,团结更多的合作者和支持者。

---

　　① 谢岳:《公共通道与政治产品——美国大众传媒的民主功能评析》,《复旦学报》(社会科学版)2003年第2期。

　　② 蔡启恩:《从传媒生态角度探讨西方的环保新闻报道》,《新闻大学》2005年第3期。

二　信息横向流动避免信息失真

根据信息论创始人申农的理论，信息就是消除受信者随机不确定的东西。信息的缺失或不完整，很容易导致公众的焦虑不安情绪或决策者的决策失误。如果政府只是被动地公开信息而没有通过有效的传播渠道广而告之，并不见得能够保障公民的知情权，也并不见得能够让信息有效的流动，公众在不知情的情况下是无法展开讨论的。当前大众媒介传播面广，信息量大，传输速度快，已经成为公众获取信息最为重要的渠道，同时也成为政府获取群众意见以及反馈的重要渠道。①

从政治信息流的传输流向上来说，由上至下的纵向政府信息传播网络，即政府信息逐级传达，基层信息逐级上送，无论它有多么密集，无论对参与者来说有多么重要，都无法完全维系社会的信任与合作；与之形成对比的是，横向的公民参与网络有助于解决参与者集体行动的困境，一个组织的建构越是具有横向性，就越能够在更广泛的共同体内促进制度的成功。因此，传播越有效，就越有利于采取正确的决定来解决社会冲突问题。相关政府部门应当与时俱进地更新传播观念，使得信息从组织传播走向大众传播，由纵向垂直的流动转向横向水平的流动。② 这是因为垂直状态的组织传播在面对冲突时不见得有效。"信息的垂直流动，往往不如水平流动可靠，其原因部分地在于，下属为了免受剥削而对信息有所保留。"③ 美国政治学者李侃如在总结中国相关信息传播模式时就指出，中国大多数信息通过国家行政机构逐级上报的纵向信息流动模式，最大的问题就是中间各层级官员都可能会具有"引入偏好和扭曲的动机"，因而使得领导者获得的信息严重失真或缺乏，而导致决策失误④。

---

① 中国环境意识项目办：《2007 年全国公众环境意识调查报告》，《世界环境》2008 年第 2 期。

② ［美］罗伯特·帕特南：《使民主运转起来》，王列、赖海搭译，江西人民出版社 2001年版，第 203—206 页。

③ 同上。

④ ［美］李侃如：《治理中国——从革命到改革》，胡国成、赵梅译，中国社会科学出版社2010 年版，第 194 页。

而"中国的媒体尽管仍处于广泛的政治控制之下，但也成了一个日益重要的非过滤性的信息源。"①

　　根据这个标准推断，体制内的、以行政力量为主导的这一系列公众表达或参与的渠道，特别在中国这样的国家中，这种通过垂直纵向传播的信息有自动对本系统负面信息进行"过滤"的功能，有意或无意地强化正面信息而过滤掉不利于各级地方官员的信息，这种看似维护稳定的方法，容易造成表达通道的堵塞，加剧了系统的不稳定性，容易出现适得其反的效果。因此，在日益开放与多元的社会环境下，在保证政府信息公开与传播，保证社会各阶层良性沟通方面，大众媒体的作用越来越无法替代。媒体深深地介入公共讨论，不仅不会影响社会稳定，而且更为有利于冲突的解决。

三　培育公民协商素质，寻求理性共识

　　1980 年，美国学者约瑟夫·贝赛特（Joseph M. Bessette）首次使用了"审议民主"（deliberative democracy）这个概念，deliberative democracy 一词在中文中的译法较多，较常见的有"慎议民主"、"协商民主"等，其主要意思是在涉及公共政策的问题上，每个公民或公民组织都享有平等协商和讨论的权利，多元的利益主体通过协商，最终在公共问题上达成理性共识。

　　审议民主的重要意义在于在利益多元化的社会形态下，通过多样的协商形式、重视协商过程以及充分参与的特点与优势，对选举民主之不足进行有效弥补，对社会主义民主进行深化。② 公共政策经过协商讨论，是决策合法性的重要支撑，正如美国学者指出的："审议民主要强调的是公民及其代表需要对其决策之正当性进行证明"。③ 在美国，政治上一直

---

　　① ［美］李侃如：《治理中国——从革命到改革》，胡国成、赵梅译，中国社会科学出版社 2010 年版，第 199 页。

　　② 梁莹：《草根社区间孕育的选举民主与审议民主——在融合与互补之中共生》，《社会科学研究》2013 年第 5 期。

　　③ ［美］埃米·古特曼、丹尼斯·汤普森：《审议民主意味着什么》，载谈火生编《审议民主》，江苏人民出版社 2007 年版，第 5 页。

秉承着多元主义的传统，认为社会就是一个不同政治和经济力量进行相互竞争和相互牵制的一个场所，各个利益集团和公众的意见和要求就成为政府决策的主要依据。而如何向政府上传这些意见？大众传媒是被公认的一个表达、审议、交流、竞争的一个最有效途径。

　　审议民主主要有以下几个特征：（1）主体是自由平等的公民；（2）过程需要通过相互陈述理由；（3）审议目的是为了形成合法且理性的决策；（4）审议作出的决策是动态开放的。① 在西方的城市治理以及一些公共管理服务中，审议民主要求选举代表参与决策的审议，在审议且讨论的过程中，必须遵循一个前提，那就是只有当公民或者公民代表所表达的意见超越了自利的局限，反映的是公共利益的时候，这种政治决策才能够是合法且有效的。"这种协商过程促使公民诉诸共同利益，或者以公共辩论的'所有人都能接受'的理性话语来证明他的决定的正当性。民主不仅仅是投票，它强调在投票之前应有一个公共审议的过程，使得基层民主公民可以通过自由而公开的讨论，深化他们对共同利益的理解。"②

　　审议民主的另一个特点就是必须由多个不同利益背景的代表参与并进行表达，而且这种表达必须是理性而严谨的陈述。审议民主强调的不仅是基于自我利益的表达，更是多方的利益代表通过对项目可行性、决策利弊的讨论，达成理性共识的过程。

　　如在第二章中所述的，中国的环境民间抗争，特别是城市中的公众抗议，多具有"邻避政治"的特征，即抗议活动有着很强的地方性偏狭情绪和明显的"别在我家后院"的自利意识。在中国，周边居民对除了在乎垃圾焚烧厂、磁悬浮轨道等公共设施给自己生命与健康带来威胁外，还与他们住房的升值预期紧紧联系在一起，其反抗的声音中，不仅有健康诉求，还夹带着财产诉求。在通过听证会等途径与政府进行沟通的时候，这种非理性也常常显现。抗争群体"保护自我空间"的抵触情绪是邻避冲突中让政府极为头疼的一个问题，也是沟通陷入僵局的一个重要

---

　　① 周秉毅：《全媒体时代媒介的责任及其实现——基于"审议民主"理论的视角》，《理论界》2011 年第 5 期。

　　② 黄岩：《倾听城市：都市治理的审议民主》，载唐晋主编《通向大国之路的中国民主：基层民主》，人民日报出版社 2009 年版，第 115 页。

障碍。这是一种"不需要有任何技术面的、经济面的或行政面的非理性知识"① 的抗拒心理。正如 2014 年 5 月杭州市民反建垃圾焚烧厂的风波中向媒体说的："即使技术上使人相信了，也没法根除不信任感；即使现在说都达标、没问题，但谁能保证日后垃圾焚烧规范、安全？"②

　　如果借用戈夫曼的"拟剧理论"，在媒体面前展开公共决策讨论的时候，辩论的代表都成了站在"前台"的表演者。在新闻媒体这种"强光照射"的大舞台之上，特别是在传统媒体之上，意见表达者为了符合别人的角色期待，在陈述自我理由的同时，会尽量地保持理性的思维和公共的视角。媒体前的辩论，会避免网络匿名表达和集体行动时那种非理性对抗冲动与狭隘自我意识的排他性，这就为在讨论过程中寻找到更为合理的解决途径提供了可能。如 2007 年厦门市民在反对 PX 的"集体散步"半年之后，厦门市政府公开了项目环境影响评价的简本，并宣布开启公众参与程序，在《厦门日报》、厦门电视台等当地主流媒体重要版面与黄金时间公开了参与座谈会的市民代表名单，直播了摇号入场的过程。在 2009 年北京阿苏卫与广州番禺垃圾焚烧厂的抗争事件中，通过媒体的介入，参与抗争的市民开始表示"只要不建垃圾焚烧厂，我们愿意做垃圾分类排头兵"，从原来狭隘的社区维权转化为后来的公共政策倡导③，这些行动都为公共问题的解决提供了破题的可能。

　　媒体在环境运动中除了提供意见交流与讨论的平台之外，其实最重要的还是在民众中进行一次审议民主的政治启蒙。通过媒体对焦点话题的讨论告诉公众，什么内容我们可以协商？是什么构成了公平公正的程序？又是什么构成了个体的权利？我们该通过什么方式对公共议题进行协商与参与？我们该如何表达自己的想法与意见？这些都是以前公众所缺乏的民主素质，因此，媒体对于这些环境运动的报道，以及公众在媒体之上的表达与争论，为培育公民参与公共事务的意识和能力、成为积极参与公共事务的公民创造了机会。

---

① M. E. Vittes, Pollock P. H. and Lilie S. A. 1993 "*Factors Contributing to NIMBY Attitudes*" Waste Management, Vol. 13, pp. 125 – 129.

② 江南：《解开垃圾焚烧的"心结"》，《人民日报》2014 年 5 月 13 日第 5 版。

③ 马青：《反对垃圾焚烧：从社区维权到政策倡导》，《南方人物周刊》2009 年 11 月 24 日第 22 版。

四　充当社会减压阀，安抚公众情绪

人的情绪不但具有社会性，还具有传染性的特征，社会运动学家斯梅尔塞（Neil Smelser）的"加值理论"认为，结构性诱因、结构性紧张、一般性信念、触发因素、行动动员和社会控制的疏忽或失效等六个因素的不断叠加，是产生社会运动甚至革命的原因。他认为，人们对现状可能会存在不满，这种不满情绪的增长导致了个人对某种偏激的问题归因在社会上的传播，如果这个时候再出现某个突发事件，这种情绪就会在人际网络中更为迅速传播，不满情绪会迅速累加，人群也会迅速动员起来加入集体行动①。据此我们可以看出，对社会情绪的疏导是一件不可小视的工作，对于社会上的某些刺激，社会主体的情绪可能会随着人的社会网络传递，也有可能因为不同社会主体的聚集，造成不同人群的"交叉感染"，甚至会造成群体性的情绪失控。

转型期的中国，正处于社会差距日益扩大、各种问题频出的时期，贫富差距、环境污染等问题可能会给社会上某些群体造成"集体剥夺感"，这种情绪怨愤日益膨胀，就像一个气压不断升高的压力锅，如果减压阀不能及时起到调节作用，其危险就会逐步升级，最终有可能对经济建设和社会稳定都造成巨大损害。

德国人类学者舒尔茨提出了"排气孔"这个概念，他认为，在社会冲突中，必须为敌对的群体和能量提供一种减轻其压力的机制，保证社会生活免遭毁灭性的影响。著名的德国社会学者齐美尔提出"安全阀"的理论，他认为冲突在社会机体或组织集体中，有时候扮演着积极的角色。"不反抗和没有保护，压抑感就会增加，而且由于反抗的行为本身也会赋予我们一种内在的满足、乐趣和宽慰……我们的反抗会使我们感到，我们并不完全是环境的牺牲品。"② 他认为，"如果没有这种安全阀，很多社会关系就不可能持久。"③

---

① 王瑾：《西方社会运动研究理论述评》，《国外社会科学》2006 年第 2 期。
② L. 科塞：《社会冲突的功能》，孙立平译，华夏出版社 1989 年版，第 24 页。
③ 转引自［美］刘易斯·A. 科瑟：《社会学思想名家》，石人译，上海人民出版社 2007 年版第 162 页。

党中央在近年来也开始重视在社会管理中疏导公众情绪的重要性，2008 年胡锦涛在视察《人民日报》社所发表的讲话中，就将"通达社情民意、引导社会热点、疏导公众情绪"① 作为新闻宣传的一项重要工作。在 2013 年年底召开的十八届三中全会中更是明确地提出"建立畅通有序的诉求表达、心理干预、矛盾调处、权益保障机制"，将心理干预与诉求表达、矛盾调处等内容放在了一起，强调了群体冲突中心理干预的重要作用。

在地方政府管理实践中，不少地方政府的管理者也发现了利用媒体疏导群体焦虑、对立情绪的功能，例如在厦门 PX 事件之后，厦门市政府副秘书长朱子鹭在接受媒体采访时指出："你适时开辟渠道，又有畅通的渠道让大家发言，情绪就会疏导。而如果压制，那高压锅就得爆炸。"②可以看出，从这个时候开始，作为公共事务的管理者开始意识到，属于不同阶层、集团的公众，能够通过新闻媒体表达自己的意见和看法，在表达的过程中，发发牢骚、吐吐怨气，使得社会上的负面情绪能够得以缓解，负面情绪的缓解，对于社会秩序的稳定以及沟通的进一步深入都有着非比寻常的意义。

在德国著名社会学家乌尔里希·贝克的名著《风险社会》中，就将现代工业所造成的环境污染当成最为典型的"不可预见的风险"。这种风险对人身体健康的损害并不能准确的预见和消除，当人们身处在这种"来无影、去无踪"且尚未可控的风险威胁的环境之中，必然会产生出无所适从、无处躲藏的不安情绪，这种恐惧和焦虑会不断累积，因此，只有信息通过新闻媒体快速全面地进行流动，才能够降低这种焦虑的不确定性，安抚社会情绪，稳定社会秩序。

除此之外，正如吉特林所描述参与新左派运动的参与者对着记者的镜头大喊"全世界都在看"的动机那样：

几乎所有的运动参与者都通过媒体的报道来寻求"心理上的满足"，在报纸和电视上得到短暂的兴奋，可以帮助弥补他们在运动中的艰辛以及无法避免的失败所造成的心理压力。……运动对于媒体的关心，不仅

---

① 胡锦涛：《在人民日报社考察工作时的讲话》，《人民日报》2008 年 6 月 21 日第 1 版。
② 朱红军：《"公众参与"背后的政府考量》，《南方周末》2007 年 12 月 20 日。

仅是因为媒体是实现组织目标的一种方式，而且通过媒体，运动可以昭示自我的存在。①

在冲突的环境之中，不管运动参与者所提出的诉求能否被政府或其他人接纳，当事人还是期待自己的话语能够被更多人听到，自己的申诉被广泛传播，自己的身影被人们看到，而唯有传媒有声有影，能够声情并茂地传递他们的话语和诉求，能够实现他们的心愿。②

第四节　媒介何以能够成为协商的平台

塔罗在他的名著《运动中的力量》中就指明：某类斗争能够取得预定的目标，并不取决于目标的正义性或运动本身的说服力，而是取决于它们的广度、社会精英及其他群体的反应，"政治机遇和限制的变化，为开辟斗争新阶段创造了最重要的诱因"③。社会学者刘能也认为："政治机遇结构是解释中国都市地区集体行动之发生的最有力的一个自变量，因为它代表了促进或阻碍社会运动或集体行动的动员努力的几乎所有外部政治环境因素。"④ 我们在讨论媒体在环境民间抗争运动中的作用时，单纯地剖析媒体与环境运动本身无法做到全面，必须与国家的政治决策联系起来才能在更高的角度内得到理想的答案。

一　国家民主建设的进步

我们必须明确一点，即使是在西方国家里，没有国家的容忍与默许，所谓的公民社会和社会运动也不一定能够成活，勿论是在一个国家仍有

① ［美］托德·吉特林：《全世界都在看——新左派运动的媒介镜像》，胡正荣、张锐译，华夏出版社 2007 年版，第 181 页。

② 童兵：《突发公共事件的信息公开与传媒的宣泄功能》，《南京社会科学》2009 年第 8 期。

③ ［美］西德尼·塔罗：《运动中的力量：社会运动与斗争政治》，吴庆宏译，译林出版社 2005 年版，第 9 页。

④ 刘能：《社会运动理论：范式变迁及其与中国当代社会研究现场的相关度》，《江苏行政学院学报》2009 年总第 46 卷第 4 期。

超强驾驭能力的体制内。① 因此，对于国家针对群体性事件的态度考察是分析群体事件发展的一个最为重要的指标。

在当前对媒体在社会运动中的关系的研究中，很多学者使用了社会运动理论中的"资源动员理论"进行分析，认为运动的参与者成功地运用传统媒体或新媒体资源，巧妙的设置议程，进行了较为广泛且充分的社会动员，因此在舆论和媒体框架争夺中获得了主动权，因而导致了一场集体行动的成功。这个说法不无道理，媒体的资源动员有时候在单个的社会运动中确实发挥着极其重要的作用。但是我们必须看到，"资源动员"的成功必须是以"政治机会"为基础的。一场社会运动是否能够达到目标，媒体在其中是否能够成功地在政府和社会之间搭建平台和沟通桥梁，与一系列的政治条件有着密切的关系。

（一）对于共产党执政合法性的充实与拓展

合法性是人们在信仰一定的社会价值规范的基础上对某种政治秩序的认同，是一个政治体系得以长期维持的前提和基础。

亨廷顿指出，一个合法性基础牢固的政权需要包含三重合法性：一是意识形态的合法性，二是程序的合法性，三是政绩的合法性。② 政治学的理论认为：以促进国家经济快速发展为核心的绩效合法性能够给一个政治体系带来有效的政治认同和支持，但稳定性最差，因为一个国家不可能长期处于高速增长的状态，一旦经济放缓或下行，合法性的基础必然会受到威胁。另外，"唯增长论"的思维也会带来诸多的发展问题。因此，很多国家意识到，绩效合法性不能长期地作为唯一或主导的合法性来支撑政治体系的运行。

改革开放三十多年里，党和政府将经济建设作为工作重心，以建设社会主义市场经济为经济体制改革的目标，强力地推动了经济的增长，综合国力得到了很大的提高，人民生活水平也得到大幅度的改善。在执政绩效上的突出成绩无疑是中国共产党执政合法性的最有力彰显。但是，

---

① 王绍光：《破除对 civil society 的迷思》，载周雪光《当代中国的国家与社会关系》，台北：桂冠出版社 1992 年版，第 23—27 页。

② ［美］亨廷顿：《第三波——20 世纪后期的民主化浪潮》，刘军宁译，三联书店出版社 1998 年版。

在这种绩效合法化中，官员们容易将衡量指标简化为对 GDP 的简单追求，这种 GDP 驱动模式在改革开放初期给全国大众带来了巨大的福祉，但在我国进入 21 世纪之后弊端开始显现，最明显的就是"唯 GDP 论"对环境保护、民生保障以及社会和谐的忽视，使得我国可持续发展的潜力受到限制、社会公平问题受到挑战，各种矛盾开始激化。

在以胡锦涛为代表的领导人上台之后，中国共产党在政治体制改革方面，"执政党由偏重绩效合法性转向加强民主合法性的历史趋势"①，相继提出了以人为本，协调且可持续的发展观，一方面保证了党执政合法化中的"绩效"指标，在另一方面，提出了"社会和谐"的指向，加强了对民主制度的建设，强调了公共政策的合法性和程序合法性的建设。除了继续巩固以人民代表大会制度为基础的选举民主之外，强调公众参与，引入参与式的民主，加强协商民主。

（二）在参与中塑造新的公民人格

根据我国宪法行政法学者王锡锌的看法，如果说在 1978 年以前，新中国侧重于建构公民的政治品格的话，在 1978 年开始的改革开放初期侧重于公民的经济品格建构。经过改革开放多年来的经济发展，市场经济给人们的物质生活带来提高的同时，也培育了公众对政治生活的更高的期望值。在市场经济化改革基本定型的情况下，民主建设有必要在继续强化"一体"的同时，开始"多元"的拓展，对公众的民主素质进行一定的民主训练。那么包括我国环境群体抗争在内的这些公民自发参与的集体行动是"在社会结构和话语变迁的时代背景下，为了健全公共生活制度品格、提升公共生活质量、培育公共生活精神而展开的一场重塑制度与人的品格的社会运动。"② 其目标是构建一种真正理性负责、适合民主生活的公民人格，而改变中国当前政治缺乏公民人格的简单民主化的弊端。

在以前的计划经济时代，高度一元化的社会之中，政府是公共事务管理的唯一主体，政府认为自己有能力也有义务消弭一切危机，公民只

---

① 王锡锌：《公众参与和中国新公共运动的兴起》，中国法制出版社 2008 年版，第 7 页。
② 同上书，前言第 3 页。

需要听从政府的指挥，任何困难都可等闲视之。在这样的一个社会系统中，公民只是一种类似"臣民"的存在，在一个没有健全公民意识的国家里面，公民没有广泛参与各项政治与社会活动的动力与经验，在面对危机的时候，平时那些只是俯首帖耳的"顺民"未必能够保证国家的持续稳定与崛起。改革开放已经进行了 30 多年，但是不管是政府还是公民，在面对危机时依靠政府的"路径依赖"惯性仍然根深蒂固。如在2003 年的"非典"危机之中，这种公民意识的缺乏、政府锁闭信息的情况就让在国家抗击风险的时候耗费了很大的人力、财力资源，另外也招致了尖锐的批评：

> 在这次非典危机之中，特别是北京非典真相刚刚被揭露的时候，有些网友在网络上激烈地批评政府，认为这次危机政府必须承担全部的责任，甚至说，假使他个人得非典的话，要通过法律追究政府的责任。我可以理解他们的愤怒。但在这些貌似激烈的批评言论背后，可能隐藏着某种全能主义时代的臣民心态。所谓臣民心态就是认为这个社会和个人所有的问题都应该由政府负责，既然这个社会出现的任何问题都是政府的问题，那么我就有权利追究政府的责任。臣民心态可以是以正面的"顺民"形象出现，也可以以反面的"逆臣"形态表现，但二者背后的逻辑和预设是一致的。他们没有意识到，在这场灾难面前，个人和社会应该担负什么责任，除了批评和监督政府之外，作为独立的公民和社会成员，还能够做什么？……（这种"戾气"）是全能主义社会的后遗症，当这种心态被普遍化之后，更加助长了社会对政府在体制和心理上的依赖。[①]

从理论上来说，政府是由公民选举产生的，对社会公共事务进行管理的机构，政府的意志应该是公众意志的代表，两者之间不存在对立的关系，但在具体的事件处理上，当政府的意志与公众的意志出现偏差的时候，必须要明确其间的一个主从关系——公众意识必须是政府意志的基础，公众的意志必须比政府意志具有优先性。政府意志是整合与协调

---

① 许纪霖：《从非典危机反思民族、社群和公民意识》，《天涯》2003 年第 4 期。

公众意志之后的产物，这是现代民主政治构成的一个基础。在以前计划经济时代，管理型政府的理念占据着大部分政府官员的思想，因此，"长官意志"，不愿意倾听公众诉求的情况经常发生。随着我国社会的发展与民主法制的不断进步，我国政府机制渐渐从"管理型政府"向"服务性政府"转化。

（三）对公众参与社会事务的期待与需求

在十八大报告中，明确指出了"人民民主是社会主义的生命"，并要求"改进政府提供公共服务方式，加强基层社会管理和服务体系建设……引导社会组织健康有序发展，充分发挥群众参与社会管理的基础作用……正确处理人民内部矛盾，建立健全党和政府主导的维护群众权益机制……"①"充分发挥"一词的使用，说明了中央高层对公众参与社会事务的期待和需求，折射出了对公民参与制度的接纳和认可，也说明政府管理公共事务的主体发生了改变，由原来的国家作为唯一的管理主体，变成了由政府、社会组织、公民共同组成，形成一个以政府为核心，多元的、开放的公共管理体系。并且提出"畅通和规范群众诉求表达、利益协调、权益保障渠道"等措施，就是在党的文件中，保障公民能够进行实质性的参与、表达和博弈。

从上文对国家民主建设和社会管理观念转变的历程可以看出，国家希望通过对公众利益诉求表达的行动的认可，将之引导到"有序参与"国家政治活动中来，提高民主的参与性，丰富社会主义民主政治的形式，增加政权的合法化上来。

（四）从保证"刚性稳定"到保持"韧性稳定"

稳定的社会秩序是市场繁荣、社会发展的前提和基础。鉴于十年"文化大革命"对中国经济、社会造成的巨大损害，在改革开放之后，历代国家领导人都非常重视强调社会秩序的稳定对于国家发展的意义，从

---

① 胡锦涛：《坚定不移沿着中国特色社会主义道路前进 为全面建成小康社会而奋斗——在中国共产党第十八次全国代表大会上的报告》，新华网，2012 年 11 月 19 日，http://www.xj.xinhuanet.com/2012－11/19/c_ 113722545.htm。

邓小平提出的"稳定压倒一切"到江泽民的"改革、发展、稳定，现代化建设棋盘上三招紧密关联的战略性棋子"、"稳定是发展的基础"，再到胡锦涛的"和谐社会"，稳定就成为国家主导的意识形态，而维护稳定也成为政府部门一项非常重要且工程浩繁的任务。

保持社会稳定是一个毋庸置疑的命题，但是，什么才是"稳定"，稳定的标准又是什么？这却是一个仍需探讨的问题。于建嵘教授提出"刚性稳定"与"韧性稳定"的概念。他认为，以往，我国政府执行的是一个"刚性稳定"的标准，这种"刚性稳定"是一种以政治权力的排他性和封闭性为基础的政治稳定，这种稳定以社会的绝对稳定为目标，以辖区内是否出现群体性事件作为考核官员能力的重要标准，群体事件的有无，直接影响到他们的仕途升迁。于是乎，地方官员将一切抗议行为，如游行、罢工、罢运等集体行动都视为混乱无序，将其看作洪水猛兽，不惜动用一切手段特别是国家暴力手段对其进行压制打击，封锁信息并进行舆论管制。这种稳定的标准容易让执政者将自己圈在封闭的状态之中，漠视和回避社会上寻求变革的声音，使得政府与公众缺乏沟通，最终政治体制无法适应多元化和复杂化的政治现实。"这种稳定的严重后果，就是政府要直接面对这些'非法事件'，没有任何缓冲和回旋的余地，更不能充分利用社会中介组织在矛盾的调节和纠纷中的作用。"①

在这个公民权利意识日益提升、社会组织力量逐渐成长、网络信息传播能力已经非常发达的时代，希望通过控制社会组织、运动信息以及管制舆论达到这种"刚性稳定"或者说绝对稳定，不仅需要花费的成本越来越多，实现的可能性也越来越低，而且也不利于增加政治的权威与体制的合法性。根据前文所描述的预测，中国将进入一个现代化建设过程中矛盾冲突的高发期，这个时候，这种封闭的、静态的、暴力的"刚性稳定"治理逻辑必然受到强有力的挑战。我们需要建立一个新的稳定观，任何国家其实都不可能消灭一切冲突，主要看如何把它控制在一定范围内。从一定意义上来说，很多社会的抗争活动都具有一定的积极意

---

① 于建嵘：《抗争性政治——中国政治社会学基本问题》，人民出版社 2010 年版，第 39 页。

义，如于建嵘的观点："最具有活力的社会恰恰是充满着抗争和示威的活动"，是充满着对话和协商的，这些稳定离不开一定限度内的抗争与参与，离不开公众对决策提出的异议与讨论。中国要防范社会大幅度的动荡，就需要通过一系列的改革，包括健全民主法制体系，建构公平公正的社会分配体制以及完善畅通的表达机制，增加政治体制的"韧性"，一种分权开放的、动态的、和平而有序的、具有强大自我修复功能的"韧性稳定"。[①]这样才能够更好地吸引公众参与国家管理，锻炼公民人格与能力，更好地防治腐败，保证国家的长治久安。

二　信息公开——公众环境信息的权利与需求

近年来我国出现的大规模的环境抗争事件，多具有群众性、临时性和自发性的特点，运动中没有特定的组织者和发起者，且运动的参与者，他们的意见也未必统一，在运动发起之后，政府有时候很难找到协商的代表和对象，在广州市民反建番禺垃圾焚烧厂运动中，当政府部门要求抗议群众推举一些代表进行商讨时，运动的参与者喊出"我们不需要被代表"的口号，拒绝推选谈判代表，就是一个很好的明证。[②]因此，必须找到一个在多元化社会中各方面力量能够进行广泛辩论和博弈的平台和通道。而国家和公众双方对环境信息公开工作的重视，我国体制内表达与讨论平台存在的缺陷，以及媒体在实行双轨制运营之后出现的多元化，这些因素都让媒体在出现环境冲突的时刻，担当起了主要的沟通与讨论的平台与渠道的重任。

（一）环境知情权，公民的权利

环境信息公开和环境权利的提出，是国家引导公众进行环境参与，讨论相关环境决策的基础，没有国家对这些权利的肯定，公民无法参与环境的各项保护，也就无法以此为武器保护自己的环境权益。以传递信

---

① 于建嵘：《从刚性稳定到韧性稳定——关于中国社会秩序的一个分析框架》，《学习与探索》2009 年第 5 期。

② 陆晖、周鹏：《番禺人：我们不要被代表》，《南都周刊》2010 年第 1 卷第 4 期。

息为主要工作的大众媒体也就无法在各种环境事件中发挥应有的作用。

在一个民主化的社会中，"知情权"是一个国家公民应享有的最基本权利之一，另外，这也是公民作为社会主体参与社会管理的必要条件，随着中国社会主义民主制度建设的不断推进，漠视一个公民的"知情权"，很明显有违中央"以人为本"的执政理念，因此，我国对知情权的重视也越来越受到关注。在全世界将"公众的知情权"进行确认且不断推进政府信息公开的大背景之下，各国公民的"环境知情权"也被作为参与国家环境管理且对国家的环境管理工作进行监督的一个重要前提。

所谓"环境知情权"，在1987年2月日本东京召开的第八次世界"环境与发展委员会"的报告《我们的共同未来》上，有这样的界定："人们有权知道环境的真实状态"①，在1992年发表的世界著名国际环保宣言——《里约环境与发展宣言》中，第10条有这样的规定："环境问题最好是在全体有关市民的参与下，在有关级别上加以处理。在国家一级，每一个人都应能适当地获得公共当局所持有的关于环境的资料，包括关于在其社区内的危险物质和活动的资料，并应有机会参与各项决策过程。各国应通过广泛提供材料来便利及鼓励公众的认识与参与。应让人人都能有效地使用司法和行政程序，包括补偿和补救程序。"② 之后，联合国欧洲经济委员会与欧盟于1998年签署《奥胡斯公约》③，又对公众环境信息权利以及参与环境事务的权利给予更为详细的规定。

其实早在中国的环境保护事业刚刚起步的时候，当时我国的领导人已经对群众的知情权有所重视，在1973年我国的第一次环境保护工作会议上，时任国家计委革委会主任、国家计委主任、党的核心小组组长的余秋里就在会议讲话中明确提到："要依靠群众。不论什么难题，只要跟群众讲清楚，交给群众讨论，没有解决不了。回避矛盾，不让群众知道，

---

① 世界环境与发展委员会：《我们共同的未来》，吉林人民出版社2007年版，第330页。

② 《里约宣言》第10条，载万以诚、万岍：《新文明的路标——人类绿色运动史上的经典文献》，吉林人民出版社2000年版，第39页。

③ 该条约的全称为《在环境事务上获得信息、公众参与决策和诉诸法律的公约》，由联合国欧洲经济委员会与欧盟于1998年在丹麦奥胡斯签署，因此该公约被简称为《奥胡斯公约》。

总要吃亏的。总有一天群众要起来反对你。"① 这句话即使放到今天，仍然是非常开明的，他认为，依靠发动群众是治理好我国工业污染的一个重要途径，而发动群众的前提条件，那就是要"不回避矛盾"，"跟群众讲清楚"，保证群众在环境信息方面的知情权。但是，在当时高度一体的社会环境之下，国家掌握着绝对优势的信息资源，而公众在高度的国家控制之下，既没有获取信息的渠道，也没有发布信息的权利。我国的环境知情权缺乏法律与制度的保障，虽然领导有所强调，但对于各种信息的控制力度，充满着各种弹性，公开什么信息、不公开什么信息，以什么方式，通过什么渠道，以及在什么条件下公开，都凭借着执政者的判断与喜好，且在"文革"时期政治生活极端不正常的情况下，最后并没有能够得到切实地执行。

改革开放之后，党的工作重心由原来的阶级斗争转为经济建设，民主制度、法制建设也得到了迅速的发展，在 1987 年的十三大报告中提出"重大情况让人民知道，重大问题经人民讨论"，这一原则反映了党和政府对人民的信任与尊重，这也成为人民信任政府与参与国家政治的一个重要依据与制度。在我国的近十年中，我国的信息公开制度建设得到了很大的突破与发展，相关的法规与制度不断建立，与此同时，立法部门与政府对我国公众的环境信息权利给予越来越多的重视，原国家环保总局制定的《环境信息公开办法》，在 2008 年 5 月，与《中华人民共和国政府信息公开条例》同一天出台。应该说，这是我国在环境知情权立法方面的一大进步。而且，在《政府信息公开条例》与《环保信息公开办法》中，都将"通过政府公报、政府网站、新闻发布会以及报刊、广播、电视等便于公众知晓的方式公开"的内容写入法律法规之中②，以法律的形式确立了大众传播媒介作为公开政府信息的重要角色。2014 年 4 月第十二届全国人大常委会第八次会议表决通过了新的《环境保护法》，在新修订的《环保法》中，专门增设了"信息公开和公众参与"一章：要求"各级人民政府环境保护主管部门和其他负有环境保护监督管理职责的部

① 曲格平、彭近新：《环境觉醒——人类环境会议和中国第一次环境保护会议》，中国环境科学出版社 2010 年版，第 245 页。
② 在《政府信息公开条例》中，该规定为第 15 条；在《环境信息公开办法》中，该规定见于第 13 条。

门，应当依法公开环境信息、完善公众参与程序，为公民、法人和其他组织参与和监督环境保护提供便利"①。这些法律法规无疑使公民的环境知情权有越来越明确完善的保护，对培育我国的社会生态文化有着非常积极的影响。

（二）知悉环境信息，公众的参政与心理需求

知情权是一切政治权利的前提，如果没有对信息的全面知晓，言论自由、选举、监督等民主权利都失去了基础。对于城市的公共管理，对于环境保护也是如此。

根据马斯洛的理论，人的需求是有层次性的，经济发展的水平与公众对自己权益的保护、参与公共事务管理的意愿以及心理上需求都有着密切的联系。经过改革开放之后三十多年的高速发展，中国的经济水平得到了很大的提高，生活的水平也得到了很大的改善，因此，对身边环境质量的要求在不断提高，在政治上的表达欲望与参与欲望也不断增强。经济的发展也促进了传播工具的换代和技术的普及，而这些表达与参与的欲望，都必须以信息公开、知情权为基础。

在原来高度的计划经济时代，国家通过单位就能将各种物质和信息资源进行分配和管理，每个人都居住和工作在一个个"单位"的网格化社会之中，国家的动员、宣传、通知等信息，通过自上而下的层级方式，传达到每个人的"单位"，再由单位传达到个人，各种信息是通过科层制的纵向方式进行传送的。在基层，集中居住的"单位人"的信息传播形式主要是以面对面的人际传播形式为主，传播的范围也限制在单位同事、家庭等较小的范围之内，在这种情况之下，人对信息的需求是较小的，对于信息的心理依赖也是较弱的。

随着市场经济的确立，原来在计划经济时代的公民逐渐从"单位人"向"社会人"转化，特别在城市之中，居住日趋分散，人们的情感沟通从原来的群集、口头转向了以大众媒介为依托，单向传播的形式。在这个时候，人对信息和大众传播的依赖与日俱增。而且，在市场经济的环

---

① 中华人民共和国主席令第九号：《中华人民共和国环境保护法（2014）》第五十三条，2014年4月24日。

境下，生活节奏加快，每个人所承受的学习、工作等压力也越来越大，物质生活丰富的人们开始陷入"一种现代化的焦虑"之中。这时候的传媒开始担负着舒缓受众心理压力，提供情感支持的功能。在这个存在着大量"风险"的社会之中，公众心理上的无助与恐慌也越来越强烈，因此，信息的不断更新、公开成为现代公众缓解心理压力的一个不可或缺的因素。

（三）"透明度"与程序正义，公众推动政府互动

透明是与公正、民主以及法制紧密相连的，封闭背后往往存在着非正义的元素，有专家指出，突发群体性事件的发生，不在于金钱方面的腐败，主要在于权力腐败。[①] 我国当前的转型，是从计划经济向市场经济转化，是从高度的一元化社会向多元化社会转变，在以前一元化的社会中，国家几乎掌握了所有个人所需要的资源，而党和政府的领导人在很大程度上又掌握着这种资源调配的权力，而在社会发生转型的过程中，很容易出现"权力的资本化"，导致权力的腐败，腐败官员在行使权力中所出现的缺乏公平公正的现象，使处于弱势地位的公众产生一种极为强烈的"被剥夺感"，进而导致抗争行动的爆发。

英国社会学家汤普森（J. B. Thompson）在分析大众利用传媒对政府的决策行为进行监督时，提出"透明度"（visibility）的"公共性"（publicity）概念，汤普森认为："作为公共领域，现代大众传媒的重要性并不在于它开放了一个平等、开放和自由的公共对话空间，而在于它提供了'透明度'这种公共性。也就是说，大众传媒的存在提高了传媒事件的公共可见度，使得全社会范围得以了解这个传媒事件。可见度的提高直接对权力构成约束，给权力持有者带来政治风险。"[②]

根据西方的民主理论，只有将各种权力的运作情况暴露在透明的环境中，才能防治权力产生异化，公意才能得到体现。在民间的环境抗争

---

① 童兵：《突发公共事件的信息公开与传媒的宣泄功能》，《南京社会科学》2009 年第 8 期。

② Thompson, J. B. , 1995, Media and Modernity: A Social Theory of the Media, Cambridge: Polity ［A］. 载李艳红《大众传媒，社会表达与商议民主——两个个案分析》，《开放时代》2006 年第 6 期。

活动中，在有媒体充分参与的时候，公众反对的声音在媒体上的呈现会越来越明显，在"众目睽睽"的透明状态下，逼迫政府不得不进行应对，也就是说，"社会透明度"的增加，一方面将制约官员对权力的滥用，逼迫他们谨慎地使用权力以及制定政策，另一方面，对于政府管理也是一种挑战，政府如果不能及时、公开地回应和处理那些已经"被公共化"了的事件和民意，他们将有可能失去公众的信任，进而造成自己管理的合法性和美誉度大大降低，使今后的管理工作陷入更大的被动局面，带来很多不利影响。

三 公民参与和表达渠道的欠缺

在改革开放以前，我国基层的群众管理主要是依赖单位、街道居委会来实现的。单位制度所管理的是与工作相关的社会成员的政治权利和福利待遇，而街道居委会则是管理在单位制度覆盖之外的老弱病残、社会闲散人口。两者的相互交叉与协调，使国家的力量很顺利地延伸、下渗到城市基层的方方面面。而在改革开放之后，"国家和社会开始步入一个不自愿的结构分化进程。但是，国家的退出并不必然意味着社会自主性发展空间的拓展，恰恰相反，国家消极退却的社会管理空白没有得到社会力量的及时弥补。国家掌控的总体性社会的解体缓解了国家的财政和公共服务压力，却把大量的治事压力抛向一个孱弱的社会"①。从另外一个角度上讲，计划经济时代的单位体系，不但具有很强的生产和利益分配功能，它也是一个有效的协调沟通渠道，单位在组织生产、分配利益的同时，也能够将单位内部成员的矛盾、需求向相关的政府部门传达，由此也搭建了一个充当政府和民间对话的平台。但在改革开放之后，各种"无单位"的就业人口失去了原来的表达管道，即使对于单位的公民，由于体制改革，政府和单位的权力和责任的边界也慢慢明晰，单位也不再是一个"包揽一切"的组织，因此，很多单位的"表达平台"功能也大大削弱乃至丧失。

---

① 王巍：《国家—社会分析框架在社区治理结构变迁研究中的应用》，《江苏社会科学》2009 年第 4 期。

在计划经济体制下建立的表达和沟通平台渐渐弱化的情况下，构建一个新的社会与政府的沟通和表达渠道就成为摆在国家公共管理面前的一个重要任务。在2006年10月中共十六届六中全会上通过的《中共中央关于构建社会主义和谐社会若干重大问题的决定》中，就强调了"搭建多种形式的沟通平台，把群众利益诉求纳入制度化、规范化、法制化的轨道"以及"健全社会舆情汇集和分析"机制。① 在十七大报告中，完整地提出了人民所应当拥有知情权、表达权、参与权和监督权的四项民主权利，强调鼓励"公众有序参与"。"所谓的'有序'是与'无序'的冲突相区别的，那就要求公众运动的沟通中，必须是以寻求博弈、和解和获得双赢为目的的"②。在十八大报告中，中央更进一步地提到了"畅通和规范群众诉求表达、利益协调、权益保障渠道"，要求"凡是涉及群众切身利益的决策都要充分听取群众意见，凡是损害群众利益的做法都要坚决防止和纠正"。以上的文件精神都表明，国家认识到民众参与公共事务讨论的重要性，并有意引导社会力量进行参与，将社会力量向政治力量转化的过程中，作为沟通国家与社会的中介至关重要，如果这个中介无法完成社会与国家的对接，那参与也好，运动也好，很难在体制之内取得有成果的影响。

除了"双赢"之外，笔者认为，不管是在十七大中提到的"公民有序参与"还是在十八大中的"畅通和规范诉求表达渠道"，在中央文件中的意义都是在"制度之内"进行的，是在制度已经设有的相应合法渠道中进行表达和博弈。而这些渠道如听证会、公开征求意见、信访、人大政协提案、行政复议与行政诉讼等是在制度框架之内的有序政治参与渠道。通过这些渠道，政府可以收集民众的意见作为讨论的基础，在专家的帮助下，整合各种有关的公共利益，进而对政府的决策给出参考或做出修改。我们对这种可以将公众与政府之间的互动视为"表达——反馈"的一种态势。虽然说我国近十年来对各种公共参与的制度进行了大量的制度设计和完善，但依然存在相当多不完善的地方，对沟通和公众参与

---

① 《中共中央关于构建社会主义和谐社会若干重大问题的决定》，新华网，2006年10月18日，http://news.xinhuanet.com/politics/2006-10/18/conten_5218639.htm。

② 王锡锌：《公共参与和中国新公共运动的兴起》，中国法制出版社2008年版，第4页。

过程产生了阻力。

(一) 公众参与环评制度的可行性差

2002 年 10 月, 历经了 4 年起草时间, 经过了多部门争论的《环境影响评价法》终于在全国人大常委会上通过①, 并于 2003 年 9 月开始实施, 该法的出台让环保系统方面人士欢欣鼓舞。它的价值如环保部原副部长潘岳所说:

> 2003 年 9 月 1 日开始实施的《环境影响评价法》意义十分深远, 它规定政府机关要对可能造成不良环境影响并直接涉及公众环境权益的专项规划, 应当在该规划审批前, 举行论证会、听证会等形式, 征求有关单位、专家和公众对环境影响报告书的意见。中国公民的'环境权益'首次写入国家法律, 它意味着群众有权知道、了解、监督那些关系自身环境的公共决策; 它意味着谁不让群众参与公共决策就是违法。②

制定这个法律的目的, 就是吸引公众参与环境影响评价, 汇集社会中的各种意见, 对于减少决策失误, 避免由规划、建设不合理而产生的环境群体性运动有着重要的作用。可惜, 这个公众参与的渠道在执行的过程中还存在着不少漏洞, 导致沟通效果与制定初衷产生了一定的偏差。

在《环境影响评价法》中规定:"国家鼓励有关单位、专家和公众以适当方式参与环境影响评价。"③ "专项规划的编制机关对可能造成不良环境影响并直接涉及公众环境权益的规划, 应当在该规划草案报送审批前, 举行论证会、听证会, 或者采取其他形式, 征求有关单位、专家和公众对环境影响报告书草案的意见。但是, 国家规定需要保密的情形除外。"④

---

① 刘世昕、潘岳:《规划环评法几度搁浅 原因在部门利益》,《中国青年报》2007 年 11 月 5 日第 5 版。

② 潘岳:《环境保护与公众参与》,《绿叶》2004 年第 4 期。

③ 中华人民共和国主席令第 77 号,《中华人民共和国环境影响评价法》第五条, 2002 年 10 月 28 日。

④ 同上书, 第十一条。

但是，与公众参与相关的规定还是语焉不详，过于宽泛和笼统，潘岳后来也承认："'参与'的具体条件、具体方式、具体程序上还缺少明确细致的法律规定。就是说，公众一旦遇到具体的环境问题，不知道如何参与。"① 这种情况在各地普遍存在，如在2007年广州番禺的反对垃圾焚烧风波中，市民只能一味地给进行环境影响评价的委托单位打电话，或发邮件进行询问，导致该单位"电话打爆、邮箱挤爆"②，一旦在公众对有关建设质疑的时候，大量的信息涌入某个部门，而在这些部门并没有相应权力进行处理的条件下，不但会造成信息的大量拥堵淤塞，影响传播和沟通效率，更容易导致不满情绪的累积与酝酿。

更有一些地方政府以"公众缺乏环保知识，无法正视可能产生的环境风险，引起不必要的恐慌"为借口，想方设法不公开相关环评信息，逃避社会、公众和媒体的监督。③ 为了进一步细化公众的环评参与，2006年3月有关部门又发布了《环境影响评价公众参与暂行办法》，作为《环评法》公众参与具体行动的规定条款，在《办法》中有规定：建设单位或者其委托的环境影响评价机构在发布信息公告、公开环境影响报告书的简本之后，应当"采取调查公众意见、咨询专家意见、座谈会、论证会、听证会等形式，公开征求公众意见"（第十二条）。可以看得出，国家的相关部门对于在优化科学决策，听取群众意见以及避免大规模的环境抗议中所表现出来的态度是积极和诚恳的，但是，这个细化了的实施办法细则在执行中仍然存在着问题。

首先，对于参与主体范围的规定是相当笼统的，在《办法》中规定："建设单位或者其委托的环境影响评价机构、环境保护行政主管部门，应当综合考虑地域、职业、专业知识背景、表达能力、受影响的程度等因素，合理选择被征求意见的公民、法人或其他组织。"至于哪些人属于"受影响的人"？在这些受影响的人和组织中间应当如何"综合考虑"选取代表来听取意见才算"合理选择"？仍然缺乏具体的措施，这就给评价单位留下了很大的操作空间。有些比较敏感的大型项目，评价方为了避

---

① 潘岳：《环境保护与公众参与》，《绿叶》2004年第4期。
② 彭美：《华南环科所热线被打爆了》，《南方都市报》2009年11月5日第A05版。
③ 陈媛媛：《公众参与环评怎样才能透明？》，《中国环境报》2011年11月9日第1版。

免民众的抵制或者仅仅为了方便操作，就只向几个或十几个居民派发了调查问卷或者参与听证，而且这些人在选择上具有"倾向性"，大部分居民并不知情，导致了真正受影响的居民表达和参与的权利受到剥夺[1]，这也是为什么在环境抗争行动中，很多居民并不认可"参与代表"的意见，质疑环评报告公正性和权威性的重要原因。

另外，如在文件中有必须以调查问卷的形式对公众意见进行调查，在开专家咨询会的时候，如专家有不同意见，必须记录备案（第二十条），在开论证会或者座谈会的时候，必须提前7天通知（第二十一条）等规定，而对于听证会的程序，人数、笔录等事项，该办法开列得更是详细[2]。但是至于以何种形式（听证会、座谈会还是专家咨询会）的方式进行听取公众意见，由组织方决定。更为重要的是，"很少有立法对公众在参与过程中的法律权利和他们参与的效力做出明确规定，最后造成的结果是听证会举行了，座谈会召开了，行政立法和行政决策仍然按照行政机关预设的模样进行"[3]。

（二）无法做到科学的专家咨询会

其实，在我国长期的政治决策的过程中，听取专家意见，是"科学决策"、"民主决策"的一个重要标准，在环境保护领域也是如此。原环保总局局长周生贤2006年在全国环保科技大会上承认，确有许多重大环保决策未经前期研究和充分论证，就匆忙出台，影响了决策的质量。[4] 因此，于2006年8月成立国家环境咨询委员会和科技委员会（以下简称"环咨委"和"环科委"），网罗了包括环保、水利、大气等方面院士，还有经济、"三农"研究学者、国务院研究中心知名学者在内号称"环保统一战线"的专家咨询智囊。在决策过程中，广泛听取各方面的专家的意见无可厚非，是进行"科学决策"的必经程序。但是，我们说，

---

① 林钰哲：《公众参与环境影响评价制度研究》，硕士学位论文，辽宁大学，2013年。

② 有关开展听证会的规定为该办法的第二十四至三十二条，占该办法篇幅的三分之一。

③ 王锡锌：《公众行政过程中公众参与的制度实践》，中国法制出版社2008年版，第12页。

④ 赵胜玉：《中国许多重大环保决策未充分论证就出台》，中国网，2006年8月20日，http://www.china.com.cn/environment/txt/2006-08/20/content_7091277.htm。

广泛听取专家意见，特别是不同领域、持不同专家意见，只是一个"科学的合法容器"，并不能与"决策民主"或者说扩大决策的民主程度画上等号。

只给予科技精英在决策上发表意见的机会，通过专家的技术理性也许能够做出很科学很合理的决策，但我们必须看到，环境保护牵扯到广大相关公众的切身利益，他们才是政策的实际利益相关者，如果对他们的意见充耳不闻，认为那只是没有科学依据的"一派胡言"，也许到事后才发现，当时很多即使经过"科学地"决策，在执行的过程中还是会碰到很多实际的问题，当时被认为"很科学"的预想无法发挥效用，这也许就是缺乏决策民主的问题。另外，即使专家的意见科学全面，但是缺乏公众的参与与协商，一味强调专家意见的科学性与唯一性，忽视与其利益相关的公众意见，容易导致公众产生既对专家、也对政府的不信任感，导致了对立情绪的不断蔓延，局势越发不可收拾。

在当前很多环境邻避中，当地民间大多充斥着"官商勾结""被利益集团买通的科学家"等话语，这其实就很好地反映了这一点，失去了公众的信任与支持，再科学全面的论证也都失去了意义。

（三）无法保证民主的听证会

在西方国家，听证制度是一种广泛征询民意的制度，在国外的行政过程中也几乎是一种无所不在的制度。

法学家蔡定剑认为，西方的听证会制度这种参与式民主之所以能够让公众的意见真正影响到政府的决策，主要在于它是以民选的代议制民主作为基础，一个政府如果忽视了对公众的意见，也许会导致下次竞选的落败。而中国的听证会制度普遍存在"做戏做假"的问题，主要是因为缺乏真正的民选政府作为支撑，"听证机关采纳不采纳民众的意见，还是领导说了算。领导的决策好坏并不受民意的制约和承担责任"[①]。因此，没有代议制作为基础的参与式民主，就很容易流于形式。

---

① 蔡定剑：《公众参与及其在中国的兴起》，见蔡定剑《公众参与——风险社会的制度建设》，法律出版社 2009 年版，第 9 页。

根据《环境影响评价公众参与暂行办法》的规定，听证会由"建设单位或者其委托的环境影响评价机构"发起和组织，公众如希望参加听证会的，须向组织方申请，并由组织方遴选代表。也就是说公众一方是无权启动听证会的，发不发起听证会、如何组织，选择谁来参加听证会都由建设单位或环评单位决定，其实从立法安排上，就背离了听证会的本意，听证会这条渠道能够在多大程度上成为公众表达意见的渠道，确实存在着疑问。

（四）民间组织的软弱与缺位

在西方发达国家，NGO 被看成介于政府与普通公众之间的中间层级，环保民间组织在动员民众参与环境事务以及在沟通中起到了非常重要的作用，在非政府组织中，聚集了不少拥有着相关专业知识且热心公益事业的成员，当政府、企业与民众之间出现争议的时候能够做到相对独立和客观科学的分析，能够很好地对民间的诉求进行整理与表达，也可以对抗议公众进行有效的组织动员，保证这种体制外抗争的有效性。即使是在环境运动开展历史并不长的台湾，在民间的环境抗争之中，由受害的公众组织起来的环保草根社团，在与污染企业的交涉以及和政府的沟通中都起到了很大的作用，常常能够让运动的走向发生扭转。从以下一段台湾学者与当地草根 NGO 的访谈中我们就可以看出民间组织在台湾地区环境冲突中所发挥的作用：

问：成立组织之后，还会不会这样一群人冲入工厂？

A：我组织起来后，人家就不会了！

问：为什么？

A：啊，有组织，人家就都来找我，就是发生事情，人家也会跟我联络。

问：成立组织之后，工厂对待居民的态度，有没有转变？

A：组织成立之后，我们有什么去找他们，都会好好和我们谈。

问：没组织前呢？

A：你要进去，人家不让我们进去。

问：有组织之后呢？

A：肯！肯！①

但是在中国大陆，我国环保 NGO 的发展仅有十几年的时间，尚处于发育阶段，公众对他们的了解不多，缺乏应有的信任，公众很难将自己的诉求完全托付给他们进行谈判与表达，而对于地方政府，许多官员也一直用防范的思维对待 NGO，认为"民间组织会跟政府捣乱"②，担心一旦 NGO 的加入更容易使事态失控，因此，也没有与 NGO 沟通的诚意。

最重要的是，中国对国内外各种 NGO 的政策仍然以管制为主，鼓励为辅，特别是地方上的 NGO 受到地方政府与业务主管部门的双重管理，工作开展稍有"越界"，就可能有被取消的危险，因此，正如第二章所提到的那样，大部分的地方 NGO 多将自己定位为政府的"合作伙伴"，他们一般多进行一些"价值观驱动型"的环保"共意性运动"，如组织公众"植树""观鸟""捡垃圾"或进行环境意识宣传教育等活动，这种活动诉求温和，与政府不形成直接对立，很多时候还能帮助政府做一些拾遗补阙的工作。而对于因为污染或风险威胁所造成的大规模"污染驱动型"抗争活动，NGO 参加活动必须向主管部门报告，是一种"吃力不讨好"的工作，而且"风险系数"大，对它们将来的发展也会产生非常不利的影响，因此，在民间抗争需要 NGO 出现的时候，NGO 会大多保持沉默。

在厦门的 PX 事件中，2007 年 6 月 1 日许多厦门市民曾要求厦门最著名的环保 NGO"厦门绿十字"出面组织市民"散步"抗议，"厦门绿十字"给予拒绝，并发表了"不支持，不反对，不组织"的"三不"声明，让广大市民大失所望，在事后谈起此事时，"厦门绿十字"的领导人马天南感慨"环保组织的生存之困，只有身在其中者才清楚"③ 就是一个很好的例证。

---

① 李丁赞、林文源：《社会力的转化：台湾环保抗争的组织技术》，载《台湾社会研究季刊》2003 年第 52 卷第 12 期。
② 俞可平：《中国公民社会的制度环境》，北京大学出版社 2006 年版，第 36 页。
③ 冯永锋：《厦门绿十字马天南：不合"标准"的环保人》，北青网，2011 年 10 月 12 日，http://bjyouthynet.com/3.1/1110/11/6332954.html。

（五）无奈的选择

2007 年 4 月 15 日，北京六里屯垃圾填埋场举行公众开放日，欢迎公众对垃圾处理工作的参观和监督，在当天，居住在该垃圾填埋场附近的中海枫涟、百旺茉莉园等小区的业主举着标语集中垃圾填埋场门前，声讨垃圾填埋场的"恶臭"，导致了交通拥堵，业主群体的这一集体行动换来了媒体的关注，且影响到了后来斗争的走势。至于为何会选择采取这种行动，在"中海枫涟山庄"的业主论坛，一位业主的文章可能能够代表他们选择集体行动的动机：

> 面对工厂门口众多反映意见的居民，六里屯垃圾填埋场负责人无奈地向《京华时报》的记者表示：本来今天是垃圾场首个公众开放日，现在却变成了"抗议日"。我们不禁要问为什么开放日变成了抗议日呢？

> 是居民不讲道理吗？不是。现场居民未动垃圾场的一草一木，未出现任何过激的行动和语言。是居民不知道正常的反映问题的方式吗？不是。这点海淀政府的主管部门最清楚，他们手里有几年来通过正常途径递交的，由上万居民签字的意见函、投诉信、行政复议申请书和游行申请等成打成打的文档，还有人大和政协代表提交的各种提案。我看这是蔑视民声，自行其是，忽视真诚沟通，不尊重科学导致的必然后果，是当今创建和谐社会过程中最不和谐的音符。

> 你可以设身处地地想想，当垃圾场周边整天被臭味包围的居民，几年来看到的只是政府的承诺一次次地变为无望的时候；当他们拿着真诚的意见书却遭到主管部门的冷落的时候；当他们感到生存危机却得不到正常的解释和保护的时候；当他们的呼声只能得到同情而屡屡被媒体封杀的时候，他们能干什么呢？作为很在意事态激化的主管部门，当时又做了什么呢？[①]

---

① 百旺理想：《六里屯垃圾场的"开放日"为何变成了"抗议日"？》，搜狐焦点网，北京业主论坛、中海枫涟山庄论坛，2007 年 4 月 16 日，http://house.focus.cn/msgview/1396/81272400/html。

此类的案例还很多，在 2007 年居住于厦门 PX 项目的选址地海沧区"未来海岸"的市民陷于风险的恐慌之中的时候，不断地向各级政府反映，有资料显示，在 2007 年的上半年，厦门市政府共收到各类渠道反映的市民意见近万条①；在广州番禺垃圾焚烧事件中，这种情况也同样出现，从媒体方面得知垃圾焚烧厂将要在自己住房旁边开工建设之后，周边的市民就开始与很多相关部门联系，提交《反对兴建垃圾焚烧处理厂的意见书》和业主签名，环卫局、华南环科所、番禺区市政园林局、番禺区政府都留下了业主们的足迹，广东省或广州市的政协委员、人大代表、著名的"反烧派专家"——中国环境科学研究院研究员赵章元都接到过他们的求助电话②，但事情并没有发生转机。

2011 年 11 月 2 日，饱受废气、粉尘、噪音之苦的荆州市长江大学师生到荆州市荆州区政府信访，要求与学校毗邻、排污严重的钢铁厂搬离，有部分教授和学生为此下跪，现场一位下跪的教授反映道：从国家到荆州区各级政府的各个部门，"4 年了，该找的都找过了，但就是没有用"。长江大学师生们先后 9 次请愿，但钢铁公司生产照旧，所以，"下跪也是没有办法的办法"。③ 类似的案例还可以举出很多，2003 年，在一次以城镇居民为对象的全国综合调查中，当问及被访者"在遭受环境危害后如何抗争"的问题时，38.19% 的人选择"向街道、居委会反映"；17.8% 的人选择"直接向污染单位抗议"；14.77% 的人"向当地政府投诉"，而选择"向媒体投诉"的人已经不多，只有 6.51%，而选择"示威、游行"的人更为罕见，仅占总人数的 0.65%。④ 这与于建嵘教授所指出的观点相印证：在环境抗争之中，其环境利益受到损害的民众，时刻保持"规则意识"，在捍卫自身环境权益的时候，绝大多数情况下是保持了自身的理性，并尽力遵循着国家提供的通道进行意见表达，抗争诉求程

---

① 朱红军、苏永通：《民意与智慧改变厦门　多方利益半年博弈趋于多赢》，《南方周末》2007 年 12 月 20 日第 A3－5 版。

② 刘刚、周华蕾、陈剑杰：《广州："散步"，以环保之名》，《中国新闻周刊》2009 年第 12 卷第 44 期。

③ 张晗：《长江大学多名师生政府门前下跪　要求关污染企业》，《新京报》2011 年 11 月 4 日。

④ 参见冯仕政：《沉默的大多数：差序格局与环境抗争》，《中国人民大学学报》2007 年第 1 期。

序基本上都走完了"制度之内"的合法通道，在诉求表达无果的情况下，才会诉诸"制度之外"的媒体或群起抗争，向政府的决策过程进行施压。

面对以上案例，我们并不否认作为公共决策主角的政府部门在与公众进行沟通所付出的努力，而且应该说这些努力还大大地推动了我国的政治民主与决策科学的进程。但是，目前沟通及其相关制度存在的缺陷，经常会导致公众不但对专家和相关企业缺乏起码的信任，而且对政府的信任度也不高。

在沟通的另外一方，政府也承受着较大的压力，面对抗争，政府也为缺乏一条良好的沟通渠道感到苦恼。

如潘岳在媒体上承认：媒介角色和作用在环境群体抗争中过分的突出，恰恰说明了政府与公众的互动机制还不完善，"其他固定通畅的沟通渠道"如完善的信息披露渠道制度还远没有达到理想的效果，"培育一个民主与法制的社会，形成一个公正透明的执政方式，构建一个'官民'良性互动的诚信机制"①，还有很长的路要走。

本章小结

中国的民间环境抗争与由政府主导的环境治理运动、环保 NGO 组织的运动比起来，有着相对激烈和无序的特点。在国家从一元化社会向多元化社会转型的背景下，大众媒体承担起了搭建社会公众与政府协商合作平台的角色。在这个平台搭建的过程中，充斥着政府的引导控制、经济利益的追求以及媒体从业者自身社会责任期待等几方面的力量博弈与融合，形成了一幅在转型时期充满张力的画面。在这场博弈中，国家对民间抗争运动的容忍与引导成为整类运动的主导力量，借助媒体有限的自主性与多元分化，有效地实现了多种声音的碰撞与平衡，保证了社会的稳定与信息的畅通，渐渐型塑了公众的民主参与素养。更重要的是，利用环境抗争的机会，借机修补了制度的缺失，重新构建了自身执政的

---

① 陈磊：《对话潘岳》，《南方人物周刊》2005 年第 8 卷第 24 期。

合法性与美誉度。呈现出了一种在中国转型时期特有的，"新闻实践与民主体制相勾连，以新闻实践不断提升民主生活，健全民主体制"① 的媒体角色特征。

---

① 潘忠党：《解读凯利·新闻教育·新闻教育与传播之别》，《中国传播学评论》2005 年第1 期。

第 五 章

环境 NGO 运动的媒体角色
——扩展空间

在第二章中已经描述过，在中国，NGO 主导的环境运动，从组织形式上来说与西方的"环境运动"概念最为接近，但是由于中国当前的管理制度以及国家的态度倾向等原因，中国的 NGO 运动又带有非常浓厚的"中国特色"。中国由环保 NGO 主导的环境运动，对大众媒体有着一种不同于西方国家的"媒体依赖"特征。

第一节　媒介——NGO 的生存空间

如大部分学者所认为的那样，中国的法制和民主制度建设还处于一个尚未发展成熟的阶段，在这个市民社会还远未成熟、中国人对 NGO 这种事物普遍还比较陌生的生长环境中，环境 NGO 普遍通过与媒体结盟的方式，来获取自己生存和发展的空间。

一　当代 NGO 与媒体的共生现象

在环境运动的大潮中，环保组织与媒体的"共生共荣"是一个在世界上较为普遍的现象。环保 NGO 热衷于借助媒体来推动运动的进程，媒体可以通过接触 NGO 以获取更多的新闻，与其他的社会运动相比，环境运动的媒体取向更为明显。在西方国家，很多政客和企业家经常抱怨：

"与其说是生态主义者，倒不如说是媒体，在负责发动环境运动。"① 美国的社会学家曼纽尔·卡斯特认为，媒体与 NGO 共生的现象主要源于以下几个方面：第一，西方 NGO 通过非暴力的各种街头展示，能够产生一种震撼人心的力量，对这个玩世不恭的时代是一种冲击，给社会带来一种重建信任、弘扬价值观的机会，给媒体带来了很好的报道题材。第二，环境主义者所提出的议题比其他社会运动议题更加具有合法性。"这些议题往往与许多人所珍惜的人道主义基本价值观直接联系在一起，并且往往与党派政治保持距离。他们为媒体扮演为民请命的角色提供了很好的平台，让记者感觉良好，也因此提高了自身的合法性。在地方新闻中，有关健康威胁和环境破坏的报道，给家庭带来的冲击比任何传统的意识形态话语更大。"第三，环境组织与其他社会力量相比，他们能够更好地使用新技术范式当中的沟通与动员条件，这些新技术中表现突出的为互联网的功能：环境组织，特别是国际性的环境组织多拥有着一群精通电脑的精英，通过国际互联网络"全世界的地方组织忽然之间能够在全球水平上行动了，而很多重大问题也是在全球水平上产生的"②。但是，在中国的语境之下，这些原因是否能够具有解释力，抑或中国的环境组织与媒体的共生关系有着具有中国特色的原因？这是本章研究的主旨。

二　媒介的 NGO 平台

美国社会学者霍尔（Hall）认为，当组织受到外在限制的时候，为了维持其生存，它们必须与外界资源产生吸引、交换、转化等工作，这些资源往往来自与它们发生密切关系的其他组织，组织间相互交换和共享资源，并在组织之间形成一种相互依赖的关系网络。③ 在中国，环保 NGO 与媒体有着一种天然的亲近感，中国的媒体相比西方国家的同行与环保 NGO 走得更近，工作中所产生的交集更多，通过以下 NGO 所搭建的平台，环保组织获取了很多的资源，促进自己的工作。

---

① ［美］曼纽尔·卡斯特：《认同的力量》，社会科学文献出版社 2006 年版，第 190 页。

② 同上书，第 190—191 页。

③ Richard H, Hall. *Organizations*: *Structure*, *Process and Outcome* New York: Jersey Prentice Hall, 1991, p. 278.

(一) 记者沙龙

所谓记者沙龙，是环境记者、环境组织与专家三方组成的论坛性集会，形式以 NGO 定期或不定期地组织记者、志愿者听取相关专家讲座为主，有时也会在环境运动或纠纷中邀请相关专家、冲突利益方（比如政府、企业等等），进行面对面讨论、交流。这也是中国的 NGO 中较为普遍采用的一种与媒体记者分享信息的方式，如"地球村"、"自然之友"、"民促会"、"绿岛"、"绿家园"等中国较为著名的 NGO 组织都举办过，这种方式相当受记者欢迎。记者参加记者沙龙，主要能够得到以下便利：

1. 扩大交际网络、寻找新闻线索

如塔奇曼在他的名著《做新闻》（*Making News*）中写道："相互复制可能也是因记者们风行的一条常规而得到强化……记者们往往与同业同行共享信息。记者像网络这种形态具有重要的理论意义，因为它是构成新闻的关键要素。"① 在美国，由于记者的职业规范原因，记者并不直接加入一般的 NGO 组织，从事环境报道的记者有专门的团体用于分享信息源和进行业务交流，如美国的环境记者专业机构（SEJ）② 就是其中的代表。虽然中国也有环境新闻工作者协会，但这个官方的 NGO 在记者信源分享上的表现远没有纯民间 NGO 那样活跃，民间的 NGO 对于记者的新闻生产活动反而能够起到更积极的作用。

根据笔者从 2011 年年初至 2012 年年初对我国著名的环保 NGO "绿家园"所组织的记者沙龙进行的观察，参加记者沙龙的人多为环境专家、记者、高校学生以及关注环保的各方面民间人士，一般在这个沙龙开会之前都会有一个"自报家门"的程序，参会者自我介绍自己的姓名、职业、工作单位等相关信息，在中场休息或讲座之后，与会者一般会有简单的自由交流，交换名片等活动。如果一名记者经常参加这种活动，慢慢地他就会在这个领域积累起相当庞大的人际网络。笔者在 2011 年 3 次参加"绿家园"的记者沙龙，在会议间隙对参会的十余名记者进行随机

---

① ［美］盖伊·塔奇曼：《做新闻》，麻争旗、刘笑盈、徐扬译，华夏出版社 2008 年版，第 47 页。

② 参见王积龙《抗争与绿化——环境新闻在西方在起源、理论与实践》，中国社会科学出版社 2010 年版，第 251 页。

性的访问，所有的记者都将"寻找线索"、"认识专家和朋友"作为他们的首要目的。

这个人际网络，从新闻生产的角度上来说，在其中能够获取环境各领域的信息，不断扩大自己的交际范围，参加一次记者沙龙，所获得的信息除了能够完成自己当下的新闻任务之外，更多的是一种信息和人际资源的储备，方便在今后的采写工作中，能够迅速地通过这个网络找到最为有利的新闻源。而对于 NGO，特别是"运动的经理人"来说，固定且广泛的人际网络就是进行动员的有效工具。

2. 记者的环境专业知识培训

环境报道是一个专业化程度很高的领域，对于刚刚接触或负责环境"条口"的记者来说，给自己补充环境方面的专业知识是一个关乎自己职业成长，又亟须解决的问题。按理说，高校、研究所、环保部门的宣教中心以及新闻单位内部都可以给记者提供再教育的机会。但根据笔者小范围的调查，这些部门针对记者的培训并不多。环境记者要"充电"，必须自己想办法。由于环境领域涉及的面很广，听一两次讲座难有效果，高校所提供的环境教育虽然系统全面，但由于有严格的课程设置安排，在职的记者如要回到大学课堂学习，又很难避免与自己工作的冲突。因此，一个能够给自己提供长期环境知识更新又"来去自由"的平台，会是一个最为理想的选择。

对于 NGO 来说，"进行环境宣传和教育"是政府引导我国国内 NGO 开展活动的一个重要方向，国内的环保 NGO 在这方面投放了很多的时间和精力。它们看到，通过媒体，能够对自己的环境宣教工作起到事半功倍的作用，而且很符合记者职业提升的需要，因此，环境记者沙龙这种形式就应运而生了。它们组织记者沙龙大多不收取费用，NGO 负责联系授课专家，对参与记者的身份和考勤一般也不做硬性限制，来去自由，正因如此，环境记者都相当热衷于参加这种活动。

"绿家园"的环境记者沙龙，创办的最初目的就是给记者提供环境专业知识培训：

> 我们的记者沙龙，最初是在 2000 年的时候，发起的沙龙其实是跟 WWF（世界自然基金会，笔者注）他们在找项目，我就说我一直

特别希望记者有一个受教育的平台，因为我们在大学里面的背景，真正学环保的特别少，而环保实际上是一个非常专业的领域，……遇到一件事情我们也可以报道，但是你有一些知识背景的话，那你的深度就会不一样。①

在我们刚接触环境新闻的时候，北京的一批记者都感到自己的环境知识太匮乏，因此商量着每个月邀请一到两个专家来给我们上上课，结果不断有新的记者加入进来，圈子越来越大，于是这个记者沙龙的形式就这样固定下来了。②

现在，由"绿家园"所倡导的这个模式在12个省市中得以复制，其网络不管是在广度上还是在人数上都有了巨大的增长。

廖晓义于1996年创立"北京地球村环境文化中心"，这是一个致力于公众环境教育与培训的NGO，于2003年专门组织了"可持续能源记者论坛"，之后这个论坛也成了这个NGO活动的一个重要组成部分。这个记者沙龙的培训面更为聚焦，沙龙的目的主要集中在提高各大媒体和记者对可持续发展问题的关注，并培养一批关注可持续能源问题的专家记者。到现在，这个记者沙龙旗下也有超过400名的记者会员。每年这个NGO还进行"环保记者之星"的评选，邀请社会名流或媒体领导进行颁奖，不断增加与记者的联系。

3. 分享专家库

不管是在反圆明园铺设防渗膜、反建坝运动，还是在城市垃圾处理风波等环保事件报道中，寻找到相关的专家进行采访是记者最重要工作之一，在寻找专家的过程中，记者沙龙为他们提供了一条重要途径。

环境记者沙龙并不只限于本地记者的交流，特别在碰到有争议的环境议题时，很多外地记者也闻讯赶到，这个时候，这些"人生地不熟"的记者也会将"记者沙龙"锁定为较为方便寻找专家的渠道。一位上海

---

① 源自汪永晨在2008年12月16日环境记者沙龙（北京）的谈话，（2008年12月第2期环境记者沙龙的速记稿）。

② 源自汪永晨2011年3月15日下午在环境记者沙龙上海分部上的讲话。

某报社的调查记者说道："在碰到环境争议议题的时候，我经常往汪永晨（环保 NGO "绿家园"的召集人，笔者注）的记者沙龙里跑，因为在那里可以联系到合适的专家，提高了我采访的效率。"①

谈到专家库的问题，那些曾经做过记者或者本身还是记者的 NGO 召集人并不避讳自己积累专家库的能力和优势，曾经做过几十年环境记者的汪永晨就说道：

> 我们做记者多年，都积累了自己的专家库，而且找人是我们做记者的基本功，当我们几个记者找到一个共同感兴趣的话题时，我们会找到相关的专家来给我们做讲座。其实这也是一个记者分享信息源的过程。而且有些话题，我们看到某些媒体做过，做得很好，或者专家的观点很好，那我们就会去让这个报纸的记者与这个专家联系，让他来（记者沙龙）给我们上一堂课。②

在笔者多次参与的"绿家园"的记者沙龙活动中，作者随机地访问了到会的记者，在热点事件中能够顺利找到相关的专家是大部分记者选择参加该项活动的最主要原因之一。

记者在对有争议的环境事件进行报道的时候，保持"观点的平衡"是报道的一条重要准则，在记者沙龙中，记者更在乎的是"观点的冲突"：

> 我们最希望能够在一次活动中组织方能够邀请不同意见的专家同时到场，而场上不同意见的正面碰撞又是我们最希望见到的。当持不同意见的专家有观点交锋的苗头的时候，我们可能会成为一个"挑火者"而不是一个"劝架人"。③

由于这种面对面的"冲突"并不是很多专家所希望碰到的，这样的

---

① 源自作者于 2011 年 7 月 26 日与东方早报某记者的访谈。
② 源自作者于 2011 年 8 月 13 日与汪永晨的访谈。
③ 源自作者于 2011 年 8 月 12 日与中央电视台记者的访谈。

机会相当难得。所以，能够邀请到与主流观点不同或对相关政府政策提出不同意见的专家就成了共同分享的稀缺资源。这样记者能够较高效率地完成相关新闻的采写。

（二）共同组织活动

一些环境的议题，采访地点偏远难行，路费高昂。如果媒体的记者进行单独的采访活动，采访成本不仅很高而且没有专家的解释或指导，未必能够获得有价值的材料。而环境问题的专家，看待环境问题更专业，野外的活动和研究更熟练，对相关问题的看法会更为科学和客观。但他们对自己从事工作所包含的新闻价值无法很好地发掘和提炼，他们的研究成果很难在大众媒体上得到呈现。希望自己的研究成果能够对政策产生影响的专家更是如此，学者们都希望自己的观点能够受到重视，能够在社会上传播，进而影响到政策的转变。因此，他们也希望能够组织记者到实地对自己关注的环境领域进行报道，但他们的媒体资源有限，于是乎很多专家将 NGO 视为与记者交流的桥梁，也热心参与 NGO 组织的活动，陪同记者采访，在实地对现象进行讲解。一个专家在环境记者沙龙中曾经讲到：

> NGO 能做的地方，就是能联络更多的科学家，为环境保护做出更多工作，（而且能）动员更多的记者，找出数据，有科学家，跟着记者团一起采访，一起找证据写出报告更有说服力。①

组织媒体采访，是 NGO 与媒体合作的一种重要且常见的方式，跟着 NGO 的活动，各媒体记者与环保志愿者、专家一起行动，费用均摊（很多时候，专家是不用担负路费的，他们的差旅费用由志愿者、记者分摊，但专家一般也不会收取额外的"咨询费"），既能节约采访经费，身边还有相关专家现场进行研究和解释，对于媒体来说，大大降低了采访的成本，提高了采访效率。有时候，NGO 还会拨出一些经费，对具有意义的采访活动进行资金支持。将媒体记者召集到身边，一起与之开展保护活

---

① 源自"绿家园"2009 年 3 月 19 日记者沙龙（北京）的会议速记稿。

动，对于 NGO 来说，为自己造就了很好的宣传机会，一位曾经做过记者后从事 NGO 宣传推广工作的人士对这种合作形式评价甚高：

> 媒体记者都有较好的发现新闻的能力和经验，而这些能力是 NGO 工作人员所不具备的。所以，如果记者改变了自己的视角，参与到 NGO 的活动中去，去实实在在地体验一下 NGO 的工作。那他能够得到的不仅仅是一件事，一个人的新闻，而是能够找到很多事件背后的故事，制度层面的问题，能够发现更为深入的内容。①

其实，这种形式早在 1998 年的时候就曾经获得过成功，在 1998 年夏天，长江遭遇了特大洪水，又一次敲响了保护生态的警钟，新华社记者与环保人士、科学家一道深入到长江上游的雅砻江、金沙江等主要干支流进行了深入的专题调查，采写了获得当年中国新闻奖一等奖的短消息《长江上游仍在砍树》②。这条消息播发的时候，正好处于全国军民奋力抗击长江洪水的艰难时期，全国共有 18 家省级以上党报刊发了这条消息，瞬时引来舆论哗然。时任国务院总理的朱镕基得知该消息之后，立即做出"停伐"的指示，国家林业局也马上对外宣布长江上游的天然林一律不能砍伐，另外，国务院并派调查组赴川检查指导禁伐工作③，最后四川的毁林之风才得以刹住。

与十几年前环保 NGO 与媒体的偶然合作相比，现在环保 NGO 组织记者一起行动的活动已经非常多，这些采访活动有短期的、单次的，也有长期的、系列的，如"绿家园"组织的"黄河十年行"和"江河十年行"采访活动就属于那种长期且系列的采访活动。

"江河十年行"是 2006 年"绿家园"制定的一项旨在关注和监督中国西部水电开发的长达十年的行动计划。该活动每年一次，每次组织 20 个左右的记者、专家，到四川的岷江、大渡河、雅砻江，云南的金沙江、

---

① 源自作者于 2011 年 6 月 10 日与"Internews 国际传播促进中心"项目执行经理的访谈。
② 熊小立、黎大东：《长江上游仍在砍树》，新华网，1998 年 8 月 19 日，http：//news. xinhuanet. com/newmedia/2006 - 11/01/content_ 5276610. htm。
③ 彭朝丞：《为时而作的警世之文——评获奖消息〈长江上游仍在砍树〉》，《新闻战线》2000 年第 5 期。

澜沧江、怒江沿岸进行考察，在行走中除了客观记录、报道自然生态以外，也包括固定调查和记录江边十户居民十年间的生活变化。

"黄河十年行"与"江河十年行"的组织形式相似，该活动于2009年开始，也计划开展10年，成员也是由媒体记者、专家以及环保志愿者自愿组成，行动在每年夏季从青海省玉树州曲麻莱县的黄河源头出发，沿着黄河一直驱车考察至山东省东营市黄河入海口处（也有逆流而上进行考察的），一般历时20天。这个活动旨在关注黄河的可持续发展问题，记录黄河沿岸生态变化以及住在黄河边八户人家和江源一所小学的变化，并希望通过这种记录影响中国环境保护的公共决策。

从以上活动的内容和安排可以看出，这些采访活动有着较为成熟的采访路线，并精心发掘了准备长期观察的采访居民样本。这些活动的日程安排紧凑合理，一路上能够给记者提供很多信息源，让不同类型的记者都能感觉有所收获。这些，都和NGO的组织者拥有长时间的媒体从业经历以及媒体中广泛的人脉有着密切联系。但是，这种合作方式弊端就是NGO对记者的客观和独立性会产生很大影响，容易让记者感到被NGO"牵着鼻子走"。在笔者2011年8月参加的"黄河十年行"活动中，在开赴目的地的大巴上，组织者汪永晨都会开展"大巴课堂"，要求大巴上的人员对她选定的话题进行讨论，她首先发表自己的环境价值观念，团队中的每个人都要发言，虽说是公开讨论，但环保NGO成员的公益身份，占据了很强的道德优势，记者"相对世俗"的不同意见，在那种情景之下反而变成了"异类"，成了被"批判"的对象，处于弱势。根据笔者观察，大部分记者并不热衷参与这种讨论。另外，采访路线和日程由NGO组织事先定好，NGO也会和一些采访对象事先联系好，而这些采访对象中很大部分是"上访户"，在访谈的时候，NGO的成员提问最多，问题也有意向较为偏狭的方向引导。由于日程太紧，记者根本难以访问到足够多的采访对象，很难保证看问题的全面性和客观性，这些安排都让记者们颇为反感。

根据西方的经验，NGO的专业化程度越高，在意义建构上的能量也越大，对媒体的控制力也越大，在很多情境下NGO会从弱势的一方转而变为强势一方，对记者指手画脚。NGO成员所抱有的一些偏执和片面的观点会不断且刻意地向记者灌输，影响记者的判断与采写。

（三）提供专业信息

1. 收集相关的新闻信息

"绿家园"每次在组织记者沙龙时，都会要求新加入者写下电话号码和电子邮箱等个人联系信息，"绿家园"的各种活动以及 NGO 开展项目的资料，基本上都通过电子邮件传达。另外，2005 年，"绿家园"还聘请了专人搜集全国各大媒体上发表的环境新闻，特别是自己关注领域——中国的江河保护信息，编辑成"绿家园江河信息"，通过邮件群发的方式发给记者。这个汇总信息包含有近期重要的环境新闻，还有"绿家园"组织自己采写的一些稿件。记者如果每天浏览这个邮件，不但能够了解全国媒体关注的焦点事件，获取相关线索，对相关事件进行跟进，还能通过浏览这些信息，寻找新的报道角度。

2. 提供新信息，保持议题"热度"

麦库姆斯在对议程设置理论进一步拓展的时候，曾经指出："公众议题的容量十分有限……无论何时，能引起公众持续密切关注的主要议题只有几个。……新闻界对议题关注的时间更短。除非不断有新信息和新角度来充实这条新闻，否则它会自然消失。"① 不可否认，在一些环境运动中，媒体的动员力量确实非常重要，有时候一次媒体的聚焦甚至某篇有分量的报道就能让整个事件出现转机。但是需要注意的是，新闻永远是"易碎品"，受众的注意力很难长时间保持在一个特定事件之上，媒体也会在运动到达一个阶段之后转而去追求更有价值的新闻。在这个时候，环境运动可能只是实现了他们的部分目标，也许远远没有达到变革的最终目的，很多原来受关注的运动进程在媒体的"聚光灯"离开之后，在黑暗中停滞不前，甚至回到原点，使原先取得的战略性胜利功亏一篑。有研究者发现，中国的环境新闻其实也呈现"运动式"的特征。对于常规的环境报道，在国内或国际的生态环境主题日期间环境新闻会出现高潮，"3 月、4 月是绿化季节，又有地球日、爱鸟周等纪念活动，环境新闻报道的数量随之上升。到 6 月份的全球环境日达到高峰，之后进入

---

① ［美］麦斯韦尔·麦肯姆斯：《制造舆论：新闻媒介的议题设置作用》，顾晓方译，《国际新闻界》1997 年第 5 期。

'休眠状态',呈逐月下降趋势,直到 10 月以后再有一个小的反弹"。[①]

在出现重大的环境议题的时候,虽然大量的媒体涌入进行报道,但是持续时间都较短,以 2003 年至 2005 年的怒江建坝之争为例,虽然两年的时间段内出现过数次媒体报道高峰,但是持续时间都不会超过两个月[②],"高潮"过后又会出现相当长时间的沉寂。

"绿家园"召集人汪永晨在谈吸引媒体注意力心得的时候说道:

> 在环境运动中,虽然有事的时候,记者都会来,都会报道,但是大家都是事情在风头上的时候热炒一阵,事情过去大家就散了,不可能持久。我这两年一直在强调自己的一个观点:要把 NGO 的力量与媒体力量结合起来,不断地跟踪、不断地关注,只有这样,事情才能持久。……在怒江反建坝事件之后,我就改变了我的 NGO 行动策略,不再把精力分布在大而广之的环境保护之上,而是集中精力研究中国的江河问题,'死磕'我国的江河问题,组织了"江河行十年行"、"黄河十年行"、"乐水行"等活动,不断的号召公众、志愿者和记者参与到保护中国江河中来。[③]

因此,在重大的环境事件中,NGO 除了动员媒体关注、聚焦相关议题之外,草根 NGO 还必须担负着经常制造新话题和展开新行动来保持媒体的关注度的任务,只有这样才有可能使得运动达到改造社会的目的。

三 NGO 的媒体家园

(一)媒体办公室——活动场所

在我国,很多草根 NGO 的生存状况并不好,由于注册门槛较高,他们没有到相关的政府部门办理注册手续,如"绿岛"、"绿家园"这样

---

① 吉梦喆:《论我国环境新闻发展的三个阶段——以〈人民日报〉、〈中国青年报〉和〈中国环境报〉为例》,硕士学位论文,苏州大学,第 20 页。

② 郭小平:《风险沟通中环境 NGO 的媒介呈现及其民主意涵——以怒江建坝之争的报道为例》,《武汉理工大学学报》(社会科学版)2008 年第 21 卷第 5 期。

③ 源自作者 2011 年 8 月 12 日对汪永晨的访谈。

"著名"的草根 NGO，由于它们常常与媒体进行接触，而且 NGO 的成员中有很多是记者，所以媒体的办公场所成了他们 NGO 开展活动的场所，成了他们的一个以实体存在的"家"。

在"绿家园"的记者沙龙刚刚成立的时候，由于没有固定的办公地点，也没有投影仪、话筒等设施，联系会议地点成了组织工作中一个比较头疼的问题，2002 年，"绿岛"的组织者张可佳与汪永晨联系，一起办记者沙龙、提供会议室与活动地点，这个沙龙才延续了下来。①

这些与媒体联系紧密的草根环保 NGO 的命运起伏常常与其依附的媒体紧密相连，当时张可佳是《中国青年报》"绿版"编辑，她的"绿岛"工作人员也是中青报的职工。② 张可佳在创办"绿岛"的时候，是觉得"可以利用中青报的资源来做一些事情，且只有创办一个 NGO，才可以和国际组织对话"。在"绿岛"创办之后，与"绿家园"共同开办的绿色记者沙龙、组织会议，使用的都是中青报社的办公室。在 2004 年年底中青报的"绿版"面临被裁撤的危险，"绿岛"也马上跟着陷入了生存的危机："以往的活动都是以'绿岛'和中青报的名义共同举办，没有这个版面，不仅活动的影响力下降，而且直接决定'绿岛'能否获得资金，得到支持。就好像老虎没有了栖息地，怎么生存？"③

汪永晨的"绿家园"是一个很松散的 NGO，没有固定的会员，专职的工作人员也"从来没有超过 4 个"。建立之初，汪永晨所组织的各种活动，如植树、观鸟、捡垃圾，被称为"环保 NGO 的老三样"④，以及后来的"乐水行"，在活动的时候能够动员上千人，但是这种为期半天左右的活动一旦结束，也就人气四散，影响力还是不高。而在与张可佳创办"环境记者沙龙"之后，有了一个环境记者交流、共同构建议题的固定平台，"绿家园"这个组织的影响开始慢慢得到提升。

---

① 源自北京绿色记者沙龙 2008 年 12 月第二场（12 月 16 日下午两点至五点）速记稿。
② 《中国环境先锋人物系列之汪永晨、张可佳——两个女记者和她们的 NGO》，中国绿色新闻学术网，2011 - 02 - 23，http：//ejc. wh. sdu. edu. cn/newsInfo. jsp？id2763。
③ 同上。
④ 源自作者 2011 年 8 月 14 日与汪永晨的访谈。

（二） 网络——NGO 的存在载体

除了一些比较著名、实力较强的 NGO 之外，中国的环保组织中还有很大一部分是没有专职人员、没有办公地点和没有经费支持的"三无组织"。有一些规模较小的 NGO 由于没有固定的地点和人员，他们的很多行动都主要通过互联网来开展，或者依托互联网进行，形成了一种"以网络为基础的组织"（web-base group）①，如"绿色北京"、"绿色网络联盟"（简称"绿网"），就属于这种"有质无形"的组织。"绿色北京"成立于 1998 年 9 月，是中国第一个基于网络的民间环保组织，"绿网"的诞生在 1999 年 12 月，一群在主流互联网社区里相识的网友决定建设真正属于网友的、平民化的环保网络社区，主要工作为"通过网络等多种互动手段传播环境信息，达到提高公众的环境意识、培养高素质志愿者的目的"②。设计网页、收集信息、组织活动的都是志愿者，各种有关环境的信息和评论大多通过网络传播。他们的呼吁、召集，都在网上进行，网络是他们的家。

（三） 大众媒介——NGO 的工作平台

这主要与 NGO 的工作类型有着关系，在中国，有很大一部分环保 NGO 是以环境的宣传教育为工作重点，NGO 也成为我国环境宣传教育中的一支重要力量。在中国，面对大中小学生的学校环境教育任务主要由政府承担，而 NGO 所担负的，基本上是面对社会公众的环境宣传教育工作。面对范围广，年龄、收入、教育程度都差异巨大的社会公众来进行环境宣教，大众媒介无疑成为 NGO 选择的一个重要载体。

其实，在国外，有很多以宣教为主的环保 NGO 对于媒介的使用发挥达到了相当极致的程度：如世界上最大的环境教育 NGO——美国国家地理协会（National Geographic Society），拥有 1 000 多万的会员。从成立开

---

① GuobinYang：Environmental NGOs and Institutional Dynamics in China，The China Quarterly，No. 181 （Mar. 2005），p. 50.

② 《绿色网络联盟》，中国发展简报（China Development Brief）网站，2010 年 1 月 25 日，http：//www. chinadevelopmentbrief. org. cn/news_ 13777. html。

始，就致力于利用大众媒介传播地理和环境知识。迄今为止，美国国家地理协会，拥有世界上最为著名的科普杂志《国家地理》（National Geographic），旗下拥有四个子刊：《国家地理·旅行家》、《国家地理·探险》、《国家地理·孩子》和《国家地理·探险家》（National Geographic · Traveler／Adventure／Kids／NG Explorer）和 32 个海外版本，全球发行量达 1 000 多万册，《国家地理》也是美国发行量排名前五的杂志。在出版业取得成功之后，他们又涉足电影业、电视业，拥有了独立的电视频道——国家地理频道，与全世界多个国家的电视台合作，共同推出地方性的科普节目。国家地理的网站也是世界上最受欢迎的环境与地理科普网站之一，这个 NGO 也通过它的"媒体帝国"将自己的影响发展到了无远弗届的程度。

在中国，由于媒体创建制度的限制，民间组织还无法创办电视台等传统媒体，但他们也多方面与媒体合作，向媒体提供内容成为他们重要的工作。

如"地球村"就是一个典型的例子，"地球村"本身就是一个以宣教为主的 NGO，在 1996 年的时候，在 CCTV－7 独立制作了《环保时刻》，这是当时中国唯一一个由民间环保 NGO 制作的电视专栏，每周播出一期，一直持续了 5 年时间。到了 2001 年，它在 CCTV－10 制作了《绿色空间》。"地球村"的组织者廖晓义在评价媒介与自己 NGO 的关系时这样说道：

> 从 1996 年开始，我们"地球村"就一直与传媒机构合作，制作了大量有关环保的电视片等传媒节目在全国各电视台播出，如《环保时刻》等节目。我相信，在目前的中国，由中国人拍摄的、也是最完整的系列电视节目是《全球环保之旅》，节目中报道了国外十几个国家的环保经验。我们还成立了"可持续能源记者俱乐部"，……目的是让传媒成为环境保护的喉舌。①

现在，特别是在"制播分离"政策出台之后，与媒体合办环保栏目或者向媒体提供环保素材已经成为很多环保 NGO 的一个重要工作内容。

---

① 王莉丽：《绿媒体》，清华大学出版社 2005 年版，第 214 页。

这类媒体还很多，如"武汉绿色环保服务中心"从 2009 年开始与湖北人民广播电台联合开办了《环保就在我身边》专题节目。

第二节　NGO 获取身份认可的平台

"因为中国的媒体具有双重的特质，一方面，它是党和国家的喉舌，并具有了一定的行政级别；另一方面，中国媒体又承担着舆论监督的功能，所以当 NGO 的活动内容得到媒体的报道，在一定程度上意味着政府的承认，也就具备了一定的合法性。所以，不管是政府背景的 NGO、国际 NGO 还是草根 NGO，能够获得媒体的关注，并在媒体平台上表达自己的诉求，都是建构其自身政治合法性的重要方式。"[①]

一　我国环保 NGO 的身份困境

孔子有言"名不正则言不顺，言不顺则事不成"，随着中国民间力量的不断发育，国家对待民间组织的政策也发生着重要转变，在国家转型的过程中，我国的环保 NGO，不管是官办、草根还是国际的 NGO，他们的身份都出现了一定的困境，为着自己的生存与发展，都持续寻找一种对自己身份的公开宣称，重新寻找为自己"正名"的路径，为保障自己生存和行动的合法性寻找舆论的支持。

因在该节讨论中涉及较多的 NGO 形态和注册问题，特制作该表进行归纳：

表 5 - 1 　　　　　　　　　　我国环保 NGO 的组织形态

组织背景	注册状态	典型团体
官方背景	注册为"社会组织"挂靠于政府部门之下	中国环境科学学会 中国环境新闻工作者协会

---

① 曾繁旭：《当代中国环境运动中的媒体角色——从中华环保世纪行到厦门 PX》，《现代广告》2009 年第 7 期。

续表

组织背景	注册状态	典型团体
民间背景	注册为"社会组织"或"非营利组织"	自然之友 绿色江河
	工商登记	北京地球村 北京环境与发展研究所
	未注册	绿家园志愿者 绿色知音
国际在华 NGO	注册为"境外非营利组织"	世界自然基金会 根与芽
	工商登记	
	在内地无登记	绿色和平

（一）官方 NGO "由官转民"

根据中国当前的情况，在中国众多的环保组织中，虽说具有官方背景的 NGO 在资金、人力资源方面的压力比起草根 NGO 要小，但是随着我国政策对官方环保团体的态度转变，使得官方 NGO 的身份合法性也渐渐动摇，他们也需要通过新的途径来获取合法化的来源。

1. 国家对待官方 NGO 态度的转变

在 20 世纪 90 年代以前，我国的 NGO 基本上是官办，组织的领导由行政部门领导兼任，活动经费享受国家的全额财政拨款，性质与事业单位差不多，组织每年的工作主要都是围绕政府的重要工作任务来安排，对国家的政策进行自上而下的动员工作。工作对象主要是政府部门，而面向大众的工作不多，每年即使开展几项活动，也多流于表面，未能很好地发挥出"从群众中来，到群众中去"的工作效果。20 世纪 90 年代之后，国家对待民间组织的态度发生了转变，从原来的政府完全控制，转到扶持，再到鼓励其自主和独立。对官方 NGO 的财政补助越来越少，20 世纪 90 年代之后，政府提出"经费自筹、人员自聘、活动自主"的方针，要求非政府组织自己筹措经费，对 1985 年之后建立的组织基本上无法再增加国家的财政补助。另外，1994 年 4 月，国务院办公厅发出了《国务院办公厅关于部门领导同志不兼任社会团体领导职务问题的通知》，规定："国务院各部委、各办事机构、各直属机构的领导同志今后不再兼任社会团体领导职务，已兼任社会团体领导职务的，要依照该社会团体章程规定程序，辞去所兼职务。"① 四年之后，中央又发布文件重申，限制处级以上党政机关干部担任民间组织的主要领导。

2. 官方 NGO 身份的动摇

在以前，官方 NGO 利用国家的行政资源和行政渠道进行工作，它的领导人由行政领导兼任，其工作人员的工资由国家财政发放，工作人员享受国家干部的待遇，可能还有一定的行政级别，在中国"官本位"的传统文化中，官方 NGO 更多地具有"官味"，其合法性也建立在协助完成政府工作任务上。

在 1994 年的《国务院办公厅关于部门领导同志不兼任社会团体领导职务问题的通知》中指出："社会团体是民间性质的社会组织。全国性社会团体一经民政部登记注册，便具有独立法人地位。"② 该政策出台后，官办的 NGO 失去了在职兼任的领导人，又失去了政府财政的支持，再加上工作人员都需要自己聘任，其"官味"渐渐地变淡，而"民味"渐渐变浓。

在 20 世纪 90 年代以前的官方 NGO，其身份的合法性在很大程度上是基于政府系统中的合法性，但在官方社团的改革之后，"由官转民"的变化，威胁的不但是它们的存在意义，也大大影响了他们在市场竞争环境下的生存和发展。道理很简单，这些以前根据政府部门的具体任务来安排组织工作的 NGO，在被推上市场时候，没有市场竞争经验，今后将如何开展工作？开展什么工作？如何吸纳和组织成员？如何向市场获取支持自己活动的资金？这些问题都无一例外的摆在了身份动摇了的官方 NGO 面前。

---

① 《国务院办公厅关于部门领导同志不兼任社会团体领导职务问题的通知》，国办发 [1994] 59 号，1994 年 4 月 13 日。

② 同上。

（二）草根 NGO 注册困境

在我国的环境 NGO 队伍中，草根 NGO 属于最为弱势的一个部分，他们真正来自民间，生存的状态也最为困难，很多环境民间组织在身份上还未得到国家的承认，处于"黑户"状态，老百姓对他们的了解不足，资金和人员上也非常匮乏，在这种内外交困的生存境遇中，他们对自己的"正名"诉求最为迫切。

1. 身份之忧——注册门槛高

虽然说中国在改革开放之后，中国的民间组织数量增长很快，大量增长的 NGO 数量并不能代表中国的"市民社会"图景已经实现，也不是说中国的民间环保组织能够非常自由且独立地开展工作。在中国，虽然国家也不断提出鼓励 NGO 发展的政策，但政府始终对民间组织抱有相当审慎的态度。虽说中国的环保 NGO 比起其他民间组织来说，官方所持的接纳强度更为明显一些，其存在的合法性也更为有力一些，但是从当前管理环保组织的制度和法规来说，政府对环保 NGO 还是以约束为主的。从中央到地方各级民政部门颁布的相关法规中可以看出，绝大多数都是管制性规定，鼓励性条款很少，依然是一个"宏观鼓励与微观约束"的制度环境。[①]

1998 年 10 月，国务院发布了《社会团体登记管理条例》和《民办非企业单位登记管理暂行条例》，这两个条例规定了对社会团体和民办非企业单位实行登记管理的各种条件和登记程序，标志着我国政府对民间组织管理进入了一个新的发展阶段。[②]

根据以上两个条例，要注册一个非政府组织的条件并不低，这首先体现在成员的登记资格上，在《社会团体登记管理条例》的第十条对社会团体的规模有着明确的规定：

（一）有 50 个以上的个人会员或者 30 个以上的单位会员；个人

---

① 俞可平：《中国公民社会的制度环境》，北京大学出版社 2006 年版，第 23—26 页。

② 孙志祥《"双重管理"体制下的民间组织——以三个民间环保组织为例》，《中国软科学》2001 年第 7 期。

会员、单位会员混合组成的，会员总数不得少于50个；

（二）有规范的名称和相应的组织机构；

（三）有固定的住所；

（四）有与其业务活动相适应的专职工作人员；

（五）有合法的资产和经费来源，全国性的社会团体有10万元以上活动资金，地方性的社会团体和跨行政区域的社会团体有3万元以上活动资金；

（六）有独立承担民事责任的能力。

社会团体的名称应当符合法律、法规的规定，不得违背社会道德风尚。社会团体的名称应当与其业务范围、成员分布、活动地域相一致，准确反映其特征。全国性的社会团体的名称冠以"中国"、"全国"、"中华"等字样的，应当按照国家有关规定经过批准，地方性的社会团体的名称不得冠以"中国"、"全国"、"中华"等字样。①

条款中关于会员人数、场所、专职人员以及活动资金等标准对很多处于欠发达地区的民间组织有较大限制，无固定场所以及活动经费、人员不足的团体均无法获得注册资格。

另外，登记的高门槛还体现在对于草根NGO的管理之上，上面所提到的两个条例有重合之处，而这两个条例的基本精神概括起来就是"分级登记"和"双重管理"，"分级登记"指"全国性的社会团体，由国务院的登记管理机关负责登记管理；地方性的社会团体，由所在地人民政府的登记管理机关负责登记管理；跨行政区域的社会团体，由所跨行政区域的共同上一级人民政府的登记管理机关负责登记管理"。"双重管理"指民间组织除了向民政部门登记外，还必须挂靠在某一个国家核定编制的正式党政机关下，由其作为业务主管部门。这两项精神明显都是以管制为取向，而不是以引导、整合既有资源为取向的。

2. 挂靠无门

在这种分级且双层的严格管理之下，中国的NGO容易出现另外一种困境——"挂靠无门"。由于《社会团体登记管理条例》第六条规定：

---

① 《社会团体登记管理条例》（国务院令第250号），第十条，1998年10月25日。

"国务院民政部门和县级以上地方各级人民政府民政部门是本级人民政府的社会团体登记管理机关"，成立一个民间组织除了在当地登记之外，还必须找一个"国务院有关部门和县级以上地方各级人民政府有关部门、国务院或者县级以上地方各级人民政府授权的组织"作为 NGO 的业务主管部门进行挂靠。这就意味着筹建中的 NGO 除了要跨过资金、规模这道坎之外，还要找一个"业务主管部门"挂靠。要找一个"业务主管部门"可不容易，这一项规定让很多民间组织四处碰壁。

　　NGO 的组织者称这种寻找业务主管部门的工作叫作找"婆婆"，根据分级管理的原则，全国性的民间组织必须找一个国家部委级的管理单位挂靠，省级的组织要找地厅级的单位挂靠。其实，很多党政机关，特别是地方上的党政机关并不想成为这些民间组织的"婆婆"——做 NGO 组织的业务管理部门，不仅不能给单位本身带来什么实际好处，反而给自己徒增额外的管理责任。民政部门的工作人员也毫不避讳地说："根据国务院公布的'三定'（定编制、定职能、定设置）方案，国务院部委并没有管理民间组织的职能。政府要精简机构，没有精力，没有人员，对社团的事情觉得管不了就相互推来推去，造成了现在（谁也不管）的局面。"[①] 而且在以上提到的两个条例中都有规定：在同一个行政区域内，如果已有一个环保类的组织团体，就"没有必要成立"新的组织，这些规定都让很多环保组织无法在民政部门登记或者找不到相应的挂靠管理单位。在民政部门注册不成功，NGO 们只能不得已退而求其次，转向工商局以企业的身份进行登记，如"地球村"、"环境与发展研究所"等组织，获得的都是企业身份。以企业身份注册的结果就是必须向税务部门缴纳税款，这无疑让那些"非营利"组织生存更为艰难。或者有一些组织就干脆放弃登记，自行扯大旗建队伍，先建立起组织开展活动再说，不去理会自己的合法身份，如"绿家园"就是其中例子。在 2006 年公布的《中国环保民间组织发展状况报告》中指出，由于注册条件的限制，"我国环保民间组织在各级民政部门正式注册登记率较低，仅为 23.3%；有 63.9% 的组织在单位内部登记（如学生环保社团在学校登记）或工商

---

① 李咏：《中国 NGO 狭缝求生》，《财经》2002 年第 13 期。

注册为民办非企业；有部分环保民间组织未办理任何注册登记手续"①。

相关法规对于民间组织的登记以及管理条款，政府的出发点是为了增强管理，强调引导，但却在无形中提高了民间组织的准入门槛，将很多 NGO 阻挡在管理的门外，反而增加了监管的难度。另外，非法的身份也大大限制了很多 NGO 应有的监督政府和企业的功能，使得他们的身份以及开展行动的合法性大打折扣。

（三）国际 NGO 定位不清

在新千年之后，格鲁吉亚、乌克兰、伊拉克、吉尔吉斯斯坦、缅甸等中东和亚洲国家接连爆发了"颜色革命"，在外国势力的支持下，这些国家出现了非暴力的政权更迭。在此过程中，一些国际基金会等非政府组织与外国反对势力有着千丝万缕的关联，一些国际 NGO 组织在国外势力的支持下充当了"革命"马前卒的角色，"这些组织通过指导反对派活动、组织集会抗议、利用舆论施压等方式，最终达到了颠覆他国政权的目的。"② 鉴于此，虽然国际 NGO 能够给中国的环境保护带来各种资金、技术以及相关的公共服务，但我国政府对国际组织的在华发展不可能没有防备之心。

因此，我国政府对国际 NGO 的在华活动态度并不是十分明了，根据中国当前的法律体系，只对外国的商会和外国的基金会设立管理法规，而对于其他国际 NGO，直到现在也未出台相关的政策规定，没有相关的法规来对它们进行引导和规范，使得在中国的很多国际 NGO 都处于相对模糊的定位中，"在华国际 NGO 的主管以及相关学者对于国家在这一问题上的政策存在一个共识，即'三不政策'：不禁止、不承认、不批准"③。众多国际环保 NGO 的在华机构，经历了漫长的争取，也只有"世界自然基金会"（WWF）和"根与芽"（JGI）获得了中国政府机构相关

---

① 中华环保联合会：《中国环保民间组织发展状况报告》，《环境保护》2006 年第 10 期。

② 晓德：《国际 NGO 在华"重获新生"》，《国际先驱导报》2008 年第 6 卷第 16 期，第 4—6 页。

③ 吴逢时：《国际非政府组织在中国环境保护中的角色》，载汪永晨、王爱军《绿色使者——在华国际环境 NGO 调查》，北京出版社 2010 年版，第 6 页。

部门"境外非营利组织"的注册①，而其他的 NGO 驻华办事处一般是通过走工商注册或附属于一个中国的研究机构而在中国立足。在工商部门注册的国际 NGO，多以"咨询公司"或"研究中心"的面目出现，"说是商业咨询，可能一年都咨询不了一两次"。②

根据前面说到的"双重管理"制度，国际 NGO 在华的分支机构除了登记注册之外，也一样要找一个政府部门作为业务主管单位，中国本土的草根 NGO 尚且很难找到"婆婆"，鉴于国际 NGO 这种"洋媳妇"的身份敏感性，中国的一些政府部门对它们更是敬而远之。"由于国际 NGO 没有一个法律地位，不仅不能发展会员、接受社会捐赠，而且在招聘工作人员和办理出入境手续的时候都很麻烦。"③ 国际 NGO 的在华办事处不能直接雇用和管理中国员工，必须通过劳务中介组织，因此也增加了组织的运作成本。

二 媒体资源的进入——获取社会和官方认可的途径

根据前面的分析，在转型时期，政府一系列的管理政策法规，给正处于成长期的 NGO 带来了很大的困扰，这些困扰中，组织"合法性"的问题又是最为突出的问题。而"合法性"这个概念，包含了两层意思，一层是"合法律性"（legality），另一层意思是"正当性"（legitimacy）。第一层意思指的是该事物或行为的存在合乎现有法律的规定，做出这种判断颇为简单；第二层意思指的是该事物或行为符合了公正、理性、自由等某种价值准则或人们的理想和期待，做出这种判断有时比较复杂。由于这两层意思拥有着不同的标准，因此判断一个环保组织的"合法性"，就会出现四种情况："既具有合法律性又具有正当性；有合法律性但缺乏正当性；有正当性但不具有合法律性；既没有合法律性也缺乏正

---

① "根与芽"驻上海办事处注册的是"境外公共非营利组织"，而驻北京的办事处则只能得到工商注册。

② 王长峰、单立功：《公共管理案例精编》，黄河出版社 2009 年版，第 28 页。

③ 程芬：《走近国际 NGO：数千家机构正悄然进入中国》，新浪网，2005 年 9 月 28 日，http://news. sina. com. cn/c/2005－09－28/15177889970. shtml。

当性。"① 对于我国几种形式的 NGO，拥有合法登记的 NGO 在占有合法律性的基础上通过引入其他资源来完善自己存在的正当性；而缺少注册登记程序的 NGO，则尽可能地占有正当性来弥补自己的合法律性的不足，尽可能地让自己脱离合法性的困境。

在能够帮助自己获取合法性的资源中，大众媒体是一个非常重要的力量。环保 NGO 通过各种媒体资源的引入，尽可能的获取官方和民间两方面力量的认可和支持，为自己扩展合法性的空间。

（一）通过能见度换取社会承认

1. 官方 NGO 通过媒体赢取群众基础

官方环保 NGO 的创办和运行基本上都能符合当前政府各种法规规定，拥有着合法的身份。因此，在"合法律性"这一方面拥有着优势，其缺陷就是群众性比较差，作为民间组织，没有群众基础，其存在的价值和正当性必然就会受到质疑，它们急需通过各种渠道，加强与公众的联系，夯实自己的公共性和群众性基础。随着政府对待官方 NGO 政策和态度的变化，官方 NGO 对自己的身份认同也发生了一定的变化，它们在寻求活动经费的同时，需要对外进行宣传，对自己的合法性进行一种重新的建构，对自己的形象进行重新包装，从原来的政府性、强调官方资源开始转而强调自己的亲民性，强调自己代表公众的身份和工作的公益价值。

以中国创办最早也是规模最大的官方环保 NGO "中国环境科学学会"为例，在 20 世纪 90 年代之前，该组织的活动仅限于环境科学的研究和学术交流之内，在公众层面上的影响并不大，与公众的接触也不多。在 20 世纪 90 年代之后，学会的人员都由原来的事业编制转为由 NGO 自行负责，原来的财政拨款也停止。学会在一夜之间就陷入了"无资金积累、无具体工作任务、无任何市场竞争经验"的"三无"条件窘境。② 为了谋求生存、体现自己的群众性，在社会上提高自己的知名度，突出自己团体的能力与特色就成了他们完成身份转变、参与市场竞争的一个首要

---

① 参见谢海定：《中国民间组织的合法性困境》，《法学研究》2004 年第 2 期。

② 中国环境科学学会：《中国环境科学学会史》，上海交通大学出版社 2008 年版，第 26 页。

工作。在 1990 年之后，环境科学学会的业务范围除了开展传统的国内、国际学术交流工作之外，还积极开展环境保护科技咨询和技术服务，积极地介入对公众开展科普宣传，并提供环境保护技术培训服务①，弱化对政府的依赖，积极地扩大自己的社会基础。在信息上，也不断地通过大众媒介向国内和国际推介自己。2003 年的"6·5"环境日，正当全国还深陷于"非典危机"之中的时候，来自清华、中科院、环境科学研究院等环境科学学会的成员参与了搜狐网主办的"防治'非典'与环境保护"的网上科普活动，与近两万名网友进行在线互动，讨论"非典"病毒的传播途径、保护野生动物、防治外来生物入侵等问题。在 2005 年前后，针对机动车尾气所造成的北京大气污染问题，他们也多次在各媒体上开放专栏或频道，进行专家咨询与讨论活动。

　　主动地利用各种形态的媒体进行科普和咨询活动，是这些官方 NGO 公关工作的一个重要组成部分，在体现自己的亲民性的同时，也宣传了自己的能力和特色，为证明自己的存在价值和发展壮大打下了基础。

　　2. 民间 NGO 通过媒介获取社会认可

　　在中国当前这种情况下，虽然在国家话语上表现出对 NGO 有扶持之意，但在仍以规制为主的管理环境中，我国的草根 NGO 上有身份之忧，下无资金、人力的资源支持。更重要的是，NGO 在中国内地还算是一个新生事物，公众对他们的了解还很少，从官员到百姓，对它们的动机和目标都不甚明了，加上一些民间组织缺乏自律机制，各种自身管理工作比较混乱，甚至存在着挪用、贪污以及卷款潜逃之类的事件。中国的环保 NGO 数量虽然不少，但不管是政府还是百姓对它们还都普遍缺乏了解与信任，这给它们的生存和行动带来了很大的不便，从下面一段访谈中可以看出来：

　　　　ENGO（环境非政府组织）影响力小，不受重视，甚至受到当地老百姓的"鄙视"，被称为是"捡垃圾的"；……（在地方上开展活动的时候）当地政府不懂得什么是 NGO，当地政府对我们的动机很

---

　　① 《中国环境科学学会章程》，中国环境科学学会网站，2011 年 10 月 11 日，http：//www.chinacses.org/cn/zh‑xhjs/zh‑xhjs_xhzc.html。

怀疑，后来恰巧是政府来了一个秘书，其人学习过 NGO，我们通过与此人的接触，消除了政府对我们的疑虑。①

可见，在这种官民都不了解的现实环境中，别说自己感兴趣的项目无法顺利开展，就是自己生存也很成问题。

要提高本组织的社会关注度，必须提高本组织在媒体上的社会能见度。何为社会能见度？"媒体上的'社会能见度'是一个社会学的概念，反映了促进或阻碍社会群体内部传播（或交流）的社会安排……这种社会能见度的高低，源自个体或群体的社会地位之差异，反映的是社会阶层之划分"②，如潘忠党教授所言："'社会能见度'是一种资源，它能带来政治和经济的回报，媒体也会报道权力结构的边缘甚至被权力中心所打击的对象，但这种报道往往印证权力核心对于新闻事件的定义。"③ 因此，要在社会议题中起到作用，在媒体的关注度中获得一席之地至关重要，否则很容易成为"社会边缘群体"而落于媒体的视野之外。

中国的媒体，特别是传统媒体长期以来代表着党和国家的声音，在中国人的思维中，能够在报纸电视上"露个脸"，如果是正面信息，也许比起管理部门的公章更有说服力。根据调查数据显示，中国共有 79.4% 的 NGO 被媒体采访报道过，在大部分的 NGO 发展策略中，均将媒体作为本组织扩大影响力的重要途径。由此可以看出，NGO 积极寻求大众媒介帮助，尽可能地提高本组织的媒体能见度，是打好"正当性"的基础，是通过"正当性"来代替或者弥补其"合法律性"缺失的一个手段。换句话来说，它们就是通过媒体的报道来实现一种不管是政府、民众还是 NGO 自身都能够接受的身份证明。

例如著名的草根 NGO"绿家园"，一直无法在民政部门成功注册，当了十几年的"黑户"，但是在环保领域名气很大，在反怒江建坝以及其他的事件中，具有巨大的动员能力，这与其高频率的媒体曝光有着密切的

---

① 杨东平：《环境绿皮书（2008）：中国环境的危机与转机》，社会科学文献出版社 2008 年版，第 223 页。

② Bernard Roshco, *"News Making"*, Chicago：University of Chicago Press, 1975, p. 61.

③ 潘忠党：《作为一种资源的"社会能见度"》，《郑州大学学报》（哲学社会科学版）2003 年第 4 期。

联系。另外，著名的国际环保 NGO "绿色和平"，在国内同样无法注册，但这个以吸引媒体注意力著称的组织，能够运用跨国商业集团的公关方式，在媒体公关方面拥有着专门且高效率的工作团队，制造和把握议题，取得了反对印尼金光 APP 集团在西南毁林等个案的胜利。

但是，话又说回来，过分地追求在媒体上的曝光率并不见得就是一件好事，正如吉特林批评美国左派学生运动所说的那样，民间组织在媒体面前，常常为了追求曝光率而过分地迎合媒体的趣味，这将导致他们忘记自己的主要工作而专注于过激行为或花哨的噱头，让组织失去自己的独立性，使自己的行动偏离了原来预期的目标。"绿色和平"的中国项目总监卢思聘指出："很多 NGO 是媒体热什么就做什么，而不是从公众和社会的需要出发。有的 NGO 今年还在环保，明年就又去做劳工了，都是奔着曝光率去的。"① 根据西方社会学的划分，社会组织是独立于政府、企业之外的"第三部门"，对政府和企业起到制衡和监督作用，而一味地追求曝光率，导致工作效率低下，那原来在政府和企业面前就已经呈现弱势的社会组织，更无法担当"第三部门"的重任了。

（二）利用"官家身份"替换"民间身份"

在我国的草根 NGO 中，有一些团体的组织者或领导者与媒体有着颇为紧密的关联，在我国环境保护领域，几个知名度较大的草根 NGO 的负责人都是媒体工作者——"绿家园"的发起人汪永晨，在中央人民广播电台担任记者多年，主要从事环境报道，因此，在记者圈内特别是关注环境议题的记者群体中人脉颇广；"地球村"的召集人廖晓义，曾经是中央电视台第七频道《环保时刻》的制作人；"绿岛"的召集人张可佳在《中国青年报》长期从事环境新闻采编工作，后任中青报"绿版"的编辑；全球环境研究所理事熊蕾原先是新华社高级编辑、新华社中国特稿社副社长；"野性中国"的创办人奚志农、史立红夫妇曾分别是电视台和报社记者；"自然大学"的创始人冯永锋同时是《光明日报》记者……在中国环境 NGO 与环境记者这两个人群中，有着明显的交集，这在其他国家是少见的，被称为 NGO 与记者"两栖"现象，或"中国记

---

① 赵灵敏：《给 NGO "补钙"》，《南风窗》2007 年第 3 期。

者的 NGO 化"。

在西方国家，新闻工作者与民间组织的关系呈现出另外一种完全相反的情况。在西方，新闻媒体非常注重新闻报道在形式上或说程序上的"客观、公正"原则，在这种理念的指导下，记者不管是在环境运动中还是日常私交中，都刻意地与 NGO 人员保持距离，不会轻易采用 NGO 的公关稿件。新闻工作者介入环境运动中的任何行为都有可能被视为"鼓动新闻"（Advocacy journalism），在美国，环境记者往往因报道的倾向性而受到抨击，被扣上一顶"环境活动分子记者"的帽子①，"绿色记者"，在同行中间是带有侮辱性的称谓②，更不谈记者会拥有 NGO 成员的身份。按照在西方国家的行规，如果一名记者要投身于环境 NGO 组织的工作，那就必须放弃自己的记者身份。如美国的环境记者协会（SEJ）是不允许成员参加其他环境 NGO 的公关或游说活动的，以免影响整个新闻记者组织的形象。③

中国与西方的"社会运动的社会"不一样，由于 NGO 进入中国时间尚短，且在普通公众方面影响力还是相当有限，特别在中国的欠发达地区，大部分官员和群众从未听说过 NGO 为何物。在中国的传统文化之中，重政府而轻民间是一种基本的倾向，在人们碰到性质不明的组织时，"人们首先会问，这个单位是哪里的？是政府的还是其他的"？④ 因此，中国的 NGO 在活动中，参与者的"官家"身份，如记者、研究机构的科学家、大学教授等头衔要比"环境保护组织志愿者或工作人员"这一名头要好使得多。2011 年 8 月，笔者参加了"绿家园"组织的"黄河十年行"活动，这次活动是由媒体记者、各类专家以及环保志愿者组成的。笔者看到在偏远的基层地区，团队的成员在开展调查时遇到有人问起调查意图，"记者采访"往往是最有力且无须过多解释的理由，在活动中如遭遇别人向其索要单位证明，同行的记者经常会使用自己的记者证进行

---

① 张威：《环境报道的宣传色彩与新闻的客观性》，《国际新闻界》2007 年第 10 期。

② Bud Ward: Environmental journalists don't get much respect, Nieman Reports, December, 2002, p. 41.

③ 王积龙：《抗争与绿化——环境新闻在西方的起源、理论与实践》，中国社会科学出版社 2010 年版，第 253 页。

④ 俞可平：《中国公民社会的制度环境》，北京大学出版社 2006 年版，第 22 页。

交涉，那次活动还有中央媒体的记者，他们的身份更是对活动的合法性给予了近乎无可挑剔的佐证，而环保组织"无合法身份"的尴尬可以说是得到了很好地掩盖。

另外，由于中国的新闻媒体几十年来在舆论监督方面取得的巨大成绩，新闻记者的身份在公众心目中有着很高的威信，很容易得到老百姓的信任，也极容易激起他们的倾诉欲望。特别从受害者一方看来，记者的到来无异像遇到了"钦差"，因此，在整个团队和当地百姓进行调查访问的时候，笔者发现，参与者怀揣的记者证、科研单位的证件以及手上的摄像机、照相机和录音笔等采访设备也是取得信任和帮助的最重要工具。

有时候，即使没有记者身份的成员在场，NGO 工作人员与底层民众进行交流取证，基层的群众都"不自觉"地把他们当成记者，如在 2011年 4 月，著名的民间环保人士、环保 NGO "公众与环境研究中心"的主任马军在调查美国苹果公司的大陆供应商违法排污的问题时，"在江苏昆山，深受污染困扰的十几位中老年村民来到（NGO）调查人员的面前。面对马军的摄像机，十三位妇女突然齐刷刷跪下：'求求你们，帮帮我们，帮帮我们老百姓！'"在当地群众的配合和帮助下，NGO 获得了不少的排污证据。但当他们第二次来到该村庄的时候，村民的表现冷淡，与第一次接受调查的表现形成明显反差，"后来村民们问'为什么中央电视台还没有来？'这个问题问得马军一头雾水。'原来他们认为凡是拍摄的，就是央视，肯定就会播出了。村民们一直在看电视，一个一个看过去，都没有，没有反映他们的问题，所以他们非常失望。看上去他们心情很不好，几乎都不理我们，而且已经不太相信我们了。因为之前他们太相信我们了，所以才跪在我们面前了。'"[①]

以上这些例子都说明了当前中国的民间力量影响力还相当有限，在中国社会，媒体在某种意义上代表的是"官方身份"，他们有威望、有动员力。NGO 通过媒体资源的引入，用"官家"身份来换取"民间"身份，其实也是 NGO 在"重官轻民"的环境土壤中不得已的选择，要解决

---

① 丁文亚：《环保组织："毒苹果"证据链浮现》，《北京晚报》2011 年 9 月 6 日第 A15版。

这种问题，还有很长的一段路要走。

（三）国际 NGO：通过媒体示好，换取行动合法性

由于在国家安全以及意识形态上的顾虑，中国政府对国际环保 NGO 在大陆开展的工作颇为防范，这也对国际环保 NGO 的活动合法性构成了很大的困扰。中国当前对 NGO 的管理体制，也让它们的行为尽量收敛，渐渐养成中国 NGO 特有的那种温良恭顺的性格。要想在中国顺利地开展活动并能够在多种博弈中顺利地达到运动的目的，承认中央权威、通过各种形式向中央政府表示"臣服"是它们来到中国后必须学习的内容，而在各种手段之中，通过媒体公开宣示又是一种最为有效的方式。

> 在中国的国际 NGO，他们也是相当的谨慎的，不会轻易地去触犯中央的各种规定，即使是在国外表现得比较激进的 NGO，在中国也表现得并不那么激进。这可能与他们在中国活动的策略有关系。①

在这其中，最为典型的例子就是"绿色和平"。"绿色和平"是世界上规模最大也是最具有影响力的环保组织之一，这个成立于 1971 年，拥有着 350 万会员，向来以其行动激进著称的国际环保组织，在成立的 30 多年里，曾开展了很多轰轰烈烈的行动：他们的成员驾驶着自己的舰船，反对过法国在南太平洋上的核试验；封锁过直布罗陀海峡以阻止苏联的捕鲸船队；爬上过核电站的屋顶反对核电开发等等，国际上对他们的行动褒贬不一，有人称其为"能够肩负起拯救世界的任务的团体"，也有人认为他们是一群"哗众取宠"、"不讲理的、偏见的和专事敲诈的恐怖分子"②。

因为其激进的行事风格，"绿色和平"在世界各国都不太受政府的欢迎，在中国大陆更是如此。大部分时间，"绿色和平"被中国政府贴上了"激进的由外国资金支持的非政府组织"的标签，它在中国很多地方的工

---

① 源自笔者于 2011 年 12 月 14 日与上海某报环境记者的访谈。
② 《1971 年"国际绿色和平组织"成立》，人民网，2001 年 12 月 19 日，http://www.people.com.cn/GB/huanbao/55/20011219/630324.html。

作都受到地方政府的严密防范，在中国内地至今没有获得正式的登记，也无法在中国大陆发展会员、筹款。宣传部门对其警惕性也极高，谨慎登载或不予登载有关他们的新闻是内地接触环境议题的记者皆知的纪律。在 21 世纪初，还几乎没有内地媒体敢于报道"绿色和平"的活动。①

"绿色和平"另外一个重要特点就是拥有着高超的媒体议题掌控能力与对媒体眼球的吸引能力，他们拥有着高素质的公关团队，借鉴企业的公关规则制定各种媒体策略，在很多活动之中能够牢牢地掌握议题的走向。即使在"文革"时期，"绿色和平"在太平洋上反对苏联捕鲸的活动都曾经多次吸引中国媒体的目光②，其媒体动员能力可见一斑。

进入中国内地开展项目之后，"绿色和平"将自己的锋芒收敛了很多，它们平时向媒体提供的项目报告，除了保持自己的独立评估风格之外，其选材很多都是政府关注的重大环境问题，除了对中国政府的环保工作进行评估之外，还能够通过自己专业分析，给予政府和公众很多有非常价值的建议，为此也得到了政府的认可与欢迎。

如在 2001 年北京申办 2008 年奥运会的时候，"绿色和平"在媒体上高调宣布支持北京申办奥运会，在申办成功之后，它希望能够协助和参与北京奥运会环保方面的工作。在 2008 年 7 月 28 日，奥运会开幕前夕，"绿色和平"对各大媒体发布了题为《超越北京，超越 2008：北京奥运环境评估报告》的独立评估报告，它们的中国项目负责人还接受媒体采访，引来了国内众多媒体的关注。在报告中，"绿色和平"不仅客观评价了北京市在使用再生能源、改善空气质量、废水处理等方面的成绩，还特别指出"北京的绿色投入超过一些发达国家城市"，在肯定北京环保工作成绩的同时，也指出了北京没有利用好奥运会的契机进行提升垃圾处理能力、推广节水措施、提升企业清洁生产水平等问题，并给北京提出

---

① 汪永晨、王爱军：《绿色使者——在华国际 NGO 调查》，北京出版社 2010 年版，第 190 页。

② 1976 年 6 月，绿色和平志愿者乘坐一艘由扫雷艇改装的船只——"绿色和平七号"，在太平洋上航行两个多月，行程万里，在加拿大和美国太平洋西海岸海域制止苏联人的捕鲸行为，此举成为《人民日报》上国际组织反对"苏修霸权"的一个重要案例，在《人民日报》上刊登了《加拿大——环境保护组织开展斗争　制止苏联在西海岸疯狂猎捕鲸鱼》（1976 年 7 月 3 日）和《不许苏修渔霸毁灭鲸鱼资源》（1976 年 11 月 5 日）等文章。据笔者调查，这应该是进入中国媒体视野中的第一个环保组织。

了发展公共交通等多条建议。这份报告中，北京市的成绩、不足和建议，都分析得细致科学，信息平实客观，完全没有在国外的那种激进煽动之意。一时间，这份报告上的各种信息和数据成了媒体评论和深入报道的热门题材。举个例子，在外国人的印象中，北京的空气质量并不好，以至于某些国家的奥运代表团成员在下飞机之前戴上了口罩。对此，"绿色和平"在评估报告中写到"北京其实已经几乎达到申奥时所做出的所有环保承诺"，这个评价很快成为中国媒体反复引用的"论据"。"绿色和平"的该次项目，让奥组委、北京市环保局等单位颇为高兴，肯定了它们的工作，并表示希望能够更多地与它们沟通合作。这一次项目，"绿色和平"很好地利用了媒体，既没有破坏自己的独立行事的作风，又很好地与政府关心的工作结合在一起，既得到了政府的承认，也被公众广泛认识，大大扩展了在中国的行动空间。

　　"绿色和平"的项目不单纯是协助中国政府进行调研，其中也有很多反对企业污染的行动，即使在这种被当地政府看成为"不利于稳定"的项目中，"绿色和平"都紧紧遵循一个原则：把批评和监督的矛头都集中在违法企业或地方政府上，始终援引着中央和环保部的政策，把它作为与企业或地方政府进行交涉的资源，有意识地维护中央政府的权威，不去挑战中央政府的权威与部门政策的有效性。这种"拉大压小"的策略，经常能够规避掉不必要的政治风险，突破中国官方对他们的信息屏蔽，扩大媒介的能见度。

（四）媒体聚焦下的政府与 NGO 的合作

　　草根 NGO 和国际的 NGO 缺乏的是政府背景，在推动政策转向的过程中，常常觉得心有余而力不足。官方 NGO 与政府关系紧密，但行为谨慎，在政府部门没有明确态度之前，它们很少会主动地发起激进行动。而当政府有改变政策的想法时，政府常常会通过推动官方 NGO 与草根 NGO 合作，实现一个政策的最后改变。因为民间倡议多由草根 NGO 挑起，在媒体的关注下充分预热，政府在一定的时机，授意官方 NGO 在媒体的关注下高调介入，完成问题的社会讨论与解决。这样，就形成了"草根 NGO——官方 NGO——政府"双向传播的一个互动链条。这样一来，不论是草根 NGO，官方 NGO 还是政府都能在媒体面前得以正面的曝光，提高自己的行动合法性和美誉度，这是一个多方共赢的策略。

从政府方面来说，既可以借此机会以"民间的方式"推动相关政策的执行，又能够对草根或国际力量进行管理，并能很好地把握运动中的舆论引导能力，这与古代朝廷"招安"形式有点类似。政府有"招安"之心，民间的力量也不乏"被招安"之意，从草根或国际方面来说，与官方 NGO 活动的对接，共同推进议题，既能借助政府资源强力推进运动，也是政府对其活动合法性最明确的承认与支持。

最为典型的事件就是发生在 2005 年的圆明园防渗膜事件，2005 年 3 月 22 日，圆明园湖底铺设防渗膜，被兰州大学的张正春教授发现并通过草根 NGO "地球纵观环境科普研究中心"联系到了《人民日报》等媒体，使得圆明园铺设防渗膜的事情进入了大众视野，《人民日报》的报道引起了很大的反响，很快，京城的报纸都跟风报道，在媒体的聚焦之下，环保总局介入，31 日，环保总局认为该工程违反环评法，要求建设单位停工，补办环评手续。4 月 1 日，"自然之友"、地球纵观环境科普研究中心、"绿家园"等 8 家草根 NGO 召开各方研讨，讨论圆明园湖底是否应该铺设防渗膜，各方专家、NGO、官员以及群众的讨论，为媒体提供了很好的题材，引发媒体更进一步的关注。会后，"自然之友"、"地球纵观"、"绿家园"等草根 NGO 发表公开信，支持政府对圆明园铺设防渗膜一事举行听证会。在这时候，环保总局下属的 NGO 组织"中国环境新闻工作者协会"加入，该官方 NGO 是一个拥有千余名记者的组织，其规模仅次于全国记协，会员遍布于全国各大媒体，且不少会员还是媒体高层。[①] 这次官方 NGO 的介入，使讨论的局势大为明朗。在众多的 NGO、媒体的关注之下，中国第一次重大工程的环评听证会召开，也使得环评听证会从此深入人心，形成制度并延续下去。

在环境行政部门的力量、草根 NGO 的力量、国家 NGO 的共同推动之下，最终使得中国的环评听证会制度得以确立，且经过 NGO 这些民间"绿林好汉"的帮助，环保行政管理部门的权力得到进一步的扩大和确立。圆明园防渗膜事件平息之后，从环保总局副局长潘岳的讲话中我们

---

① 《中国环境新闻工作者协会简介》，中国环保新闻网，2011 年 10 月 10 日 ，http：www. cepnews. com. cn/city/。

可以窥见其用心：

> 圆明园事件，铺膜不铺膜是个专业问题，而我们真正希望的是拿它做实验，即把各种过程都公开，各种观念……展开碰撞。同时，中央和地方政府，中央政府部门之间的权能法规的交叉协调。政府与公众的良性互动等等，……我们经过这次试验，心中更有了底。①

在运动开展的过程中，环保部门的行政力量也在通过环保总局的官方NGO——"中国环境新闻工作者协会"进行"议程设置"，使其向利于环保系统的方向发展，且让环保行政部门通过媒体在公众面前树立起威信。该组织的负责人在对学者谈起此事时如是说：

> 在圆明园事件中，潘局长（潘岳）是指挥，我们协会做了协助工作，赵永新（人民日报记者——笔者注）的报道点燃了导火线之后，各媒体都报道了，对环保总局就有了压力，总局要出来表态。对于环保总局来说，铺不铺，这不是问题，重要的是程序要公正、要公开，要实行听证会制度。这个时候我们需要引导媒体，让媒体关注到程序上的问题，包括搞听证会是必需的等等。……
>
> 在一开始的时候，我们让媒体充分预热，使得公众和领导都充分了解这个事情，然后再提出程序的问题，引导传媒去讨论项目背后的程序正义，然后再慢慢给舆论定调。后期的时候，引导主要通过评论完成，比如通过一些大报的评论，来影响整体舆论。
>
> 整个事件的过程，也是一个制造悬念的过程。事件发生之后，大家想知道环保总局会怎么说，会不会失职——等到环保总局叫停了项目，大家好奇的是'项目真的可以停吗'——停或者不停，双方有什么道理？要不要环评？——谁来承接环评的工作？——环评的结果能不能被接受，环保局批不批准？——环评的结果能不能实行，如何实行？在这样一个个悬念的过程中，我们就是把握这个过

---

① 陈磊：《对话潘岳》，《南方人物周刊》2005年第17卷第8页。

程，因势利导。①

因此，在很多时候，NGO 的活动，以及引起的相关媒体报道，解决的并非是在具体问题上的"是与非"，而更重要的意义在于涉及了事件所适用的政策是否合理，程序是否公正等制度层面问题。这些讨论有时候恰恰成了政府改革中某项政策在推行之前的"探测气球"，政府或许已有了相关的改革动议或制度设计，在这时候，草根 NGO 动员媒体发起的倡议，有时候成了政策或制度进入社会了解和讨论的契机，而在媒体的共同见证下推动政府新政策的出台，也成为草根和官方 NGO 获取行动合法性的一个非常重要的机会。

第三节　NGO 环境运动的推进剂

一　放大倡议声音

进行倡议是 NGO 最为重要的工作内容之一，而倡导意见能够发挥作用的程度，与其传播的广泛程度有着直接的联系。以前 NGO 倡导模式主要是向相关的对象发布倡议书。当前的环境中，NGO 直接影响政府、企业的渠道并不畅通，影响相对有限，而相关的单位在没有一定舆论压力的情况下，未必会把这些"人微言轻"的 NGO 倡议摆上议程。而经媒体聚焦之后，很快引起全国公众和政府部门的响应，往往能够发挥出"议程设置"的效应，引起全国上下支持的热潮。相关的对象也在舆论的压力之下，为了自己的美誉度，很好地执行倡议内容。正如"地球村"的廖晓义在接受访谈时所说到的："我不怕做明星，像我这样的非政府组织领导者，被媒体关注不是什么坏事。我们一没钱，二没权，只有靠名声来博取公众和政府的关注、理解、支持与帮助，才能使我们的事业得到

---

① 曾繁旭：《国家控制下的 NGO 议题建构：以中国议题为例》，《传播与社会学刊》（香港）2009 年第 8 期。

大的发展。"①

"26 度空调节能行动"就是其中比较典型的案例：2004 年 6 月，全国的能源紧张，出现了全国范围的"电荒"，为了促进能源的有效利用，"世界自然基金会""北京地球村""绿家园志愿者""自然之友""中国国际民间组织促进会""环境与发展研究所"等六家民间环保 NGO 组织在北京发起了"26 度空调节能行动"，倡议我国的室内空调用户，在夏季用电高峰期自觉将温度调整到 26℃以上。

在活动之初，这些环保组织主要是通过向奥组委递交倡议书、号召酒店旅馆等公共场所加入承诺同盟、进行电影宣传等形式开展活动。工作虽然做了不少，但前期获得的社会反响并不大，倡议发出了三个月，只有 10 家企业和两家使馆承诺加入，可谓应者寥寥。后来，他们主动地联系了媒体，媒体对此议题较为感兴趣，如中央电视台和北京电视台的多个频道都在黄金时段对该事件给予关注，北京电视台的《北京晚间新闻》《特别关注》还为此制作了多期专题节目。《新京报》《北京晚报》《法制晚报》等 20 多家北京的报刊也加入了报道倡议活动的行列。② 该议题在全国各大媒体的聚焦之下，在 2005 年，51 家各地的环保组织对这个倡议进行响应，该项活动也蔓延到全国的各大城市。民间倡议活动的大面积展开，终于对政府的政策产生了影响。2006 年 6 月底，温家宝总理在《加快建设节约型社会》的讲话中明确指出，夏季政府的办公室、会议室空调温度不能低于 26℃，此后，很多地方政府也加入到这一行动中来。2007 年 6 月 1 日，国务院办公厅终于下发了《关于严格执行公共建筑空调温度控制标准的通知》，这个由民间组织发起的倡议行为通过媒体的放大，最终加入了国家的意志，大大推动了倡议工作的前进。

二　吸引外部资金，感召志愿者

（一）提高知名度，吸收外部资金

在西方发达国家，已经形成了较为完备的公益事业的链条，各种资

---

① 王缙、汤潇：《中国 NGO：坚持，就有希望——北京地球村环境文化中心主任廖晓义访谈录》，《上海城市管理职业技术学院学报》2003 年第 5 期。

② 林媛媛、曹倩：《环保 NGO 探索与主流媒体互动》，《传媒观察》2008 年第 9 期。

金募集的方式能够为 NGO 提供足够的活动资金，让 NGO 没有后顾之忧，专心地开展工作。但在中国，从资金募集到分配等一系列工作都还很不完善，人才资源和稳定的资金来源成为制约我国草根 NGO 的重要瓶颈①。

在活动经费方面，一些规模较大、知名度较高的 NGO 的活动经费主要来自国际的基金资助："境外基金会及一些使领馆的资助占很大比例。年均筹资规模超过百万甚至达千万的 NGO，主要是几家京城'老字号'，为第一梯队；……年均筹资几万元至几十万元不等，为第二梯队。"②"绿家园"是一个松散的志愿者组织，没有会费，它的收入也主要来自于外国的基金会捐助，2011 年收入大概在 40 万元左右。

而数量众多且没有名气的草根 NGO 最普遍的经费来源是会费，其次是组织成员捐赠、政府及主管单位拨款和企业捐赠，据统计，有固定经费的民间环保组织和学生社团也只占了不到 20%，而有 20.7% 的民间自发组织和 29.5% 的学生环保社团根本无法筹措到经费③，靠成员集资或召集人自掏腰包开展活动是国内环保 NGO 较为常见的现象。

在人才资源方面，根据中华环保联合会 2006 年年初发布的全国统计显示，我国环保民间组织现有从业人员总数为 22.4 万人，其中全职人员 6.9 万，兼职人员 15.5 万。我国环保民间组织规模普遍较小，平均每个环保民间组织的全职人员 25 人左右，且拥有相关专业人员的草根 NGO 不多；在民间草根环保组织中，有近 30% 只有兼职人员而没有全职人员。④该调查还显示，有 6 成的环保民间组织没有专用办公室，很多从业人员不领工资，即使是领工资的 NGO 工作人员，他们的整体收入常常也处于当地平均工资线以下。⑤"北京天下溪教育咨询中心"负责人梁晓燕就曾对记者说，"中国的 NGO 长不大，就环境 NGO 而言，10 个人的已经算大的"⑥。

---

①　马天南：《把中国民间组织生存的艰难情况说出来》，腾讯网，2011 年 9 月 28 日，http://news.qq.com/zt2011/talkmtn/。

②　《环保 NGO 生存寒冬》，《财经》2014 年第 5 期。

③　中华环保联合会：《中国环保民间组织发展状况报告》，《环境保护》2006 年第 10 期。

④　同上。

⑤　叶静：《民间环保组织应是政府治理环境的同盟军》，《中国经济周刊》2007 年第 11 卷第 26 日。

⑥　赵灵敏：《给 NGO "补钙"》，《南风窗》2007 年第 3 期。

因为还没有形成一个很好的筹资、分配和监督链条，因此，要获得企业、基金会的资金资助或者是政府在政策方面的扶持，该组织的知名度和美誉度占据了至关重要的位置。因此，通过媒体传达自己的诉求与宗旨，提高自己的知名度和美誉度，以获得外部的企业、政府或者基金会的支持，也许就成了处于发展期的 NGO 的一条最可行的路。

在"地球村"刚刚成立的时候，在社会上没有什么名气，资金和志愿者都相当的匮乏，工作开展陷入困顿。一条关于它们 NGO 的信息在媒体上的广泛传播，使得这个组织发展产生了转机：

> 有一天北京市市长约我到他办公室谈环保，而且他接受我关于绿色社区、建立民间组织联席会议等建议。实际上市长能够邀请我到他办公室，我觉得很重要的是媒体帮的忙，市长看了电视，从而知道了"地球村"，知道了廖晓义。有很多公司、企业也是从电视上知道我们后，才找到我们的。……如果没有媒体的帮助，我们这个组织的生存都是问题。①

对于很多中小型的 NGO 来说，获得媒体的关注，带来的正面效应有时不单纯是社会影响力、自身的美誉度提高，也会大大提高对外争取资金和人力支持的可能性。安徽一个 NGO 的负责人对研究者说：

> 作为草根组织我们深刻地意识到了一点：靠基金会的支持往往不足以让我们的组织长远地发展，一个项目的本土化和资金来源的本土化联系是在一起的，我们想通过媒体对我们的宣传报道把我们推介出去，获得本土企业、包括公众了解并参加到我们当中来，我们要求企业和公民的参与给我们提供资金支持。②

在当前我国的 NGO 普遍缺乏资金和人力等资源的情况下，通过媒体

---

① 王莉丽：《绿媒体》，清华大学出版社 2005 年版，第 220 页。
② 刘海英、张冬青：《中国环保 NGO 与媒体：携手同行》，载汪永晨：《改变——中国环境记者调查报告（2006）》，三联书店 2007 年版，第 288 页。

先把自己的牌子打出去，通过知名度获取企业和政府的支持成为 NGO 保持自己生存与发展的最重要途径。

（二）招募志愿者

公益性与志愿性是 NGO 行动的两个重要特征，一个 NGO 工作的顺利开展，光依靠几个核心领袖以及它们的专职管理人员是远远不够的。NGO 组织，特别是那些以行动为主要工作取向的组织，必须有能力动员起社会上的人士志愿地投入到相关的工作中去。根据调查数据，全世界 36 个国家中，有 1.32 亿的人口参与过志愿者活动，占了这些国家大约 10% 的成年人口数量。① 根据 2005 年的统计，中国 2 768 家环保民间组织中有 80% 年均组织一次以上、较大规模环保公益活动，参与各类环保活动的志愿者达 857 万人次。②

因为志愿服务在中国出现的时间不长，相对于西方国家来说中国的环保志愿者不管是在数量上还是在能力上都有明显的不足。由于没有西方国家那种发达的社会网络作为支撑，志愿者的招募工作，除了口口相传的人际传播方式之外，主要还是通过散发组织传单、张贴海报，通过网络、广播、电视、报纸等大众传播媒体对 NGO 的工作宗旨进行宣传来吸引各地志愿者。

如前文所述，"地球村"由于长期利用和动员媒体的资源，使得他们的宗旨和事迹渐渐被社会所认识，使得愿意加入其志愿者队伍的人数越来越多，组织的规模也就越来越大，廖晓义曾在工作总结中写道："（1996 年）不少人在看到本中心的电视节目、报刊文章及社会活动后打电话或写信来表示赞许并提供帮助，目前在北京地区要求成为'地球村'志愿者的各界人士已有两千多人，从全国主要省市寄来表示认同、鼓励

---

① ［美］莱斯特·萨拉蒙：《全球公民社会——非营利部门国际指数》，陈一梅等译，北京大学出版社 2007 年版，第 21 页。另注，该次调查是约翰·霍普金斯非营利部门比较项目 2004 年在全世界 16 个发达国家，15 个发展中国家，和中东欧 5 个转型国家的调查，受调查的国家中没有中国。

② 中华环保联合会：《中国环保民间组织发展状况报告》，《环境保护》2006 年第 10 版。

和参与的信件三百多封。"①

根据笔者小范围的统计，能够利用好媒体进行志愿者招募的环保NGO还不多，其动员能力和效果也比较有限，利用好媒体壮大自己的志愿者队伍，可以成为NGO今后业务进一步拓展的方向。

三 昭示自己的存在价值

与企业组织不同，民间组织的召集人和志愿者投身于NGO工作非但不能获取较高的报酬，反而会花费自己大量的时间、精力甚至金钱。2006年全国的环保NGO调查显示：95%的环保NGO从业人员之所以选择此类工作是"为了环保事业而不是为了谋生"，参与环保活动的志愿者中有91.7%的人不计任何酬劳②。他们从事的工作，很大意义上并不是雇用劳动而是一种志愿活动，这些工作所体现的是一种根据自己的兴趣意愿，服务于社会的利他精神和慈善性质。根据马斯洛的需求层次理论，民间组织参与志愿服务的工作，其目的主要是追求心灵上的满足、自我价值的实现和更为有意义的人生体验，是一种高层次的精神需求，精神上的满足感是推动他们从事工作的最大动机。

既然他们参加环保活动所希望得到的回报主要是精神层面而非物质层面的，那他们必然对获取这种报偿的精神体验非常看重，而如何能够获取更完美的精神体验？媒体上公开是一条重要的途径，他们的工作能够通过媒体被广泛传播，进而获取社会的了解与认可，这对于志愿者群体来说是很大的心理慰藉。如吉特林的书中所转引哈维·莫罗茨（Harvey Moletch）的观点：参与运动的组织成员，在媒体上的短暂曝光，对他们运动中遭遇各种艰难与失败导致的心理压力来说，是一种非常重要的补偿，媒体上的曝光，可以"昭示着自我的存在"③。大部分的志愿者都希望自己的事迹能够在媒体上得到报道，这些报道是支持他们克服各种困

---

① "地球村"：《北京地球村环境文化中心1996年度工作报告》，载沈丹《大众传媒在中国环境NGO发展中的作用研究》，硕士学位论文，厦门大学，第29页。

② 中华环保联合会：《中国环保民间组织发展状况报告》，《环境保护》2006年第10期。

③ ［美］托德·吉特林：《新左派运动的媒介镜像》，胡正荣、张锐译，华夏出版社2007年版，第181页。

难却始终乐此不疲的动力。有时候这种从媒介上获得的巨大荣誉感和成就感，甚至成为他们击溃病魔的力量，朱再保的经历就是一个典型的例子。

朱再保是中国首家湿地环境志愿者组织——"湿地之友"的组织者，他原是湖南岳阳一名参加过抗美援朝战争的退伍老兵，在 1981 年被检查出患上了胃癌，医生判断，他剩下的时间最多不超过 5 年。因为来日已不多，他下定决心通过投身环保的公益事业给自己的生命留下一个有意义的结尾，于是他拿出自己所有的积蓄，投入全部的精力与时间，开展对洞庭湖湿地的保护工作：他建立了自己的环保组织、自费印发各种湿地保护的宣传材料、到洞庭湖区考察、阻止偷猎者伤害水鸟、到各学校和社区进行义务演讲，组织各种观鸟、护林活动……十年时间里，他为环保公益事业"骑坏了三辆自行车，磨破了 20 多条自行车内胎"。他的事迹后来被媒体发现并关注，全国 60 多家媒体对他进行了超过百次的采访和报道，媒体的报道引起了很大的社会反响，"他每天收到的信和电话成百上千，光信件就有整整 20 麻袋"[①]，之后又得到了江泽民、朱镕基、姜春云等党和国家领导人的接见，就连联合国地球组织主席、国际地球日创始人丹尼斯·海顿也写信称赞他是"地球保护的使者"。

媒体报道带来的荣誉和成就感支撑着朱再保更加忘我地投入到环境公益事业之中，医生所说的 5 年期限很快过去了，朱再保不但没有死，就连原来被医生判断无法根治的肿瘤都彻底消失了。今年已八十余岁的朱再保仍然率领他的 NGO 参与者们奔走于各种环境保护活动的第一线。他投身公益环保事业 30 多年来，在湖南岳阳组织了 150 多次各类环保宣教活动，累计组织开展 5 000 万人次环保活动，各种策划、组织、协调工作，让他"一刻也没停歇过"[②]。他的例子，不能不说，媒体对他本人事迹的报道，肯定了他的工作与价值，给他在环保事业上的巨大付出以慰藉，并且促使他在这条路上不断前行。

从媒体方面来讲，在中国很多的 NGO 群体，它们的处境艰难，势单力薄而又从事着不以营利为目的的崇高事业，它们中间富含着很多"悲

---

①　谢云辉：《守候生命"湿地"，守候那群绿色的候鸟》，《知音》2002 年第 22 期。
②　谭繁、黄梅：《朱再保：把生命价值最大化》，《岳阳晚报》2011 年 3 月 14 日第 4 版。

壮"的故事和形象，这些题材极为容易获得人们的同情与尊敬。因此，这也成了媒体迎合受众心理，提高媒体声望以及争取同盟军的一个重要途径。

四 压力增值器

(一)"毒苹果事件"的简要经过

2008 年起，世界著名的 IT 企业苹果公司在华的供应商"联建科技"要求员工使用正乙烷替代酒精清洁屏幕，以提高劳动的生产率，2009 年 5 月之后，这个企业的员工陆续出现了手足无力、麻木等症状，经查为正乙烷中毒，多数员工被鉴定为职业病致残。消息流出后，有媒体对相关企业进行了零星的报道。而"公众与环境研究中心"、"达尔问"等 36 家中国环保 NGO 对包括苹果在内的 29 个 IT 品牌进行了多轮调查，于 2010 年 4 月共同发布了《IT 产业重金属污染报告》。在调查涉事企业的开始阶段，中国的 NGO 们就积极地与这些 IT 企业进行沟通，希望能够对其进行整改监督。可苹果公司对中国环保组织的质疑不予回应。苹果公司的傲慢态度激起了中国公众的不满，2011 年 1 月 20 日，为催促苹果公司回应并重视此事，36 家国内环保组织公开发布了《IT 产业重金属污染报告（第四期）苹果特刊》。该报告中包含有大量的受害者案例和苹果"疑似"供应商的企业污染情况调查，这些信息为广大媒体提供了大量的新闻线索和可资引用的材料，一时间，在大量的媒体对报告的内容进行摘登或深入追踪，对各地的苹果疑似供应商及受污染致残的员工进行调查报道，苹果公司很快被新闻媒体包围。在舆论压力之下，2011 年 2 月 15 日，苹果公司在其发布的《2011 年度供应商责任进展报告》中，开始承认供应商方面因污染造成的员工致残的事实，但因为公司的"保密传统"，拒绝公开在华具体供应商的名单和资料。2011 年 8 月 31 日，6 个环保 NGO 经过七个月的调查，再一次联合发布了调研报告《苹果的另一面：污染在黑幕下蔓延》，对媒体公布了更为详细的"疑似供应商"的污染数据并绘制了它们在中国的污染地图，希望苹果公司能够与 NGO 进行对话并商讨改进措施，原来已渐渐冷却的事件再次引发了媒体的追踪兴趣，央视、凤凰卫视等著名媒体也多次关注，在大量的媒体曝光压力下，苹果公司在 9 月中旬与环保组织进行了首次对话，承诺采取措施改善当前的污染问题，但表现颇为消极。

　　直到 2012 年 2 月，此事件的影响波及海外，苹果公司的态度才有了明显的转变。2012 年 2 月初，《纽约时报》《华尔街日报》等报纸对苹果在华的代工工厂生产环境进行了批评，并称其为"血汗工厂"，这些国际大报的报道引发了美国 NGO 抵制苹果公司的运动，2 月 9 日，大量的抗议者来到苹果公司在美国的几个大型零售店门前进行抗议示威，要求苹果公司改善海外工厂的工作环境，美国的抗议者还带来了约 25 万人联名签署的"抗议虐待工人"倡议书，并声称如果苹果公司继续对民间抗议置若罔闻，便会组织更大规模的抗议和抵制活动。2 月 13 日，苹果公司终于采取行动，聘请第三方单位"公平劳工协会"对苹果公司最终产品组装厂商进行特殊、志愿的审计，包括富士康位于中国深圳和成都的工厂，历时近三年的抗议行动终于在美国媒体和 NGO 的介入下收到了成效。

（二）中美两国的运动策略与效果比较

　　从这个抗议事件在中美两个不同国度所产生的效果上看，美国民间组织的动员能力及运动的效果无疑是快速且明显的。在环保、劳工权益意识相对较强的国家中，NGO 对知名企业所产生的压力是巨大的，企业不敢怠慢。且 NGO 在抗议过程中加入了游行、示威等西方常见的运动策略，很容易使企业为了避免声誉受损而积极采取应对行动。

　　而在中国内地，NGO 面对知名度高、实力强的企业或利益集团时，单纯依靠自己的行动施加压力，作用并不大。虽说游行、示威等活动亦可在法律允许的条件下进行，但就当前的国情，游行示威等活动也非中国民间组织能够轻易采取的常规策略。很多大型企业的知名度和影响力要远远高于国内的环保组织，面对这些 NGO 的挑战，企业很多时候都会采取消极的回避政策。如该次的"毒苹果事件"，苹果公司要不就是宣称"有能力自己解决问题"要不以"不宜公开供应商的信息"作为借口，迟迟不对 NGO 们的质疑进行回应，更不希望在 NGO 的监督下进行整改。对手并不"接招"，很容易使得 NGO 陷入"老鼠咬龟，无从下嘴"的尴尬局面。

（三）　媒体的赋权与压力增值

在西方国家，虽说 NGO 的运动也非常重视媒体的动员作用，但我们要看到媒体动员效果最后是要落实在公众的广泛卷入之上的，因而媒体的压力归根结底是公众所产生的压力。在中国则有很大不同。当前 NGO 的影响力和动员能力还较为弱小，它们更倾向于向媒体提供自己的诉求与信息。媒体在获取相关线索和调查数据之后，是通过自己的传播实践而非动员公众向企业施压。在媒体大量曝光以及跟进的情况下，所产生的压力就会呈现几何级数的增长。在媒体掀起的舆论压力之下，目标企业被迫回应，并进行相关的整改工作。可见，在中国，对于企业的压力更多的来自媒体的曝光度而非公众压力，从压力产生的过程来说，由于 NGO 对社会公众动员能力的不足，所产生的行动压力必然有限。为了弥补自身行动能力的弱势，NGO 将很多施加压力的工作"转交"给了媒体来完成，最后迫使大型企业进行回应并接受监督。

五　搭建非正规的诉求渠道

西方的环境 NGO，经常能够通过自己的行动来影响政府规划与决策，这是因为在国外很多著名的 NGO 组织中聚集着各界名流，在政府部门拥有着很多的人脉，它们还拥有着与政府、政党、法院等机构进行沟通与协商的制度保障，也可以通过选举、院外游说或组织游行示威的活动，对政府的环境政策进行监督与影响。但是在我国，市民社会还处于成长阶段，NGO 组织，特别是草根的 NGO 组织所能够掌握和动员的资源很少，能够起到的作用也相对有限。在现有的制度安排中，民间组织如果想参与政府工作的决策，参与途径还主要停留在对业务主管部门反映情况、提出意见与建议等方面，而业务主管部门是它们的"婆婆"，到底这些意见、建议和要求是否能够被主管部门采纳乃至向上级反映，存在着很多变数，学者俞可平也指出："由于民间组织在很大程度上依附于业务主管单位，因而，这些意见、建议和要求对主管的单位的影响很小，很难受到应有的重视。"① 在协商方面也一样，很多 NGO 仍然缺乏与政府进行沟通与协商的机会与渠道，即使有也非常有限。

由于自身的影响力有限，所以 NGO 在以影响政府为目标的行动中，媒体常常能够成为环保 NGO 参与政府决策的"特殊渠道"，《中国环境报》的记者熊志宏在接受别人访谈的时候曾经指出：

> 尽管中国很多东西无法通过媒体传播出去，但是很多媒体都有内参，报道不出去的，媒体会考虑该送达到哪里去，比如是送国家环保总局还是送到国务院办公厅，它有各种渠道，也能发挥作用……很多记者因为职业关系有很多人脉，交了记者朋友也是有很多办法可以得到一些意外的帮助。②

记者本身就是"社会活动家"，记者的人际资源和"体制内"的资源动员或者"游说"能力，有时比起 NGO 成员来说要强大很多，在 NGO 的正规渠道无法达到目标的时候，记者就成了一条"非正规"渠道。

本章小结

在中国，媒体对于环保 NGO 为主导的环境运动来说，具有不同于西方的意味。在中国当前的体制之下，不管是对媒体的管理还是对民间组织的管理，媒体和民间组织都居于一种弱势的地位。在运动中，处于弱势地位的群体相互结盟是一种最直接的选择。在市场竞争的背景下，媒体接近 NGO，能够为其新闻实践获取更为方便且专业的资源，能够为自己提供专业培训机会，并能更方便地实现其专业主义的理想和作为社会人的"环保理想"。在当前中国，国家对于环保 NGO 的态度仍然是以管制为主、鼓励为辅，国家给它们提供的资源和发展空间有限，甚至连自

---

① 俞可平：《中国公民社会的制度环境》，北京大学出版社 2006 年版，第 34 页。
② 刘海英：《加强中国环保 NGO 与媒体合作》，载汪永晨、熊志红《关注：环境记者沙龙讲堂》，三联书店 2009 年版，第 44 页。

身合法性的获得都成了困难。环保 NGO 通过与媒体的联合，在外部资源还相对贫瘠的生存环境中为自己争取到了成长的空间、获取政府及社会承认的机会以及推进运动取得成功的资源。两个群体相互"抱团取暖"式的发展，造就了当前媒体与环保 NGO 共生共荣、身份交叉的特殊现象。这种共生现象，既有相互吸取资源的原因，也有互相帮助、共同摆脱国家权威的控制、"实现自治"的冲动。

第 六 章

总结与建议

第一节 总结

我国的环境运动是在复杂的社会转型过程中进行的，因为在"摸着石头过河"的改革过程中充满了太多的不确定性，为了避免短时间内破除旧体制的障碍可能引起大的社会震荡，中国采取了在保持国家总体稳定的情况下，对社会机体各个部分进行微观的、局部的变革，从边缘到核心，对既有体制进行渐进式地"侵蚀"与改变，不断扩大新体制的空间，这种转型的方式被称为"边缘突破"，应该说，中国"小碎步"式的体制调节和社会转型造就了我国的环境运动。由于这种具有中国特色的社会变迁态势，赋予了我国媒体重要的角色任务。

在这个转型的过程中，政府的公共管理职能渐渐地从一元化社会中的管理职能向多元化社会中的服务职能转变，管理模式从行政的管理转向社会管理，管理的手段也越发多元。在这种管理模式之下，媒体的作用也越来越突出，其角色意识也越来越强烈。

由于中国大众传媒在改革开放之初即开始了的"事业体制，企业化经营"的特殊属性，在市场因素引入的情况下，大众传媒在国家转型过程中的角色就出现了多元的特点，借用费爱华博士的说法，在国家与社会之间，媒体拥有三种身份：它既是国家公共管理体系的一部分，国家管理社会的一种手段，是国家管理的一个主体；又作为市场的主体，是"社会"的一个组成部分，是被管理的一个客体；同时还是处于国家与社会之外的第三方，是协调国家和社会良性互动的"国家与社会间的第三领域——公共领域的主体"。① 本书研究改革开放以来中国各种环境运动中的媒体角色，给大家提供了一个研究中国社会转型的"标本"，环境运动，是国家、社会、市场等各方面高度关注，相互博弈与冲突较为突出的一个场域，因此在国家、社会、市场几种因素相互竞争的过程中，探求媒体如何承担起自己的角色责任，有着重要的理论和现实价值。

在政府主导的环境治理运动中，大众媒体最主要的角色是充当了国家管理的一个主体或者说国家进行管理的工具，在国家面临环境困局的时候，媒体承载着传播国家意识形态、加强环境警示教育、提高公民的环境意识、协助国家从原来一元化社会中的单纯政治运动朝着多元环境管理转变的任务。随着市场经济的深入发展，地方权力逐渐扩大，中央各种环境政策难以在地方得到切实落实的情况之下，开展了"中华环保世纪行"，媒体配合做好国家的议程设置，利用"舆论监督"的方式促进久拖未决的"老大难"问题解决，以保证中央政策的地方落实。在环评风暴之中，媒体除了积极设置议程之外，还利用关注、塑造环保行政部门权威、推进环保制度法规建设等方式，通过国家未直接出面的形式调整国家各部门的博弈关系，实现一种国家的"柔性集权"，以推进我国经济增长方式的转变。

在民间的环境抗争中，媒体主要承担着协调国家与社会关系良性发展的一个角色，在国家与公众之间协商和表达渠道还未完善的情况下，搭建起一个进行共同协商讨论的平台。既担负起为社会发布环境风险的预警者的角色，又尽可能地保证多元社会环境下多元利益主体意见的碰撞和平衡。媒体的透明讨论不但保持着社会的稳定，也培育了公民协商参与的素质、推进了国家的制度建设。

环境保护越来越需要公众的参与与发挥民间组织的力量，在当前的制度环境之下，我国的民间环保组织相对弱小，缺乏力量。媒体在这其中，作为一个社会的主体，与环保 NGO 共同的分享各种社会资源，共同谋求自己的利益和发展，媒体为环保 NGO 尽可能地争取各种能见度，吸收外部资源，提供精神动力，为环保 NGO 以及它们所主导的环境运动扩

---

① 费爱华：《大众传媒的角色定位及其社会管理功能研究——基于国家与社会的视角》，《南京社会科学》2011 年第 5 期。

展了生存和发展的空间，成为培育和保护环保民间组织的"温室"。在这种角色下，媒体不仅仅是市场中纯粹谋求经济利益的行动者，也是社会公益的一个参与者，具有了更为明显的"社会"意味。为培育我国的民间力量，推动市民社会的发展，以及为我国的市场经济和民主政治的良性发展提供保证。

在这三种环境运动的形式中，媒体的身份角色是相互叠加的，无法明确分离。在任何一种环境运动中，媒体的几种角色都在发挥着作用。就如在政府主导的"环评风暴"之中，媒体除了贯彻国家的意志，亦有着放大环保民间组织声音、培育环保民间组织的冲动，而在如圆明园防渗膜事件中，政府利用环境新闻工作者协会对民间力量的"招安"活动也充满着政府的主导意识。

但需要强调的是，如潘忠党教授所说，中国的媒体一样承担着"边缘突破"的任务。在目标不完整，环境不确定等因素影响下，作为本身就是改革实践主体的媒体组织与管理部门发生的是上下商议、寻求合作的关系①，成为共同推动改革发展的实践者之一。因为中国的这一场伟大转型是发自体制内部的自我完善与发展，需要通过如新闻领域的实践在旧体制条条框框较少的边缘区域实现突破，催生新的增长点和增长域，以实现对旧有体制的逐渐侵蚀与破除，从而为整体性的变革提供契机。不管是在环境治理运动、公众的民间抗争还是在 NGO 主导的环境运动过程中，媒体都在尽可能地发挥自身的独立意识，发挥较为明显的体制促进作用。

在当前中国国家力量未减弱，社会力量在缓慢增长的转型态势之下，不管是环境运动还是媒体实践都还带有浓厚的政府主导色彩。在媒体与环境运动的这场"双人舞蹈"中，没有像在西方"社会运动的社会"那样，运动在媒体的聚焦之下为迎合媒体的猎奇欲望而陷入追求标新立异、仪式化的局面，使运动的目标受到扭曲和消解②；也不如赵鼎新所说的那样由于国家精英与大众传媒缺乏一个共同认可的核心价值体系，在运动

①　潘忠党：《有限创新与媒介变迁：改革中的中国新闻业》，载陶东风、周宪《文化研究》，广西师范大学出版社 2007 年版，第 7—25 页。

②　参见〔美〕托德·吉特林：《新左派运动的媒介镜像》，华夏出版社 2007 年版。

过程中一旦政治出现变故，记者就会"毫不犹豫的站在了体制的对立面，为政治危机添砖加瓦"①。笔者认为，这个转型的中国，在环境运动这个大舞台上，呈现了政府、社会、市场几方面相互博弈与角力的场景，在"看得见的手"和"看不见的手"相互作用下，达到了一种控制中的微妙平衡，也带着一种向前的张力，使中国的环境运动带有一种理性的稳定，这不管是对民间的环境力量，还是对大众媒体的市场竞争与专业主体意识的培育，是具有一定积极意义的。使得我国的环境运动向着一个较为健康的，符合国家及公众长远利益的目标发展。

第二节　建议

虽然在当前的情况下，中国的媒体在环境运动中所扮演的角色基本上都处于积极态势，它们推动着我国环境管理与民间力量的发展，但在这三种环境运动之中，都包含着不利于环境保护事业和"科学发展观"进一步发展的因素。而这些因素是深嵌于制度体系之中，无法单纯依靠媒体自身的力量去解决的。只有在媒体、社会力量与政府共同努力的情况下，才能使国家摆脱环境恶化的困局，走上可持续发展道路，这也是媒体实现社会转型"边缘突破"的应有之义。

一　减少运动式宣传，提高公民参与意愿

西方的环境运动历程与环境管理经验告诉我们，要实现环境状况的改善、人与自然和谐的目标，离不开公众的广泛参与，如果没有广泛的公众参与基础，即使再强大富有的政府也无法单独完成这项艰巨的任务。与我国政府主导的环境治理运动形影不离地大规模媒体宣传，虽然也将号召公众投入环保参与作为运动的目标，但这种集体行动充满着"运动整治"的工具理性取向，这恰恰又是与环境运动的终极目标——转变公民的环境态度、价值观，培养公民环境道德感这样的价值理性取向背道

---

① 赵鼎新：《社会与政治运动讲义》，社会科学文献出版社 2006 年版，第 285 页。

而驰的。这种理念上的反差，是造成中国式"运动宣传"高投入低效果，高感知率而低行动率的最主要原因。

（一）运动式宣传，从"知"到"行"的跨越障碍

与西方国家不同的是，中国环境保护工作的开端是由政府发起，与西方国家环境运动与环境保护工作那种自下而上的"出身背景"有很大的不同。2007年中国社科院做了"中国环境意识项目"调查，其数据显示：公众了解环境知识的渠道，有81.1%的人通过收看收听广播电视获得，47.3%的人通过阅读报纸、杂志、图书获得（该调查为多选，因此出现数据叠加）；接受大众传媒中的环保信息是中国人最主要的环保经历，环境保护概念在中国有着81.5%的高知晓率。[①] 通过数据可以看到，中国的媒体在承担环境知识传播和环境意识提高的角色时并不能说表现不好，但与传媒的高覆盖和公众对环境保护的高知晓率相对的，是公众环境保护参与的低行动率和低自觉性。在零点公司《2010年公众环保指数调查》中显示，认为我国环境问题已经非常紧迫的人达到了86.8%，但72.3%的公众认为环境保护应该由政府负责。[②] 采取实际行动保护环境的人只有一半，而且这些仅集中于节约水电等有利于自身的行为，如果这些行动一旦有可能增加自身生活开支或者降低生活便利，仍然保持着环保行为的人数将会急剧下降，而能够在社会参与层面上开展行动的人则更少。[③] 这说明在中国，大部分人虽然具有了一定的环境意识，但要完成从认识到行动、从依赖到自觉的跨越，仍需要一个相当长的过程。环保部原副部长潘岳也指出："当前中国环保形势仍然十分严峻，公众参与程度太低是重要原因之一。世界环保事业的最初推动力量来自于公众，没有公众参与，环保事业就变成少数人的事而最终一事无成。真正治理好环境污染，不仅要靠政府的高效率，也不仅要靠国民的高素质，公众

---

① 中国社会科学院：《2007年全国公众环境意识调查报告》，中国社会科学院，2008年。

② 《2010中国公众环保指数发布 公众环保行为无突破》，新浪网，2010年10月12日，http://green.sina.com.cn/2010-10-12/144521259694.shtml。

③ 中国社会科学院：《2007年全国公众环境意识调查报告》，中国社会科学院，2008年。

参与的民主法制机制更为重要。"①

西方的环境运动基本上都是自下而上发起的，在20世纪的60年代前后，环境的忧患意识由知识分子提出，经媒体引爆，环境问题受到公众的关注，环境运动也就由此兴起。公众、环保组织在社会上进行广泛宣传，对政府进行呼吁和游说，进而采取集体行动向政府施压，国家的环境保护工作是在社会向政府的"倒逼"中得以实施的。在西方，"大部分的政府机构不发起环境行为，但响应群众的关心。一般来说，社会机构、教堂、大学和公司都不发起环境行为……环境主义和环境教育基本上都是群众性的社会活动"②。媒介在环境运动中始终处于意识传播渠道的地位。正因为这种自下而上生成的意识与关注，媒介在传递信息时颇为顺畅，传播的效果也相当好，公众的"主人翁"意识非常强大。根据调查，80%以上的欧美国家消费者在购物时把环保放在首位，即使多花些钱也不介意③，73%的美国人都认为自己是一个环保主义者（Environmentalist），认为环境主义（Environmentalism）不只是一个简单的口号，而是得到社会成员广为接受且践行的一种社会思潮。④

在我国"绿色大跃进""中华环保世纪行"以及"环评风暴"等众多由政府主导的环境运动中，媒体在传播各种环境知识、提高公民的环境意识方面虽然起到了较大的作用，但是，这种媒体的推广与宣传必然和它所依附的运动一样，范围大、时间短、信息密集。有学者认为这种"潮涌式"的宣传一直是我国环境教育的主流模式。⑤这种运动式的宣传虽说能够在短时间内让大范围的公众接触到某类环境知识和环境问题，但是，在政府主导的宣传风潮之中，媒体极力彰显的是政府在治理上的权威与功绩，在媒体文本中，政府永远是理所当然的主角，而身处其中的社会公众，扮演的不是旁观者就是受害者的角色，顶多是一个追随者，

---

① 赵胜玉：《潘岳：中国环保形势严峻 公众参与程度低是要因》，中国环境保护部官网，2006年1月16日，http：//www.zhb.gov.cn/hjyw/200601/t20060116_73351.htm。

② 崔建霞：《公民环境教育新论》，山东大学出版社2009年版，第85—86页。

③ 单力：《消费观念的绿色嬗变》，《环境》2006年第7期。

④ 侯文蕙：《20世纪90年代的美国环境保护运动和环境保护主义》，《世界历史》2000年第6期。

⑤ 黄宇：《中国环境教育的发展与方向》，《环境教育》2003年第2期。

而鲜有一种主人公的面貌。这种政府"包办"的运动方式，本身就无法避免让公众产生"环境保护靠政府"的思维习惯。

（二）减少运动宣传的频次，从运动式的动员走向常规宣传

中国媒体上的环境新闻报道所呈现的"运动式"特征已引来众多批评，这其实与中国环境工作的管理路径依赖不无联系，甚至是主要的原因。不但在各种全国范围的治理运动中，每年国家组织宣传的环境主题日，如在世界环境日、地球日、世界水日、植树节前后，全国各大媒体对同一环境主题密集报道，热烈讨论，而时段一过便偃旗息鼓。从角色角度上分析，媒体在运动过程中充当的是一个配合者、见证者的角色，而非一个具有主动性的参与者。如果说西方的环境运动容易在媒体的聚光灯下走向荒诞与夸张，演化为一场空洞的"仪式"。中国这种运动型的媒体宣传，其实也在执行着另一种仪式——寻找典型、寻找事例配合运动精神的仪式。

在我国，如果能够摒弃这种风潮式的环境报道，而将环境报道常规化、日常化，或许更能将环保的理念融入公众的思想意识中去。如果更多的媒体从业者能够将视角从国家的运动转向社会公众的参与活动，从自上而下的环保宣教转为对公众自下而上参与的呈现，通过开设独有特色的环境专栏，寻找民间的环境视角作为探索的方向，将更能提高受众的参与意愿，促成受众由"旁观者"向"参与者"身份的转变。

（三）多一些微观分享，少一些宏观说教

在中国的环境报道中，特别是在各种重大的环境治理运动过程中，传媒不可避免地站在国家治理的立场上，大谈某项治理的重要意义，集中批判监督某类环境违法行为。运动中，媒体所传递的信息虽然不少，但受众对此类环境信息几乎处于一种被动接受的状态。

大众媒体不妨抛开运动式宣传的宏大意义，更多地从微观的题材入手，从与受众密切相关的衣食住行等一个个具体环节中入手。这些环境报道虽然琐碎，但它们却紧扣着大众身心健康与日常生活。在经验点滴的分享中，培养受众的环保敏感度，使媒体中的环境信息与公众的实践行动产生潜移默化的影响，促成环保意识向具体实践的转化。

约瑟夫·克奈尔（Joseph Cornell）是美国著名的环境教育家，他的教学活动，有很大一部分是在室外，与学生畅游于山水之间，除了讲授相关的自然知识之外，更多的是与学生交流对自然的体验。他指出，在环境教育中，少一些说教、多一些分享，敏于接受大自然给予你的美好感受，善于与别人交换对大自然的不同感动，才能让听众更为透彻地热爱和了解我们身处的世界。① 这种教育方法也许能够给予我们的新闻工作一些启示。在新闻工作中，除了宏观分析以及正反面典型的报道之外，多关注一些细节，让受众有更多的机会来体验自然之美好，激励受众关爱地球及其生命，培养对大自然的归属感，激发起公众保护美好家园的动机。借用传播学者拉斯韦尔的观点，媒体一个重要社会功能就是文化传承，在传播知识与文化的过程中能让人们在"扩展共同经验的基础上更加紧密地凝聚起来"②。中国政府主导的环境运动需要从工具理性向价值理性转向，首先必须先从媒体的宣传实践中转向，从工具理性的"治理"向价值理性的"培养"上转化。

（四）媒体报道，由"浅绿"走向"深绿"

"浅绿"与"深绿"是一对来自环境主义的概念，这两个概念的区别主要集中在对环境问题的归因上，"浅绿主义者"认为：国家的现代化程度未彻底，管理不科学是造成环境问题的根源，国家可以通过技术的发展和制度的完善来解决环境问题，达到人与自然的和谐发展。"深绿主义者"则将环境恶化的矛头直指资本主义的根本矛盾，认为资本家对利润的无限追求导致了环境的破坏和资源的浪费，必须推翻资本主义制度才能实现环境问题的根本解决。

在我国，近年来有学者在对这一对概念进行改造之后引入了环境文化宣传界，产生了较大的反响。在中国的语境下，"深绿"与"浅绿"已经与西方环境主义中的意涵有了很大的差别。这对概念的各种版本阐释中，同济大学诸大建教授的表达较为通行：

---

① ［美］约瑟夫·克奈尔：《与孩子共享自然》，郝冰译，天津教育出版社2005年版，第1—4页。

② ［美］沃纳·赛佛林、小詹姆斯·坦卡德：《传播理论——起源、方法与应用》，郭镇之译，华夏出版社2000年版，第349页。

浅绿色的环境观念，较多地关注对各种环境问题的描述和渲染它们的严重影响，而深绿色的环境观念则重在探究环境问题产生的经济社会原因及在此基础上的解决途径；浅绿色的环境观念，常常散发对人类未来的悲观情绪甚至反发展的消极意识，而深绿色的环境观念则要弘扬环境与发展双赢的积极态度；浅绿色的环境观念偏重于从技术层面讨论问题，而深绿色的环境观念强调从技术到体制和文化的全方位透视和多学科的研究。概言之，浅绿色的环境观念就环境论环境，较少探究工业化运动以来的人类发展方式是否存在问题，其结果是对旧的工业文明方式的调整与补充；而深绿色的环境观念，洞察到环境问题的病因藏匿于工业文明的发展理念和生活方式之中，要求从发展的机制上防止、堵截环境问题的发生，因此它更崇尚人类文明的创新与变革。①

在大众传媒上的"绿色度深浅"近年来也已经成为业界讨论的问题，"自然之友"等环保 NGO 还专门对各种环境新闻的绿色深浅程度进行分类，将关注绿化、卫生、治污一类浅层次的报道视为浅绿，将关注生态系统、生活方式等报道归为深绿。②

笔者认为，在中国，以往对环境报道的评价，可能会存在这样的误区：对环境污染现象批判越多的报道就越是好报道，对污染问题揭露得越多的媒体就越是有深度的媒体，其实未必。没有在发展根源上的思考，抑或只是空喊"要转变发展方式"的环境报道，不见得能够对公众的环境意识起到正面的促进作用。警示是必要的，但太多的警告带来的也许就是麻木或者反感。环境与人类的发展关系本来就不是相对的，环境报道的终极目的不是警示，让受众看到环境的保护与经济社会发展、人类生活质量提高的一致性，理解人与自然和谐共生的意义可能比警示更为

① 〔美〕希拉里·弗伦奇：《消失的边界 全球化时代如何保护我们的地球》，李丹译，上海译文出版社 2002 年版，总序。

② 《自然之友：1999 中国报纸的环境意识暨 1994—1999 报纸环境意识调查的总结》，自然之友通讯：2000 年 2 月 26 日。转引自王绘建：《报纸的环境意识——以〈厦门时报〉为例》，硕士学位论文，厦门大学，2007 年。

重要。如果媒体能够更多的关注新的发展方式对自然的恢复、公众生活质量提高的案例，转变决策者的经济发展方式，倡导人们自觉地融入绿色、健康的生活方式中去，既享受现代化的成果，又在人与自然和谐的关系中实现人自由全面的发展，这才是环境运动与环境新闻所追求的根本目标。

二　完善环境信息公开制度，增加公众有序参与的制度管道

（一）完善沟通制度建设

正如文中所论述到的，中国民间的环境抗争多是由于公众在环境利益受到损害或威胁时缺少有效沟通渠道而做出的"无奈的选择"。虽说国家有引导公众进行参与公共事务管理的意愿，而最终将大众传媒打造成为各方利益协商平台的动因，不能说是一种原先的精心制度设计的结果，更多的应是一种被舆论逼迫"不得已"的选择，离"公民有序参与"的目标还相去甚远。

早在"环评风暴"的时候，环保部门就曾经大张旗鼓宣称"重大项目需要听证"，要引入公众参与决策。后来，《政府信息公开条例》、《环境信息公开办法》以及《环境影响评价公众参与暂行办法》等相关法规与条例相继出台，为公众参与决策及公众与政府的沟通提供了制度性的保障。但从事实上看，这些参与程序和沟通的渠道所发挥的作用，不管是对公众还是对政府来说，都与理想状态存在着不小的差距。笔者认为主要原因有二：在冲突发生之前，地方政府在意识上并未对这些制度给予足够的重视甚至应有的认可，不管是厦门 PX 事件，还是发生于北京、广州多地的反垃圾焚烧事件，不少地方政府并不认为进行事前风险告知是它们的义务和责任，更不准备真正地吸引公众参与，听取利益相关公众的意见，尽可能秘密地"公示"也仅为自己的程序合法性寻找一个证明而已。制度的不落实为各种环境抗争运动埋下了祸根。另一方面原因是，在冲突发生之时，公众遵循着制度设置的沟通渠道寻找着与政府协商沟通的机会，但由于各种制度设计上的不完善，或者政府方面有意无意的回应迟滞，协商的平台无法有效搭建，在双方意见剧烈的反差中，只能将表达和协商的平台搭建到了"处于第三方"的大众媒体之上。

为了能够让公众在公共事务或者重大环境事项协商决策过程中健康有序地参与，实现和解双赢的目标，首先取决于政府的态度。以前总体一元化社会中，政府关起门来决策并单纯发布指令的社会条件已经不在，在这个多元化社会中，个人权利意识在市场经济环境之下空前高涨，行政首长在很大程度上无法裁决公众利益。发自政府官员内心的对于公众意见的尊重以及平等、公正对话的意识，是各种制度完善的前提。另外，"信息公开不能解决一切，但却是解决问题的前提"① 这个意识应该植根于各级官员的大脑中。根据 2014 年 6 月公众环境研究中心（IPE）发布的调查数据，由于环保部在《建设项目环境影响评价政府信息公开指南（试行）》中要求自 2014 年 1 月 1 日起环评报告须全文公开，于 2014 年 4月 24 日通过的环保法修订案，也确定了环评报告的全文公开的法律要求。此举大大推动了我国环境信息公开的进程，但即便如此，公开的力度仍然有限，120 个受评价城市中只有 42 个城市公开了环评全文，在这42 个城市中 "公众参与程序的缺陷导致的知情依然不足。"②。因此，需要完善的首先是已有的《环境保护法》《政府信息公开条例》和《环境信息公开办法》等相关制度，在信息公开基础之上，不断总结应对环境民间抗争中的经验与教训，推进各种民主协商制度框架和细节的完善。

2. 提供制度化的新闻操作空间

由于在体制内建立起各种公众与政府之间的沟通管道和制度完善尚需时日，通过媒体进行利益表达与沟通，其作用就变得尤为突出。

正如陆晔与潘忠党在描述媒体从业者的专业主义在中国所呈现的特点时所总结的那样："在中国传媒改革的历程中，中国文人 '先天下之忧而忧' 的历史使命感、党的宣传工作的要求，以及西方的新闻专业理念和商海的诱惑，构成了中国新闻从业者内部错综复杂的内心冲动。"③ 在

---

① 孙立平：《孙立平：信息公开不能解决一切但却是解决问题的前提》，《中国审计》2003年第 14 期。

② 公众环境研究中心、国际自然资源保护协会：《突破·起点——2013—2014 年度 120 个城市污染监管信息的公开指数（PITI）报告》，公众环境研究中心官网，2014 年 6 月 18 日，http：//www.ipe.org.cn/about/newnotice_ de_ 1. aspx？id =1762。

③ 陆晔、潘忠党：《成名的想象：中国社会转型过程中新闻从业者的专业主义话语建构》，《新闻学研究》（台北），2002 年第 71 期第 17—59 页。

多项环境抗争中，我们可以看到，大众媒体上公共平台的形成，很大程度上源于媒体从业者外在的市场竞争的压力和内在的自我意识所增加的双重作用下进行的"临场发挥"。诸多研究已经指出，在我国当前的背景下，对中国传媒人的新闻实践所体现出来的策略与智慧对国家制度的完善与发展做出了不小的贡献。

如何能够让媒体在确保相对独立性的情况下对政治发展持续地发挥积极作用，避免其不良影响一直是新闻学界关心的话题。笔者认为，将这种临场发挥式的"游击战"变为制度化的"阵地战"，通过立法程序确定媒体与政府的权力边界，建构媒体操作的制度空间，在法律上赋予媒体活动的范围，减少政府对媒体控制的任意性、不对称性，以保证媒体与政府之间的平衡与协调，这可能是在法治社会中最为有效的路径。媒体如果要有制度化的自由操作空间，首先一条就是保护和规范它的法律体系，在中国，推动《新闻法》出台，一直是新闻界多年讨论但迟迟没有结果的老话题。随着国家法制化建设的日益完善，为新闻媒体制定一个专门法的需求更为迫切。另外，在这个专门法没有出台之前，其他有关媒体充当沟通渠道的相关法规也要进行合理的修订。

除了规范媒体之外，规范政府的权力边界有时候显得更重要，从前文的分析我们可以看出，一场环境抗争运动是否能够在媒体搭建的桥梁之下取得政府与公众双赢的结果，更多地在于地方政府的开明与容忍程度，媒体是否能够成为双方的协商平台，也在于政府对媒体的控制力量和控制技巧。强调给予媒体自由空间并不代表放弃对大众媒体适度的控制，关键在于将政府控制的手段和程序制度化，政出一门、标准统一，不因人而异、因时而异，才能起到作用。保证既能管得住，让媒体的传播对社会主义的建设起到积极作用；又要管得活，激发媒体活力，保证媒体的自主性，这样才能形成合力。

三　保持各自独立，媒体合作在对 NGO 监督和引导中共同进步

需要理性看待的是，任何关系，太过亲近和太过疏远都不见得是好事，媒体与 NGO 也是一样，合作不应代表不分彼此的共生，监督也不代

表大权在握的规制和包办，媒体与 NGO 之间，应是一种各自独立，协调配合又相互监督的制衡状态。

（一）媒体与 NGO 共生的隐忧

当前我国的环保 NGO 与媒体结盟，形成你中有我、我中有你的格局，这是在转型时期中国的市民社会还未发展成熟、各项制度和法律未完善、公民的环保意识和政治参与意识未能充分发育的情况下，采取的不得已而为之的策略。虽然这种状态起到了一定的积极效果，但我们必须看到，媒体与 NGO 这种没有明确界限的共生，共同推动环境运动发展的现状，并不是一种正常、健康的发展状态，这就是为什么西方民主社会中也将这种彼此不分的"暧昧关系"视为异类的原因。

NGO 与媒体在环境运动中承担的是不同的角色，社会对它们的工作也有着决然不同的评价体系。两个组织身份定位的模糊，不仅对双方的工作效率，更对两者的职业操守会产生不良的影响。

从民间组织的角度上来说，NGO 如果在媒体的带动之下开展活动，有可能会一味地迎合媒体的工作需要而不断地调整计划。NGO 中如果由传媒人担任主要组织者，这位组织者也可能会根据大众传媒的工作思路来管理自己的团队、筹划运动，这很容易偏离自己的工作目标，也失去了民间组织那种可贵的独立特质。从微观上来说，这对具体的项目以及组织的长远发展都会产生不良影响。从宏观上来说，对于我国的市民社会成长也是一种隐患。从媒体的角度上来说，NGO 与媒体的界限模糊，必然会对新闻从业人员的新闻实践产生影响，丢失客观、公正、理性等新闻记者需要恪守的原则，有违自己的专业操守，进而损害记者自身甚至媒体组织的公信力，被公众贴上"环境主义记者"或"环境主义媒体"的负面标签。

（二）给予 NGO 更多的生存空间，明晰各自边界

虽然我国的环保 NGO 在近二十年来得到了很大的发展，对我国的环境保护事业也做出了巨大的作用。但是与发达国家的环境组织相比，中国环保 NGO "还很不发达，它们和世界上大多数国家的非营利组织相比

还有很大的差距，尚处于一个相对弱质与艰难的创业期"①。我国的环境保护组织以及它们所开展的环境运动都对政府、媒体有着很强的依附性，缺乏应有的自主性、活力与动力，这与我国保持高度活跃的市场经济要素以及我国在国际环保领域上的地位都形成了强烈的反差。

自主性是 NGO 最基本的特征，也是其合法化生存的基本要求。它强调一个组织对其内部资源的配置和使用都不应受到政府或者其他潜在伙伴的影响，有自由选择、决策的能力。② 不管是严重依赖政府还是严重依赖媒体，组织都无法获得健康的发展。前文已经论述到，当前政府"宏观鼓励、微观限制"的管理制度造成了 NGO 生存环境的窘迫，在生存和发展的压力下，才会对政府或媒体产生不健康的依赖关系，这种依赖关系又反过来影响了它们的独立发展。只有政府放开那些不必要的防范意识，能够真诚地肯定与支持环保 NGO 的各种工作，降低其限制门槛，开放其生存空间，将相应的工作放心地交给社会组织去完成，这样才能有助于我国市民社会的发展以及推进我国环境保护工作取得更大的突破。也只有在环保 NGO 能够获得和调动更多资源的情况下，它们才能带动公众健康有序地参与到环境保护事业中去。

独立是 NGO 发展的必由之路，而明晰组织边界又是 NGO 获得独立和自主的一个必要环节。要明晰边界，首要的是去除环保组织内浓重的行政色彩或媒体色彩。划清界限不代表拒绝帮助，而是在公平独立的前提下进行积极地合作，明确各自工作特色和意义，各行其是。其次是明确和重视组织的宗旨与追求，通过自身的信念和工作能力，来获取社会的承认与尊重，完善内部管理，加强自身能力。只有这样，才能让环保NGO 成长为中国环境保护事业中重要的一极。

（三）媒体保持客观中立，引导与监督环保 NGO 的发展

首先，恪守新闻客观中立理念，推进环境新闻学教育。

根据曾繁旭的观点，在国家有意无意的控制和追求市场利益的环境

---

① 王名：《非营利组织管理概论》，中国人民大学出版社 2002 年版，第 52 页。
② 叶常林：《非政府组织前沿问题研究》，中国科学技术大学出版社 2009 年版，第 38—39。

之下，新闻媒体与环保 NGO 形成了一种互惠的关系。NGO 和其中的专家库成了社会上最为活跃的信息源之一，环境记者也热衷于到环保 NGO 中获取信息，与 NGO 共同推进环境运动的开展。媒体对环保 NGO 的利用，是一种"发展民间立场、突破国家控制，冒风险报道一些对制度形成挑战议题"进而提高自身声誉与经济收益的策略①。虽说在当前中国的环境保护现状中，此种做法确有可为之处。但保持客观中立、独立和科学探寻事实真相的精神依然是新闻工作者毋庸置疑的职业伦理，也是媒体从业者对新闻专业主义的一种追求。由此观之，美国等西方国家的记者群体刻意与环境组织保持距离有着值得肯定的职业伦理依据。

为何在中国 NGO 会成为环保记者最活跃的信息源？为何记者会热衷于身处 NGO 中获取各种信息？这与我国环境记者的专业素养提升需求有着重要的联系。西方发达国家中的环境记者入职前普遍受到过较为充分的环境专业知识教育。以美国为例，至 2006 年止，在美国开设环境新闻教育课程的大学就已经超过 50 家，这些学校为将来有志于从事环境新闻工作的大学生提供了必要的环境科学知识与研究方法，而且每个大学的环境新闻学专业所开设和传授的科目并不一样，学校多与自身的优势学科或当地的环境问题相结合②。受过专业知识教育的记者在独立调查与分析能力上比起未受此教育的记者有着突出的表现。他们的实践不仅能够让环境新闻更富有深度和理性的魅力，也充满了一种独立思考的精神，避免了其客观公正性受到外界因素的影响。而在中国，由于环境教育事业整体起步较晚，当前环境记者自身的相关专业知识储备还是很薄弱的，在当前中国的环境记者中，有过相关理工科背景的记者本身就不多，受过专门环境科学教育的记者比例就更低了。从前文的分析中可以看到，环境记者为了提升自身的业务能力而不得不到 NGO 中去为自己"补课"，为了解析环境现象不得不依赖于 NGO 中的专家库，由此也产生了对 NGO 的依赖关系。随着环境问题日益受到重视，环境教育事业也不断发展，大学和新闻单位都应该将对记者的环境教育提到议程上来，在大学中开

---

① 曾繁旭：《国家控制下的 NGO 议题建构：以中国议题为例》，《传播与社会学刊》（香港）2009 年第 8 期。

② 王积龙：《抗争与绿化——环境新闻在西方的起源、理论与实践》，中国社会科学出版社 2010 年版，第 210—220 页。

设相应的环境新闻教育内容，在媒体中重视组织记者的在职培训。

其次，在监督与引导中促进环保 NGO 的发展。

中国的环保 NGO 在推进中国的环境保护和提高公民素质的过程中产生了不可替代的作用，环保 NGO 以及它们所开展的运动虽说重要，但不代表它们完美，NGO 虽然强调其公益性与自律性，但外部的监督仍然不可缺少。NGO 的外部监督主要分为政府监督和社会监督，在中国，政府方面的监督力量过强，且容易将监督视为一种权力而非责任与义务，监督中存在随意性和非理性。而社会方面的监督太弱，社会公众监督政府、企业的意识开始增长，但尚缺乏监督非政府组织的意识。在西方发达国家，新闻媒体是 NGO 社会监督力量的一个重要组成部分。

新闻媒体对 NGO 的监督有着非常独到的效果，新闻媒体对 NGO 的监督角色主要是一种"道德裁判"的作用。在很大的程度上，公众对 NGO 的支持多是建立在一种信任之上，有时候这种信任具有巨大的感召力，但同时又非常的脆弱，一旦 NGO 由于丑闻被新闻媒体曝光，组织的声誉就会急剧下降，公众对它的信任度必然大打折扣，NGO 的募款、招募志愿者、开展项目等工作都会举步维艰，因此，媒体的监督很可能是 NGO 头上的"达摩克利斯之剑"，督促 NGO 的行动者时刻遵循自己的宗旨与责任，避免滥用权力。2011 年 6 月，"郭美美事件"将中国红十字会拽入了媒体的聚光灯下，虽说新闻的主角郭美美与中国红十字会并没有什么实质联系，但红十字会仍然被媒体扯出了很多工作上不规范的负面新闻，引起了公众对红十字会的不信任，事件发生后，红十字会收到的捐款金额降幅都在 50% 以上，此外这场信任风波还波及中华慈善总会和青少年发展基金会等慈善组织。该事件给我们提供了一个很好的案例，说明媒体在监督和规范环保 NGO，推动环境运动的健康发展方面还有很大的探索空间。

参考文献

一　中文文献

中文专著

洪大用：《中国民间环保力量的成长》，中国人民大学出版社2007年版。

何明修：《绿色民主：台湾环境运动的研究》，台北：群学出版有限公司2006年版。

康晓光：《权力的转移——1978—1998年中国社会结构的变迁》，浙江人民出版社1999年版。

李若弘：《中国NGO：非政府组织在中国》，人民出版社2010年版。

陆学艺、景天魁：《转型中的中国社会》，黑龙江人民出版社1994年版。

刘祖云、田北海、戴洁：《转型期的中国社会分层》，湖北人民出版社2009年版。

曲格平：《我们需要一场变革》，吉林人民出版社1997年版。

曲格平、彭近新：《环境觉醒》，中国环境科学出版社2010年版。

宋健：《向环境污染宣战》，中国环境科学出版社2010年版。

孙立平：《参与与动员——第三部门募捐机制个案研究》，浙江人民出版社1999年版。

孙立平：《转型与断裂》，清华大学出版社2004年版。

王辰瑶：《嬗变的新闻》，中国传媒大学出版社2009年版。

王积龙：《抗争与绿化——环境新闻在西方的起源、理论与实践》，中国社会科学出版社2010年版。

王莉丽：《绿媒体》，清华大学出版社2005年版。

王名编著：《非营利组织管理概论》，中国人民大学出版社 2002 年版。

汪永晨：《改变——中国环境记者调查报告（2006）》，三联书店 2007 年版。

汪永晨、王爱军：《绿色使者——在华国际 NGO 调查》，北京出版社 2010 年版。

王锡锌：《公共参与和中国新公共运动的兴起》，中国法制出版社 2008 年版。

王锡锌：《公众行政过程中公众参与的制度实践》，中国法制出版社 2008 年版。

叶常林、许克祥、虞维华：《非政府组织前言问题研究》，中国科学技术大学出版社 2009 年版。

于建嵘：《抗争性政治——中国政治社会学基本问题》，人民出版社 2010 年版。

俞可平：《中国公民社会的制度环境》，北京大学出版社 2006 年版。

俞可平：《中国公民社会的兴起于治理变迁》，社会科学文献出版社 2000 年版。

张霞、张智河、李恒光主编：《非营利组织管理》，山东人民出版社 2005 年版。

赵鼎新：《社会与政治运动讲义》，社会科学文献出版社 2006 年版。

曾繁旭：《媒体作为调停人：公民行动与公共协商》，上海三联书店 2015 年版。

译著类

［英］安德鲁·多布森：《绿色政治思想》，郁庆治译，山东大学出版社 2005 年版。

［美］艾尔东·莫里斯、卡洛尔·麦克拉吉·缪勒主编：《社会运动理论的前沿领域》，刘能译，北京大学出版社 2002 年版。

［美］查尔斯·蒂利：《社会运动（1768—2004）》，胡位钧译，上海人民出版社 2009 年版。

［日］饭岛伸子：《环境社会学》，包智明译，社会科学文献出版社 1999 年版。

〔法〕古斯塔夫·勒庞:《乌合之众——大众心理研究》,冯克利译,广西
　　师范大学出版社 2011 年版。

〔美〕盖伊·塔奇曼:《做新闻》,麻争旗、刘笑盈、徐扬译,华夏出版社
　　2008 年版。

〔美〕蕾切尔·卡逊:《寂静的春天》,吕瑞兰、李长生译,吉林人民出版
　　社 1997 年版。

〔美〕李侃如:《治理中国——从革命到改革》,胡国成、赵梅译,中国社
　　会科学出版社 2010 年版。

〔美〕罗伯特·帕特南:《使民主运转起来》,王列、赖海榕译,江西人民
　　出版社 2001 年版。

〔英〕克里斯托弗·卢茨:《西方环境运动:地方、国家和全球向度》,徐
　　凯译,山东大学出版社 2005 年版。

〔美〕曼纽尔·卡斯特:《认同的力量》,曹荣湘译,社会科学文献出版社
　　2006 年版。

〔美〕曼瑟尔·奥尔森:《集体行动的逻辑》,陈郁、郭宇峰、李景新译,
　　上海三联书店、上海人民出版社 1995 年版。

〔美〕托德·吉特林:《新左派运动的媒介镜像》,张锐译,华夏出版社
　　2007 年版。

〔美〕沃纳·赛弗林、小詹姆斯·坦卡德:《传播理论——起源、方法与
　　应用》,郭镇之等译,华夏出版社 2000 年版。

〔美〕西德尼·塔罗:《运动中的力量:社会运动与斗争政治》,吴庆宏
　　译,译林出版社 2005 年版。

〔美〕塞缪尔·亨廷顿:《第三波——20 世纪后期的民主化浪潮》,上海
　　三联书店 1998 年版。

文件汇编类

中国社会科学院新闻研究所:《中国共产党新闻工作文件汇编》,新华出
　　版社 1982 年版。

《中国环境年鉴(1993)》,中国环境年鉴社 1994 年版。

《中国环境年鉴(1994)》,中国环境年鉴社 1995 年版。

《中国环境年鉴(1995)》,中国环境年鉴社 1996 年版。

《中国环境年鉴（1996）》，中国环境年鉴社 1997 年版。

《中国环境年鉴（2005）》，中国环境年鉴社 2006 年版。

《中国环境年鉴（2006）》，中国环境年鉴社 2007 年版。

国家环保总局办公厅：《中国环境文件选编（2000）》，中国环境科学出版
　　社 2001 年版。

中国环保总局宣教教育司：《环境宣传教育文献汇编（2001—2005）》，环
　　境科学出版社 2006 年版。

中国环保总局宣教教育司：《"十一五"时期环境宣传教育文件汇编
　　（2006—2010）》，环境科学出版社 2011 年版。

国家环境保护总局、中共中央文献研究室：《新时期环境保护重要文献选
　　编》，中央文献出版社、中国环境科学出版社 2001 年版。

梁从诚：《环境绿皮书（2005）》，《中国的环境危局与突围》，社会科学
　　文献出版社 2005 年版。

万以诚、万岍：《新文明的路标——人类绿色运动史上的经典文献》，吉
　　林人民出版社 2000 年版。

杨东平：《中国环境绿皮书（2008）：中国环境的危机与转机》，社会科学
　　文献出版社 2008 年版。

杨东平：《中国环境发展报告（2010）》，社会科学文献出版社 2010 年版。

法律、文件

《中华人民共和国环境保护法》（中华人民共和国主席令第 22 号），1989
　　年 12 月 26 日。

《中华人民共和国环境保护法》（2014 年修订），2014 年 4 月 24 日。

《中华人民共和国环境影响评价法》（中华人民共和国主席令第 77 号），
　　2002 年 10 月 28 日。

《社会团体登记管理条例》（国务院令第 250 号），1998 年 10 月 25 日。

《民办非企业单位登记管理暂行条例》（国务院令第 251 号），1998 年 10
　　月 25 日。

《环境信息公开办法》（国家环境保护总局令第 35 号），2007 年 4 月
　　11 日。

《全国环境宣传教育行动纲要（1996—2010 年）》，国家环境保护局、中

共中央宣传部、国家教育委员会印发，1996 年 12 月 10 日。

《全国环境宣传教育行动纲要（2011—2015 年）》，环境保护部、中共中央宣传部、教育部印发，2011 年 4 月 22 日。

《关于培育引导环保社会组织有序发展的指导意见》（环发〔2010〕141号），2010 年 12 月 10 日。

中文论文

陈阳：《大众媒体、集体行动和当代的环境议题》，《国际新闻界》2010年第 7 期。

崔凤、邵丽：《中国的环境运动：中西比较》，《绿叶》2008 年第 6 期。

费爱华：《大众传媒的角色定位及其社会管理功能研究——基于国家与社会的视角》，《南京社会科学》2011 年第 5 期。

冯仕政：《西方社会运动研究：现状与范式》，《国外社会科学》2003 年第 5 期。

冯志峰：《中国运动式治理的定义及其特征》，《中共银川市委党校学报》2007 年第 9 期。

冯志峰：《从运动中的民主到民主中的运动——一项对 110 次中国运动式治理的研究报告》，《甘肃理论学刊》2010 年第 1 期。

郭小平：《风险沟通中环境 NGO 的媒介呈现及其民主意涵——以怒江建坝之争的报道为例》，《武汉理工大学学报》（社会科学版）2008 年第21 期。

洪大用：《转变与延续——中国民间环保社团的转型》，《管理世界》2001年第 6 期。

侯文蕙：《20 世纪 90 年代的美国环境保护运动和环境保护主义》，《世界历史》2000 年第 6 期。

李良荣：《十五年来新闻改革的回顾与展望》，《新闻大学》1995 年第1 期。

李艳红：《大众传媒，社会表达与商议民主——两个个案分析》，《开放时代》2006 年第 6 期。

林芬、赵鼎新：《霸权文化缺失下的中国新闻和社会运动》，《传播与社会学刊》（香港）2008 年总第 6 期。

刘能：《当代中国群体性集体行动的几点理论思考——建立在经验案例之上的观察》，《开放时代》2008 年第 3 期。

陆晔、潘忠党：《成名的想象：中国社会转型过程中新闻从业者的专业主义话语建构》，《新闻学研究》（台北）2002 年第 71 期。

陆晔：《权力与新闻生产过程》，《二十一世纪》网络版，2005 年 12 月 30 日。

龙金晶：《中国现代环境保护运动的先声——20 世纪 50 年代"绿化祖国、植树造林"运动历史考察》，硕士学位论文，北京大学 2007 年。

潘永强：《中国环境运动的政治分析》，博士学位论文，复旦大学，2008 年。

潘忠党：《有限创新与媒介变迁：改革中的中国新闻业》，见陶东风、周宪《文化研究》，广西师范大学出版社 2007 年版。

潘忠党：《传媒的公共性与中国传媒改革的再起步》，《传播与社会学刊》（香港）2008 年总第 6 期。

乔世东：《社会资源动员研究》，《上海交通大学学报》（哲学社会科学版）2009 年第 17 卷第 5 期。

孙培军：《运动国家：历史和现实之间——建国 60 年以来中国政治发展的经验和反思》，《理论与改革》2009 年第 6 期。

孙玮：《我们是谁·大众媒介对于新社会运动的集体认同感建构》，《新闻大学》，2007 年第 3 期。

孙玮：《生活政治中的集体认同建构——大众传媒与新社会运动》，见陈明明《中国民主的制度结构（复旦政治学评论)》，上海人民出版社 2008 年版。

孙玮：《转型中国环境报道的功能分析——新社会运动中的社会动员》，《国际新闻界》2009 年第 1 期。

叶慧珏：《双重身份：跨界的记者职业诉求想象——我国大众媒体与非政府组织的特殊现象研究》，硕士学位论文，复旦大学 2009 年。

颜敏：《红与绿——当代中国环境运动考察报告》，博士学位论文，上海大学，2010 年。

于建嵘：《当前我国群体性事件的主要类型及其基本特征》，《中国政法大学学报》2009 年第 6 期。

中华环保联合会：《中国环保民间组织发展状况报告》，《环境保护》2006
  年第 10 期。

曾繁旭：《NGO 媒体策略与空间拓展——以绿色和平建构"金光集团云
  南毁林"议题为个案》，《开放时代》2006 年第 6 期。

曾繁旭：《国家控制下的 NGO 议题建构：以中国议题为例》，《传播与社
  会学刊》2009 年第 8 期。

曾繁旭：《当代中国环境运动中的媒体角色——从中华环保世纪行到厦门
  PX》，《现代广告》2009 年第 7 期。

周怿：《政府的动员能力与政策工具的选择：对运动式治理的解释》，硕
  士学位论文，复旦大学，2008 年。

张云：《共和国前 30 年"运动"的回顾与思考》，《党史研究与教学》
  2000 年第 154 卷第 4 期。

张玉林：《中国的环境运动》，《绿叶》2009 年第 11 期。

张志安：《编辑部场域中的新闻生产——南方都市报个案研究》，博士学
  位论文，复旦大学，2006 年。

二　外文文献

外文专著类

Dingxin Zhao, The Power of Tiananmen: State – Society Relations the 1989
  Beijing Students Movement, The University of Chicago Press. 2000.

Dow, Bonnie J Dow. Prime-time Feminism: Television, Media Culture, and
  The Women's Movement since 1970. Philadelphia: university of Pennsylvania
  Press. 1996.

Gamson, Willian A., Andre Modigliani., Media Discourse and Public Opin-
  ion on Nuclear Power: A Constructionist Approach. American Journal of So-
  ciology. 1989.

Michael Hsiao Hsin Huang, 'Environmental Movement in Taiwan,' in Yok –
  Shiu Lee and Alvin Y. So eds., *Asia's Environmental Movements*: *Compara-
  tive Perspectives*, 1999.

Oberschall, Anthony, Social Conflict and Social Movements, Englewood

Cliffs, NJ : Prentice-Hall, 1973.

Richard H, Hall. Organizations: Structure, Process and Outcome New York: Jersey Prentice Hall, 1991.

Tarrow, Sidney: "power in movement", Cambridge University Press, 1994.

Touraine, Alain: An Introduction to the Study of Social Movement. Social research 1985.

Zald, Mayer N. and McCarthy, John D., Social Movements in an Organizational Society, New Brunswick, NJ : Transaction Books, 1987.

外文论文

Guobin Yang "Environmental NGOs and Institutional Dynamics in China", The China Quarterly, No. 181, Mar., 2005.

Yang, Guobin, "Weaving a Green Web: The Internet and Environmental Activism in China", China Environment Series, Issue 6, 2003.

McCarthy, John D and Mayer N Zald. Trend of Social Movements in America: Professionalization and Resource Mobilization. Morristown, N J: General Learning Corporation.

Peter Ho, "Greening Without Conflict? Environmentalism, NGOs and Civil Society in China," Development and Change, Vol. 32, No. 5, 2001.

后　记

　　有人问我为什么将环境传播作为学术关注的方向，其实最初的动机并没有涉及什么"悲天悯人"的情怀。原因很简单，我爱人在环保部门工作，而我又是一位新闻传播专业的教师，每天下班之后，除了那些柴米油盐的琐事之外，环保和传播自然而然地成为我们最主要的交流内容。从2009年开始，我尝试着写一些环境保护与新闻传播相关的论文。2009年，我来到复旦大学新闻学院攻读博士学位，环境传播也就顺理成章地成了我的研究方向。但环境传播涉及的范围颇宽，究竟该如何寻找到一个合适的切入点？

　　在复旦新闻学院求学时，恰逢学院的孙玮教授开展新社会运动的研究，在与她数次长谈之后，发现在环境问题和公民环境权利意识日益受重视的当下，中国的环境运动受到了学术界的重视，而在中国的市民社会、经济以及公民的意识还未发展到相应程度的情况下，中国的环境运动并不能单纯地与西方的"环境社会运动"画上等号，它是杂糅着"政府"和"社会"两方面因素的多元集合体，不管是在成因还是在表现形式上都与西方的环境运动有着较大的差异。而当大众媒体卷入中国的环境运动，又往往会直接地影响环境运动的走势。于是乎，在中国社会转型的背景下，媒体在环境运动过程中充当了什么样的角色？这个疑问成了我毕业论文研究的核心问题。经过对国内外已有研究的普查调研，我发现对于中国改革开放以来的环境运动类型划分以及它们的发展走势尚缺乏一个纵观的、全面的梳理，也未将研究视角放到宏观的社会变迁中去综合考察。如果我能厘清社会变革过程中政治、经济和社会因素对环境运动以及大众媒体的作用，进而总结出环境运动与媒体行为对社会变迁、国家变革的反推动力，那可能会对国内相关的研究做一些非常微薄的贡献。

2012年我取得博士学位后重回教师生涯，一直沿着环境运动与媒体关系的思路继续关注着环境运动领域的内容，遂在博士论文的框架基础上进行修改加工，把近三年中相关的中央精神、变动的政策信息以及各地发生的环境运动典型案例不断充实其中。

回看写作本书的数年，其中诸多师友的指导和帮助也许是我研究过程中所获得的最大财富。首先感谢我攻读博士期间的指导老师黄瑚教授，吾师为人宽厚严谨，虽然行政和教学科研工作繁重至极，但他留给学生的时间和精力却从未打折扣，即使在我毕业离校之后，黄老师的关心和教导从未中断，自本书的选题到最后的定稿，他花费了巨大的心力。另外黄老师豁达、实在的人生态度，让我学会了保持一种乐观的平常心，在我意志消沉的时候能够让我继续鼓劲前行。

复旦大学的孙玮教授对我的研究帮助很大，从我选题到调研、写作，她和我约谈多次，给予我很多的指导，甚至还给我借阅了她私人的文献材料。中山大学的张志安教授盛情邀约我参加多个相关的学术会议与沙龙，不但使我的研究得以启发，还给我提供了很多约访相关人士的机会。广西大学的梁扬教授，他既是我的恩师，又是我敬佩的学者，虽然研究方向不同，但在我回校工作后，竭尽所能地为本书的修改与出版提供了多方面的指导和帮助。

在本书的写作过程中给予我帮助的不但有良师，还有益友。感谢在环保战线上工作的熊建华、何培宜、陶青，为我提供各种环保领域的文献材料，帮我联系访谈对象，没有他们的帮助，我无法完成该书。上海社科院的白红义副研究员，是圈中有名的"文献专家"，一直热心地给我提供着各种研究资料。杜建华、钱进、郭恩强、周叶飞、卞清、方师师、於红梅、汤喜燕等博士同窗，不定期的聚谈，或交换读书心得，或探讨研究计划，数年时间的学习所得，相当大一部分来源于此。王帆、陈欣钢、王侠、楚亚杰、赵小兰诸君，与你们的学习探讨，也使我得到了很大的启发。

最需感激的是我的家人。我的妻子——广西环保宣教中心的陆娟，她不但是我的人生伴侣，同时也是我的研究拍档，她长期与我讨论研究中的问题，为我提供各种环保领域的文献资料，帮我帮助访谈对象，没有她在工作与生活上的双重帮助，我无法完成该书。同时感谢我的父母，没有你们无私的付出与照顾，我很难完成学业和工作。

另外，还要衷心感谢中国社会科学出版社的张林女士为本书出版事宜不辞辛劳的付出。感谢我的研究生张旭光对本书书稿进行的录入、校对工作。为本书的撰著与出版提供帮助的有关领导、专家、老师和同学还有很多，在此一并致以深切的谢意。

由于个人的学识阅历有限以及资料收集上的不足，本书还有很多尚未成熟的地方，敬请专家、学者和读者诸君批评指正。

覃　哲

2016 年 3 月 30 日于广西大学寓所